湖南民营经济发展报告

(2024)

湖南省工商业联合会　编

中华工商联合出版社

图书在版编目（CIP）数据

湖南民营经济发展报告. 2024 / 湖南省工商业联合会编. -- 北京 ： 中华工商联合出版社，2025. 8.
ISBN 978-7-5158-4348-3

Ⅰ. F127. 64

中国国家版本馆CIP 数据核字第2025Z0P122 号

湖南民营经济发展报告（2024）

编　　者：湖南省工商业联合会
出 品 人：刘　刚
责任编辑：李红霞　孟　丹
装帧设计：山海慧（北京）文化传媒有限公司
责任审读：付德华
责任印制：陈德松
出版发行：中华工商联合出版社有限责任公司
印　　刷：长沙印通印刷有限公司
版　　次：2025 年 9 月第 1 版
印　　次：2025 年 9 月第 1 次印刷
开　　本：710mm × 1000mm　1/16
字　　数：310 千字
印　　张：20
书　　号：ISBN 978-7-5158-4348-3
定　　价：89.00 元

服务热线：010—58301130—0（前台）
销售热线：010—58302977（网店部）
010—58302166（门店部）
010—58302837（馆配部、新媒体部）
010—58302813（团购部）
地址邮编：北京市西城区西环广场 A 座
19—20 层，100044
http://www.chgslcbs.cn
投稿热线：010—58302907（总编室）
投稿邮箱：1621239583@qq.com

编 委 会

支持单位： 湖南省发展和改革委员会

湖南省科学技术厅

湖南省民政厅

湖南省人力资源和社会保障厅

湖南省商务厅

国家税务总局湖南省税务局

中国人民银行湖南省分行

湖南省民营经济研究会

撰 稿 人：（按姓氏笔画排序）

文　韬　伍帝灵　刘潇婷　安柏汀

李良玉　李　唯　何涛宏　宋仁杰

宋霏琳　陈　荣　周玉林　周建华

周振坤　周颖江　侯勇毅　姚承慧

夏威龙　黄　群　董　觉　蒋春辉

喻多娇　谢华佗　詹子勤　谭妍滢

谭　煜

目 录

报告篇

市州篇

报 告 篇

湖南省民营经济发展报告

湖南省工商业联合会

2024 年，面对外部压力加大、内部困难挑战增多的复杂严峻形势，全省上下坚持以习近平新时代中国特色社会主义思想为指导，积极推进民营经济“六个一”工作，出台《湖南省优化营商环境条例》，落细落实重商惠商兴商安商护商举措，民营经济呈现稳中有进、质态向好的发展态势。同时也要看到，外部环境复杂严峻，内部有效需求不足，民营企业生产经营困难，传统产业改造提升任务艰巨，新兴产业规模相对偏小，需高度重视，采取有力措施切实加以解决。

一、湖南民营经济发展现状和特点

（一）主要指标稳定增长，发展步伐稳健有力

1. 经济总量持续扩大

2024 年，全省民营经济增加值 36 640.14 亿元，占全省地区生产总值比重 68.8%，同比增长 5.2%，增速较上年加快 0.7 个百分点，比全省地区生产总值增速快 0.4 个百分点（见图 1）。市州发展态势良好，有 9 个市州民营经济增

加值增速高于或等于全省平均水平，衡阳市、邵阳市、岳阳市、益阳市、郴州市、永州市 6 市的民营经济增加值总量占本市地区生产总值比重 70% 以上。

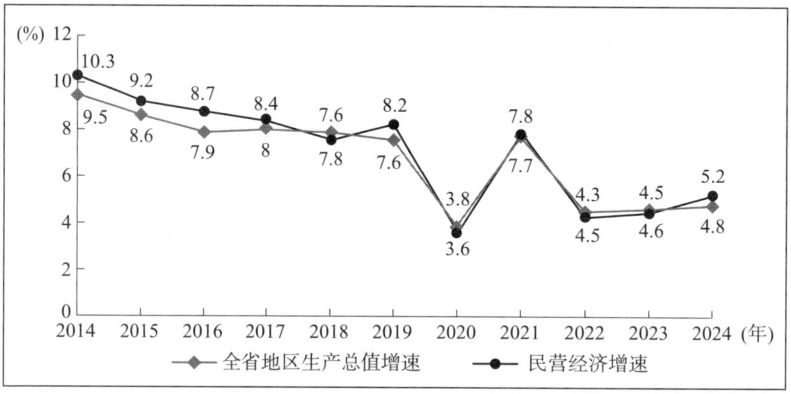

图 1　2014—2024 年湖南全省地区生产总值及民营经济发展增速

2. 市场主体稳步提升

截至 2024 年底，全省实有经营主体 764.11 万户，增长 7.2%，其中全省实有民营经济市场主体 747.57 万户，增长 7.2%；全省企业数 210.1 万户，增长 10.6%，其中民营企业数 193.6 万户，增长 10.8%；个体工商户 541.83 万户，增长 6.1%；农民专业合作社 12.17 万户，下降 0.4%（见表 1）。全省“四上”企业中民营企业 55 902 家，企业数量增长 4.3%，占全部“四上”企业比重达 92.8%。

表 1　2024 年湖南省经营主体期末实有情况

计量单位：户、亿元、%

		户数		注册资本（金）	
		绝对值	增幅	绝对值	增幅
全部经营主体		7 641 050	7.2	136 354.32	–3.0
1. 企业		2 101 022	10.6	127 239.71	–3.2
其中	国有、集体及其控股企业	150 804	8.3	42 952.35	2.9
	私营企业	1 935 721	10.8	75 499.97	–6.5
	外商投资企业	14 497	5.2	8 787.39	–2.7
2. 个体工商户		5 418 285	6.1	5 848.65	3.3
3. 农民专业合作社		121 743	–0.4	3 265.96	–2.4

3. 投资外贸态势积极

2024 年，全省民间投资同比增长 4.0%，高于全省投资增速 12 个百分点、全国民间投资增速 4.1 个百分点，占全省全部投资比重超 60%。全省有进出口记录的经营主体 8 315 家，其中民营外贸企业数量 7 825 家，占全省外贸实绩企业的 94.1%；民营外贸企业进出口 4 380.2 亿元，占全省进出口总额的 77.7%，依然保持“主力军”地位。对非贸易额连续 3 年突破 500 亿元，持续稳居中西部第一。对俄罗斯、拉美进出口分别增长 16.7%、5.4%，新兴市场逐渐成为湖南省外贸增长的重要力量。优势产业链外向发展势头强劲，工程机械出口 316.3 亿元，增长 20.3%；电动汽车、锂电池、光伏等“新三样”产品出口 104.7 亿元，增长 39.7%；轨道交通装备出口 11.4 亿元，同比增长 24.7%（见图 2）。

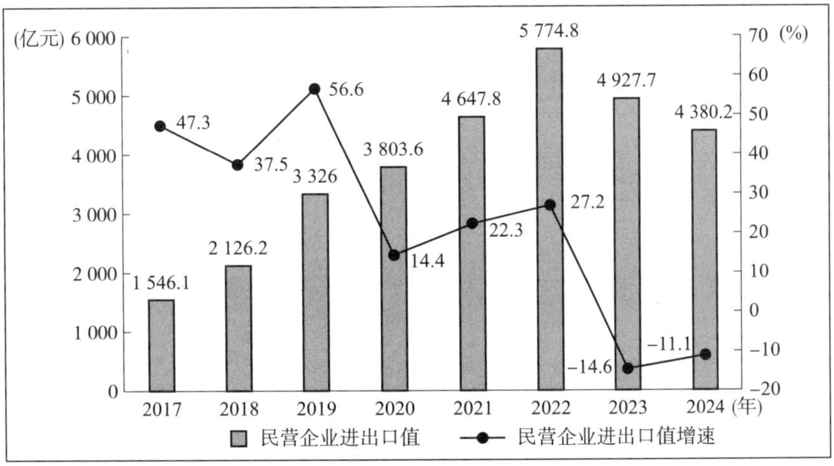

图 2　2017—2024 年湖南民营企业进出口情况

（二）综合实力持续增强，发展质量日益向好

1. 整体规模不断增强

“2024 三湘民营企业百强榜”企业营业收入总额、资产总额持续增长，营业收入总额为 12 464.62 亿元，较上年增长 13.05%；资产总额为 13 323.79 亿元，较上年增长 17.85%。入围门槛再创历史新高，由上一年的 27.75 亿元上升到 36.11 亿元，提高 30.13%，首次突破 30 亿元（见图 3）。

上榜“2024 中国民营企业 500 强”的湖南企业有 9 家，分别是三一集团、大汉控股集团、湖南博长控股集团、蓝思科技、湖南五江控股、湖南裕能新能源电池材料、金东投资集团、唐人神集团、湖南博深实业集团（新增蓝思、博深 2 家）（见表 2）。2024 年，湖南 A 股上市企业 146 家，其中民营企业 82 家。从市值来看，湖南省上市公司市值排名第 1、2 位的是爱尔眼科、蓝思科技，均为民营企业。

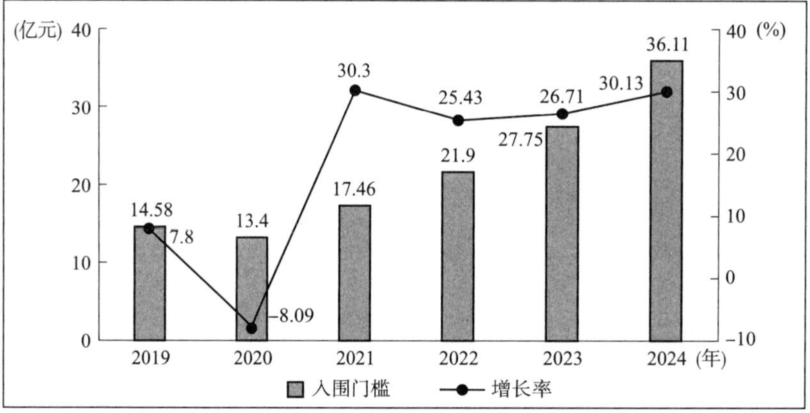

图 3　2019—2023 年三湘民营企业百强入围门槛变化情况

表 2　上榜“2024 中国民营企业 500 强”的在湘企业

单位：亿元

年度排名			企业名称	年度营业收入		
2023	2022	2021		2021 年	2022 年	2023 年
81	68	49	三一集团有限公司	1 545.6	1 262.3	1 195.6
179	165	143	大汉控股集团有限公司	675.3	636.7	638.5
204	177	161	湖南博长控股集团有限公司	621.6	612.3	582.2
226	—	—	蓝思科技股份有限公司	452.7	467.0	544.9
269	288	313	湖南五江控股集团有限公司	369.9	418.5	456.2
293	282	—	湖南裕能新能源电池材料股份有限公司	70.7	427.9	413.6
339	371	365	金东投资集团有限公司	319.5	335.5	369.6
422	432	—	唐人神集团	217.4	308.5	322.4
493	—	—	湖南博深实业集团有限公司	125.7	249.1	266.1

2. 创新活力加快释放

2024 年，全省高新技术产业实现增加值 8 616.77 亿元，同比增长 6.3%；高新技术企业数量突破 17 500 家，较上年净增超 1 000 家，高新技术企业数量排全国第 10、中部第 3，其中 95% 以上为民营企业。入库科技型中小企业超 30 000 家，数量居全国第 6、中部第 3，其中 95% 以上为民营企业。国家级制造业单项冠军企业数量居全国第 6、中部第 1。立项的十大技术攻关项目中，民营科技领军企业牵头的达到 8 项；立项支持 15 家科技领军企业组建体系化、任务型创新联合体，提升科技领军企业及上下游企业的研发能力，其中民营企业牵头的 11 家。

3. 运行质量持续向好

全省民营经济主要行业增势良好，住宿和餐饮业、工业、批发和零售业、交通运输仓储邮政业、建筑业增加值增速高于全省平均水平，分别同比增长 7.5%、7.3%、6.3%、6.2%、5.2%。民营经济三次产业结构为 13.3 ∶ 37.3 ∶ 49.4，一、二、三产业分别同比增长 3.0%、6.9%、4.3%，产业发展协调稳定。效益持续向好，全省民营经济规模工业企业营业收入同比增长 4.7%，企业利润总额增长 8.4%。贸易方面，限额以上民营批发和零售业企业营业收入增长 4.7%，企业利润总额增长 16.3%；限额以上民营住宿和餐饮业企业营业收入增长 10.5%，企业利润总额增长 3.9%。服务业方面，规模以上服务业营业收入增长 6.0%，企业利润总额与上年持平。

（三）积极履行社会责任，企业担当充分彰显

1. 税收贡献依然突出

受经济恢复基础不稳、有效需求不足等因素影响，2024 年全省民营经济税收增长受阻，全年缴纳各项税收 2002 亿元、同比下降 6.7%，较税收整体增速慢 4.6 个百分点。房地产业入库 213.0 亿元、下降 34.4%，减收规模达到 111.9 亿元，是本年度民营经济税收下滑的主要拖累点。民营经济税收占全省税收总量的 45.5%，虽较上年度下降 2.3 个百分点，但仍高于国有经济税收（占比 42.2%），是湖南省税收的主要来源。全省民营经济前三大税种均为共享税种，其中增值税入库 967.9 亿元、下降 10.0%，企业所得税入库 358.1 亿元、

增长 2.7%，个人所得税入库 118.9 亿元、下降 3.0%，三大税种合计入库 1 444.9 亿元，占民营经济税收的比重达到 72.2%，较上年提升 0.2 个百分点。以共享税种为主的税收结构稳固，反映发展成效较好、税收质量较优。

2. 民生事业支撑有力

作为就业的“稳定器”，全省民营企业提供了 90% 以上的城镇新增就业岗位。民营企业积极参与“百城千校万企”促就业、“企业家进校园讲好创业就业故事”等行动，6 085 家民营企业为高校毕业生提供 18 万余个就业岗位。深入实施“万企兴万村”行动，8 472 家民营企业帮扶 7 427 个村，实施兴村项目 10 314 个，投资总额约 1 024 亿元。组织开展“优强民营企业县市行”行动，15 个乡村振兴重点帮扶县湘商回归新注册企业数 98 个，累计到位投资 298 亿元。此外，民营企业还积极参与援藏援疆和“民营企业进边疆”行动等，为兴边富民、稳边固边做出了积极贡献。

二、推动民营经济发展壮大实际举措

（一）坚持真心诚意重商

强化情感交流，增强民企归属感。持续开展“情暖湘商”行动，广泛开展大走访、大慰问、大招商活动。春节期间，首次以省委书记、省长名义向全球知名湘商湘贤发送了慰问信，省市县三级统战部、工商联共看望慰问湘商 19 955 人次，发送慰问信 89 942 份，召开座谈会、招商推介会 1 466 场次，全年湘商回归新注册企业达到 1 670 家、到位资金突破 6 000 亿元。强化正面宣传，增强民企认同感。打造“湘商传”宣传品牌，推出“湘商湘商 · 校友汇、园区志、创业纪、巾帼传、赢在湖南”、“湘商 UP”、《闯东盟——丝路上的湘商》、“长风万里”系列专题专栏，宣传正面典型，展示良好风貌。强化政策落实，增强民企获得感。开展“春雨润苗”“民营经济 31 条”“湖南民营经济 30 条”政策宣讲，完成“湖南民营经济 30 条”政策落实监督调研、国务院“民营经济 31 条”等政策落实督查，推动惠企政策应享尽享。

（二）出台务实政策惠商

在惠企政策上做“加法”，助力民营企业发展。金融方面，出台招商引资正面清单，打造千亿级“金芙蓉”投资基金矩阵。密集出台《关于提升湖南省民营经济发展金融服务质效的通知》《关于进一步促进湖南省上市公司高质量发展的若干措施》《关于政府性融资担保体系支持小微企业、“三农”和战略性新兴产业发展的实施意见》《湖南省工业企业设备更新和技术改造项目融资补贴实施办法》等政策文件，从信贷投放、风险补偿、上市培育、担保增信等维度构建全周期支持企业发展体系。截至2024年末，全省小微企业、三农、战略性新兴产业新增担保额分别为624.27亿元、162.15亿元、31.62亿元，新增户数分别为90 886户、168 871户、2 508户。创新方面，实施制造业关键产品“揭榜挂帅”项目、“五首”（首台套、首批次、首版次、首轮次、首套件）产品奖励政策，出台《精准服务企业科技政策》，推动关键技术研发攻关。在全国率先出台《湖南省传统优势食品产区和特色产业培育办法》，培育认定传统优势食品产区15个。外贸方面，发布《2024年湖南省重点境外展会目录》《2024年湖南省重点境外展会增补目录》，鼓励支持民营企业拓市场、拿订单，成功服务460多家企业参加第135、136届广交会，现场意向成交10.5亿美元、同比增长4.4%。减税降费方面，打造“税路通 · 湘连企”跨境税费服务品牌，年度办理出口退税255.5亿元、增长10.1%。落实支持科技创新和制造业发展主要政策，减税降费退税超过560亿元。创新实施“政策找人”机制，依托税收大数据，累计精准推送税收政策348批次、覆盖纳税人1 255万户次。

（三）打造开放平台兴商

以重大平台拓展开放空间。高规格成立湘商联谊总会和湘商总部基地，引进项目30个。中非经贸深度合作先行区获国务院批复，对非贸易额居中西部第1位。中欧班列、湘粤非铁海联运、怀化东盟班列开行量均超千列，岳阳城陵矶港外贸集装箱吞吐量增长26.6%。以重大活动集聚优势资源。成功举办全球湘商大会、北斗规模应用国际峰会、中国中部投资贸易博览会、世界计算大会、全省旅发大会、校友回湘大会、湖南与境外商协会经贸交流对接会等经贸活动，签约项目近500个、总投资超2 600亿元。以重大赛事激发创新潜力。

成功开展民营企业科技创新与标准创新大比武、先进技术转化应用大赛、“创客中国”创新创业大赛等科技创新比赛，着力激发民营企业创新创业活力。

（四）营造一流环境安商

深入开展“走找想促”“送解优”及各类企业联系帮扶活动，帮助企业排忧解难。完善民企服务中心三级工作体系，目前已覆盖13个市州、83个县市区。出台《湖南省优化营商环境条例》，在国务院《优化营商环境条例》基础上，对20多项制度进行了补充完善和创新。在全国率先出台《湖南省跨部门综合监管办法》，进一步加强和规范跨部门综合监管工作；出台《湖南省行政执法监督条例》，从立法层面规范涉企执法行为。坚持“无计划不检、无违规免检、有举报立检”“三检”理念，打造“一码一网一平台”工作系统，全力推进“扫码入企、联码督查”。全面推进“机器管招投标”改革，通过机器智能辅助专家评标，实现“打不了招呼、打了招呼也没用”。

（五）高擎法治利剑护商

全省以“三高四新·法治护航”三年专项行动为抓手，强化打击治理、问题整治、政法服务，“法治是最好的营商环境”理念更加牢固。深入推进商会调解和“万所联万会”，全省商会调解组织达到201家，累计调解案件4万余件，900多家工商联所属商协会与600多家律师事务所建立合作机制。加快推动湖南（长沙）涉外中央法务区建设，推动两家律所设立海外抽样调查显示分支机构，实现省内律所出海零的突破。开展政企“面对面”等活动，服务企业1万余家。深化“湘执利剑2024”专项行动，为企业盘活资金509亿元。大力推进清理拖欠中小企业账款，判决支持金额13.65亿元。开展“高质量·严保护”知识产权保护行动，审结知识产权案件1.8万余件。充分发挥破产审判“积极拯救”和“及时出清”功能，审结破产案件1 290件。开展行政复议护航高质量发展专项行动，直接纠错涉企行政争议612件，为企业挽回经济损失4.17亿元。严厉惩治破坏营商环境犯罪，审结破坏社会主义市场经济秩序犯罪2 402件5 047人、职务侵占罪144件210人、挪用资金罪67件79人、破坏生产经营罪9件21人，有力营造“公正稳定、公平有序”的交易环境。

三、现阶段湖南民营经济发展存在的主要问题

（一）做优做强尚需加力

湖南民营经济占比高，企业数量多，但具有核心技术、高研发投入、市场竞争力强的大型头部硬核企业数量偏少，新兴产业和未来产业规模偏小。横向来看，一些重要指标在中部六省中已经比较落后。例如，在“2024 年中国民营企业 500 强”榜单上，湖南上榜 9 家，在中部 6 省中与山西省并列第四位（湖北 14 家、河南 13 家、安徽家 10 家、山西 9 家、江西 6 家），营业收入上千亿元的民营企业仅三一集团 1 家。在“2024 中国民营经济百强产业集群”中，湖南入围 3 个，在中部 6 省中排第四位（安徽 7 个、江西 6 个、山西 5 个、河南 2 个、湖北 1 个）。在“2024 研发投入前 1 000 家民营企业”中，湖南入围 19 家，在中部 6 省中排倒数第二位（湖北 41 家、安徽 40 家、河南 26 家、江西 26 家、山西 14 家）；入围企业中，参与建设国家科技基地及省部级研发机构的企业湖南为 6 家，在中部 6 省中排倒数第二位（安徽 22 家、河南 16 家、湖北 16 家、江西 8 家、山西 2 家）。纵向来看，新兴产业和未来产业占比过小、发展过缓，更需要高度重视。全省民营企业主要分布在传统制造业、批发零售业、住宿餐饮业、社会服务业、交通运输业等领域，民营经济制造业和服务业中，代表先进生产力的装备制造业和现代服务业占比偏低。全省民营经济规模以上工业中，装备制造业营业收入占全部营业收入的比重仅为 37.7%；民营经济规模以上服务业中，信息传输、软件和信息技术服务业营业收入占全部营业收入的比重仅为 14.4%。

（二）政策落实仍有差距

专题调研和评估显示，《关于支持民营经济发展壮大的若干政策措施》中 70.8% 的规定要求得到较好执行，29.2% 的政策尚在空转。政务服务方面，数据壁垒未打通，多元化经营企业多头申请、多层审批现状仍未根本改善，企业在取得营业执照后，串联办理后置审批流程多、耗时长、效能低。市场竞争方面，42% 的民营企业认为公平参与竞争存在障碍，在市场准入、招投标、融资、信用评级、要素供给等方面的隐性壁垒较普遍。监管执法方面，35% 的

企业反映遇到过重复检查、多头检查的情况。要素保障方面，民营企业季度运行抽样调查显示：有 56% 的企业反映综合成本上升，其中有 29% 的企业综合成本上升超过 5%。在各项成本中，有近一半的企业反映能源成本、人力成本和物流成本上涨。司法护企方面，少数执法司法部门对“慎封慎扣慎冻”要求理解有偏差、执行打折扣。超权限、超范围、超数额、超时限查封扣押冻结涉案企业财产现象仍然存在。涉企案件依然立案难、执行难、周期长、耗不起。部分企业反映，一些年代久远的政策已经不符合当下发展实际，制约了企业发展。

（三）民间投资预期偏弱

目前，全球政治、经济环境复杂多变，在原材料、用工、物流等多方经营压力下，企业效益呈下滑趋势，预期偏弱，投资乏力、需求收缩、盈利困难等压力尚未有效缓解，企业面临“不想投”“不敢投”“不能投”“不会投”的困境，投资决策更加谨慎。民营企业季度运行抽样调查显示：民营企业对 2025 年“投资信心一般、没信心和说不清”的占比 64.8%，70.72% 的企业在 2025 年没有新增投资的打算，70.22% 的企业没有投资储备资金。另外，人为造成的投资阻力依然不小。在招投标中，有的地方、有些领域仍然采用最低价中标模式，导致企业间低价恶性竞争，形成严重“内卷”。有的单位和领导干部由于担心纪检、审计、巡视巡察等“安全”因素，与民营企业打交道只怕说不“清”，不怕说不“亲”，更倾向于把项目交给央企、国企来做。有民营企业反映，很多政府项目国企优先，民企往往只能从国企手中转包分包。

四、支持民营企业发展壮大的建议

（一）聚焦培育关键核心企业

一是聚焦培育先进制造业集群。在湖南省已重点培育的“13 条产业链”中，实施集群国际竞争力提升方案，打造 1 到 2 个世界级集群和卓越产业链。加强先进制造业集群联盟建设，协同建设集群重大创新平台、重大产业项目，探索集群开放协作新机制。加快现有开发区、新型工业化产业示范基地等改造提升，打造一批现代化产业园区，为集群发展提供高水平载体支撑。二是重点增强链主企业实力。依托湖南省优势产业，创新发展“硬件＋供应链”产业路径，构建“平台＋垂直应用”的生态垂直服务链，建立“多链协同＋优质服务”的发展模式，促进上下游企业技术创新升级，集聚人才、吸引资金，形成更多具有特色和影响力的产业高地，不断增强产业链供应链的竞争力和安全性。三是梯次培育科技创新企业。创建培育壮大科技领军企业机制，建立科技领军企业培育库，培育招引一批技术核心突出、产业链带动能力强、具备全球竞争力的科技领军企业。遴选扶持一批创新能力强、成长速度快、发展潜力大、上市意愿强的科技型企业，“一企一策”制订上市辅导方案，提升企业科创属性。充分发挥政府引导基金作用，积极引导“投早、投小、投硬科技”。

（二）扎实落实惠企政策措施

一是做好政策的“加减法”，聚焦发展的痛点难点堵点问题，精准把握国家政策走向和科技创新、产业变革趋向，聚焦企业生产经营面临的堵点卡点问题精准发力，及时推出针对性强、含金量高的新政策新举措。同时研究废除一些不合时宜的、束缚民营经济手脚的政策措施，积极为企业松绑减负。二是建好政策系统集成，将实打实解决当前问题和建立长效机制结合起来，打好政策“组合拳”，并加强政策取向一致性评估，推动财政、就业、产业、区域、科技、环保等政策协同配合，提升政策整体效能，力促产生系统协同效应。三是抓好政策落细落实，健全政策直达快享、跟踪评估等机制，打通惠企政策落实“最后一公里”，更好赋能民营企业发展，确保政策能够落地生根，严防政策落实“拦路虎”“中梗阻”“断头路”等现象。

（三）大力引导促进民间投资

一是提升预期，让企业想投资。进一步加大“两个毫不动摇”和促进“两个健康”的宣传贯彻力度，积极营造提振民营企业发展信心的社会舆论环境，唱响中国经济光明论。进一步加大助企惠企力度，保持惠企政策的协调性和延续性，重塑民营企业发展信心。二是增强底气，让企业敢投资。纾解需求端困难，加强鼓励消费政策研究，推动出台扩大消费政策举措，促进消费市场加快复苏；强化要素端保障，民间投资项目用地、用能、资金等政策配套。三是打破壁垒，让企业能投资。切实在操作层面把对国企民企平等对待的要求落实下去，坚决破除民间投资各类隐形障碍，实质性地推进民间资本准入“破壁”工作，重点整治部分领域准入“名准实禁”、准入事项办理“名备实审”、招投标范围“名广实窄”现象，推动“非禁即入”普遍落实。四是拓展空间，让企业会投资。鼓励支持“链主”企业主动作为，牵头组建产业链联盟，促进产业链创新链深度融合。聚焦数字经济创新提质，大力支持民营企业智能化技术改造升级、产业关键核心技术攻坚、创新平台建设和产品创新研发，发展数字经济新业态，在发展中增加投资机会。

（四）加快推动人工智能发展

一是加快人工智能产业链布局。加快推进自主安全计算、北斗规模应用、音视频三大核心产业和人工智能、新一代半导体、新型显示、低空经济、智能衡器计量五大关联产业“研发、生产、应用”三位一体的产业链布局，推动湖南在高端芯片、智能终端、绿色能源、先进计量等领域实现突破。二是加速人工智能场景应用。围绕湖南省高端装备、生物医药、文化科技融合等优势产业和特色场景，找准关键共性需求，布局建设面向行业的公共算力服务平台，开源开放基础算力、算法、数据，推动行业低成本大规模数智化升级。加快政府公共管理人工智能应用，在政务服务、城市治理、公共安全、文旅融合等方面打造典型场景应用、不断提升治理效率。三是加大人工智能要素供给。加大人工智能发展方向和理论、方法、工具、系统等方面，特别是典型应用案例的政策、资金及项目的支持力度。加快建好服务中小创新企业的人工智能基础设施，降低其参与人工智能市场的门槛。通过发放算力补贴、加大优惠算力供给，持续降低算力成本。培育建设重点行业可信数据空间，鼓励行业企业、互联网平台企业联合研究机构和行业组织，试点建设机械制造、生物医疗等行业可信数据空间，促进人工智能语料共享和交易。四是加强营造创业氛围。加快推进人工智能学科建设，推动本硕博招生指标扩增，大力培养本地人工智能人才。加大人工智能人才留引力度，逐步打造人工智能人才集聚地。聚焦企业融资需求，构建耐心资本，对符合条件的人工智能企业给予贷款贴息、利率优惠、知识产权融资贴息等支持，助力初创企业做大做强。

（五）加快清理拖欠企业账款

一是加强清欠力度。常态化开展清欠专项行动，落实清欠台账，开通办理拖欠民营企业账款案件“绿色通道”，切实解决政府部门和国有企业拖欠民营企业账款问题。建立健全长效机制，完善落实账款的支付时限、支付责任、处罚措施等。完善拖欠账款投诉处理和信用监督机制，加强执法监督，强化失信惩戒，加大对恶意拖欠账款案例的曝光，对一拖再拖的责任人依法问责追责。进一步完善法律法规，将清欠工作由政策推动走向法治引领，使“不敢欠”“不能欠”成为清欠的终点。二是创新清欠方式。探索建立“以债抵税”“以债抵费”等清欠方式，切实减轻民营企业资金压力。探索建立“以债贷款”等融资形式，给民营企业资金腾挪运转的空间。探索将“新官必须理旧账”写入法规文件，若因无法履行承诺给企业造成损失，相关补偿、赔偿将“依法纳入预算”，让旧账受到保护。三是建立预防机制。加强源头把关，杜绝一边还旧款一边欠新账。规范使用债券资金，加强政府投资项目立项前置审查，确保项目资金来源明确、依法纳入预算，避免各种形式的政府违约。建立健全财政预算和债务管理长效机制，提高预算编制的科学性和执行力，严格控制新增债务。强化恶意拖欠账款监督问责机制，把偿还民营企业账款情况纳入领导干部的年终考核和任免考核，确保前任离任不留烂账、新官上任能认旧账。

三湘民营企业百强调研分析报告

湖南省工商业联合会

一、基本情况

（一）三湘民营企业百强整体规模继续提升

2023 年，三湘民营企业百强营业收入总额、资产总额均呈现持续增长趋势；三湘民营企业百强入围门槛为 36.11 亿元；上榜“2024 中国民营企业 500 强”的企业有 9 家，较上年上榜数量增加 2 家。

1. 营业收入总额不断上涨

2023 年，三湘民营企业百强营业收入总额合计为 12 464.62 亿元，较上年提高 1 438.5 亿元，同比增长 13.05%（见图 1）。

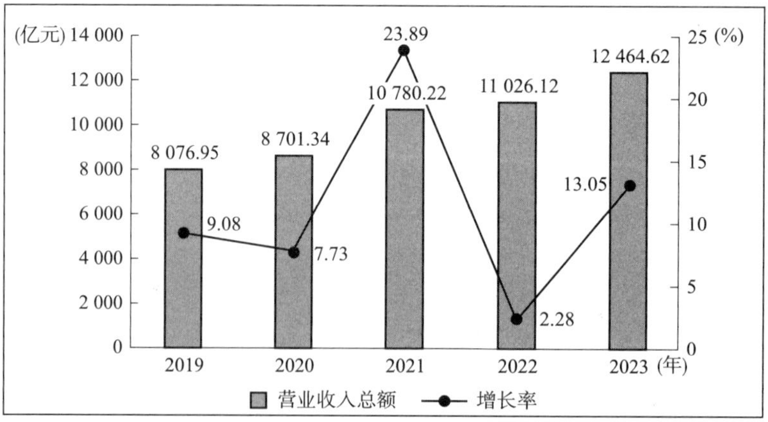

图 1　2019—2023 年三湘民营企业百强营业收入变化情况

2023 年三湘民营企业百强营业收入总额突破 100 亿元的企业为 27 家，较上年增加6家；营业收入总额在50亿～100亿元之间的企业为37家，较上年增加3家；营业收入总额在30亿～50亿元之间的企业为36家，较上年减少9家（见图2）。

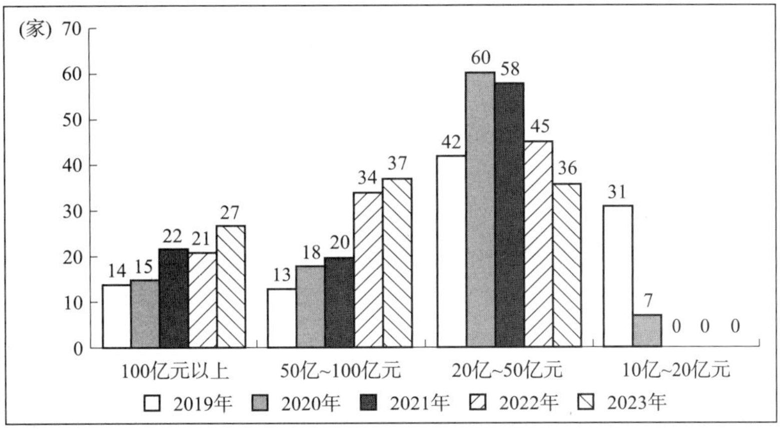

图2 2019—2023年三湘民营企业百强营业收入结构

2023年，三一集团有限公司以1 195.56亿元的营业收入位列榜首；长沙市比亚迪汽车有限公司以904.57亿元的营业收入位居第二；大汉控股集团有限公司以638.51亿元的营业收入位列第三。2023年三湘民营企业百强营业收入排名前20家的企业入围门槛为124.91亿元，较上年123.49亿元提高1.15%，入围企业主要集中在制造业（12家）和批发零售业（3家）（见表1）。

表1 2023年三湘民营企业百强营业收入前20家

单位：亿元

2023年排名	2022年排名	企业名称	所属市州	所属行业	2023年营业收入	2022年营业收入
1	1	三一集团有限公司	长沙市	专用设备制造业	1 195.56	1 262.27
2	2	长沙市比亚迪汽车有限公司	长沙市	汽车制造业	904.57	878.18
3	3	大汉控股集团有限公司	长沙市	商务服务业	638.51	636.70
4	4	湖南博长控股集团有限公司	娄底市	黑色金属冶炼和压延加工业	582.20	612.31
5	—	蓝思科技股份有限公司	长沙市	计算机、通信和其他电子设备制造业	544.91	466.98

续表

2023年排名	2022年排名	企业名称	所属市州	所属行业	2023年营业收入	2022年营业收入
6	6	湖南五江控股集团有限公司	娄底市	金属制品业	456.20	418.46
7	5	湖南裕能新能源电池材料股份有限公司	湘潭市	计算机、通信和其他电子设备制造业	413.58	427.90
8	7	金东投资集团有限公司	长沙市	酒、饮料和精制茶制造业	369.62	335.46
9	9	湖南中伟控股集团有限公司	长沙市	电气机械和器材制造业	351.69	307.39
10	8	唐人神集团股份有限公司	株洲市	农副食品加工业	322.38	308.52
11	10	湖南博深实业集团有限公司	长沙市	商务服务业	266.05	249.08
12	—	长沙星朝汽车有限公司	长沙市	汽车制造业	249.17	203.87
13	12	益丰大药房连锁股份有限公司	常德市	零售业	225.88	198.86
14	11	老百姓大药房连锁股份有限公司	长沙市	零售业	224.37	201.76
15	15	爱尔眼科医院集团股份有限公司	长沙市	卫生	203.67	161.10
16	16	安克创新科技股份有限公司	长沙市	软件和信息技术服务业	175.07	142.51
17	17	株洲旗滨集团股份有限公司	株洲市	非金属矿物制品业	156.83	133.13
18	18	金杯电工股份有限公司	长沙市	电气机械和器材制造业	152.93	132.03
19	13	湖南邦普循环科技有限公司	长沙市	废弃资源综合利用业	143.48	187.72
20	—	岳阳华夏一号贸易有限公司	岳阳市	批发业	124.91	123.14

2. 资产总额稳步上升

2023 年，三湘民营企业百强资产总额为 13 323.79 亿元，较上年 11 305.35 亿元增加 2 018.44 亿元，增长 17.85%（见图 3）。

从资产总额结构分布来看，2023 年三湘民营企业百强中资产总额超过 100 亿元的企业为 33 家，较上年增加 6 家；资产总额在 50 亿 ~100 亿元之间的为 13 家，较上年减少 3 家；资产总额在 10 亿 ~50 亿元的为 47 家，较上年增加 5 家；资产总额在 10 亿元以下的为 7 家，较上年减少 8 家（见表 2）。

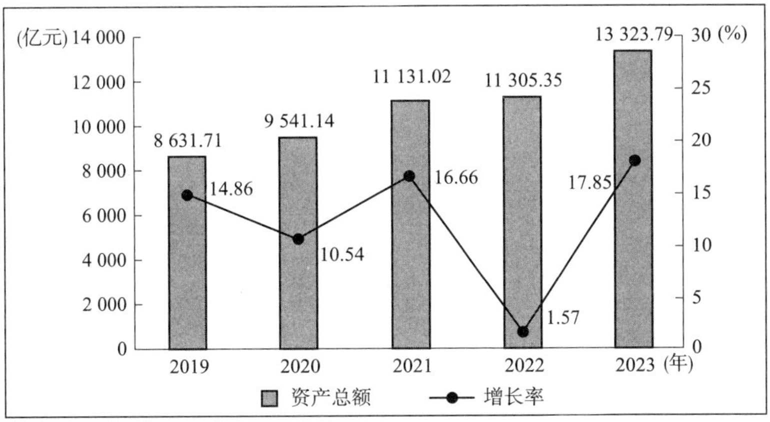

图 3　2019—2023 年三湘民营企业百强资产总额变化情况

表 2　2019-2023 年三湘民营企业百强资产总额结构

资产总额（亿元）	2023 年企业数量（家）	2022 年企业数量（家）	2021 年企业数量（家）	2020 年企业数量（家）	2019 年企业数量（家）
≥ 100	33	27	26	18	14
50~100	13	16	19	18	16
10~50	47	42	41	49	52
<10	7	15	14	15	18

2023 年，三一集团有限公司资产总额超过千亿元，以 2 796.67 亿元的规模位居三湘民营企业百强资产总额榜首，较上年 2 788.60 亿元增加 8.07 亿元，增幅为 0.29%；蓝思科技股份有限公司以 774.70 亿元的资产总额位列第二；湖南五江控股集团有限公司以 727.62 亿元的资产总额位列第三，较上年 689.32 亿元增加 38.30 亿元，增幅为 5.56%。2023 年三湘民营企业百强资产总额排名前 20 家的企业入围门槛为 160.49 亿元，较上年 152.77 亿元提高 5.05%，主要集中在制造业（11 家）和批发零售业（3 家）（见表 3）。

表 3　2023 年三湘民营企业百强资产总额前 20 家

单位：亿元

2023 年排名	2022 年排名	企业名称	所属市州	所属行业	2023 年末资产总额	2022 年末资产总额
1	1	三一集团有限公司	长沙市	专用设备制造业	2 796.67	2 788.60

续表

2023年排名	2022年排名	企业名称	所属市州	所属行业	2023年末资产总额	2022年末资产总额
2	—	蓝思科技股份有限公司	长沙市	计算机、通信和其他电子设备制造业	774.70	783.46
3	2	湖南五江控股集团有限公司	娄底市	金属制品业	727.62	689.32
4	5	长沙市比亚迪汽车有限公司	长沙市	汽车制造业	696.96	403.53
5	4	湖南中伟控股集团有限公司	长沙市	电气机械和器材制造业	629.59	552.06
6	3	湖南三湘银行股份有限公司	长沙市	货币金融服务	589.32	573.80
7	6	金东投资集团有限公司	长沙市	酒、饮料和精制茶制造业	324.07	273.40
8	9	株洲旗滨集团股份有限公司	株洲市	非金属矿物制品业	319.15	244.34
9	7	爱尔眼科医院集团股份有限公司	长沙市	卫生	301.87	265.79
10	—	长沙惠科光电有限公司	长沙市	计算机、通信和其他电子设备制造业	276.83	260.55
11	8	湖南裕能新能源电池材料股份有限公司	湘潭市	计算机、通信和其他电子设备制造业	267.95	264.34
12	12	益丰大药房连锁股份有限公司	常德市	零售业	241.37	210.39
13	10	大汉控股集团有限公司	长沙市	商务服务业	217.22	218.63
14	11	老百姓大药房连锁股份有限公司	长沙市	零售业	212.31	213.97
15	13	山河智能装备股份有限公司	长沙市	专用设备制造业	208.91	205.80
16	18	湖南博深实业集团有限公司	长沙市	商务服务业	189.83	153.82
17	14	湖南友谊阿波罗控股股份有限公司	长沙市	零售业	178.20	201.58
18	20	长沙中联重科环境产业有限公司	长沙市	专用设备制造业	177.57	152.77
19	15	唐人神集团股份有限公司	株洲市	农副食品加工业	170.09	184.32
20	16	和立东升国际物流集团有限公司	长沙市	装卸搬运和仓储业	160.49	157.11

3. 参与调研企业与上年持平，入围门槛突破 30 亿元

2024 年，湖南省工商联组织的全省上规模民营企业调研，参与调研的企业数量为 281 家，与上年持平。三湘民营企业百强入围门槛由营业收入 27.75 亿元上升到 36.11 亿元，提高 30.13%，增长速度持续攀升，入围门槛再创历史新高（见图 4）。

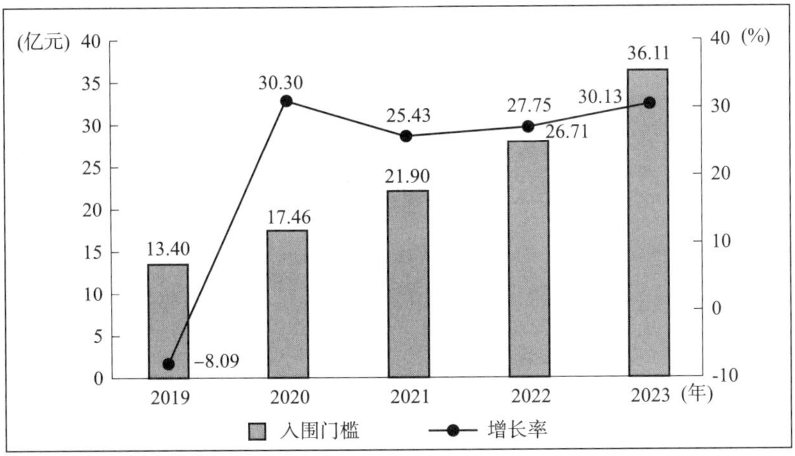

图 4　2019—2023 年三湘民营企业百强入围门槛变化情况

4. 上榜“中国民营企业 500 强”的数量较上年增长

上榜“2024 中国民营企业 500 强”的企业为 9 家，较上年增加 2 家，分别是三一集团有限公司（81 位）、大汉控股集团有限公司（179 位）、湖南博长控股集团有限公司（204 位）、蓝思科技股份有限公司（226 位）、湖南五江控股集团有限公司（269 位）、湖南裕能新能源电池材料股份有限公司（293 位）、金东投资集团有限公司（339 位）、唐人神集团股份有限公司（422 位）、湖南博深实业集团有限公司（493 位）。营收过千亿元的企业 1 家，为三一集团有限公司，与上年数量持平。长沙市比亚迪汽车有限公司营业收入总额为 904.57 亿元，已达到“2024 中国民营企业 500 强”的入围标准，但由于该公司系“中国民企 500 强”上榜企业比亚迪股份有限公司的子公司，不再重复计入 500 强榜单。湖南中伟控股集团有限公司营业收入总额为 351.69 亿元，已达到“2024 中国民营企业 500 强”的入围标准，但由于该公司旗下上市公司中

伟新材料股份有限公司作为贵州企业申报为“2024 中国民营企业 500 强”企业，根据不重复申报原则，该公司未作为湖南企业入围。在行业方面，上榜在湘企业行业分布较集中，主要是制造业、商务服务业领域（见表 4）。

表 4　上榜“2024 中国民营企业 500 强”的在湘企业

单位：亿元

2023 年排名	2022 年排名	企业名称	所属行业	2023 年营业收入	2022 年营业收入
81	68	三一集团有限公司	专用设备制造业	1 195.56	1 262.27
179	165	大汉控股集团有限公司	商务服务业	638.51	636.70
204	177	湖南博长控股集团有限公司	黑色金属冶炼和压延加工业	582.20	612.31
226	—	蓝思科技股份有限公司	计算机、通信和其他电子设备制造业	544.91	466.98
269	288	湖南五江控股集团有限公司	金属制品业	456.20	418.46
293	282	湖南裕能新能源电池材料股份有限公司	计算机、通信和其他电子设备制造业	413.58	427.90
339	371	金东投资集团有限公司	酒、饮料和精制茶制造业	369.62	335.46
422	432	唐人神集团股份有限公司	农副食品加工业	322.38	308.52
493	—	湖南博深实业集团有限公司	商务服务业	266.05	249.08

（二）三湘民营企业百强利润水平有所回升

2023 年，三湘民营企业百强的利润水平有所回升；销售净利率、资产净利率、单位员工创收能力（人均营业收入）、人均净利润、总资产周转率均出现小幅下降。

1. 利润水平有所上升

2023 年，三湘民营企业百强税后净利润合计为 550.22 亿元，较上年增加 55.84 亿元，增长 11.29%，百强企业税后净利润总额为近五年最高（见图 5）。

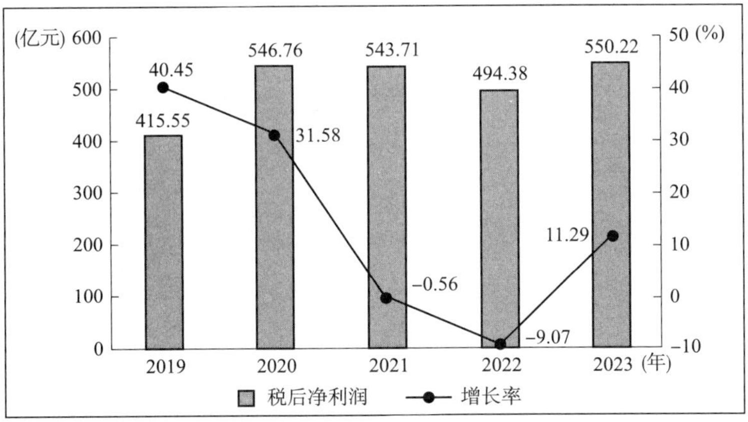

图 5　2019—2023 年三湘民营企业百强税后净利润变化情况

2023 年，三湘民营企业百强税后净利润超过 10 亿元的企业共 14 家，与上年数量持平。该 14 家企业合计贡献了税后净利润额 379.68 亿元，占百强企业税后净利润总额（550.22 亿元）的 69.01%。其中，三一集团有限公司以 85.82 亿元的税后净利润位居第一，较上年 67.03 亿元增加 18.79 亿元，增幅为 28.03%；长沙市比亚迪汽车有限公司以 38.23 亿元的税后净利润位列第二，较上年 26.23 亿元增加 12 亿元，增幅为 45.75%；爱尔眼科医院集团股份有限公司以 36.56 亿元的税后净利润位列第三，较上年 25.24 亿元增加 11.32 亿元，增幅为 44.85%。2023 年，税后净利润前 20 家企业的入围门槛为 7.61 亿元，较上年 7.52 亿元增加 0.09 亿元，增幅为 1.20%。从行业结构来看，税后净利润前 20 家企业主要分布在制造业（11 家）、批发零售业（2 家）、租赁和商务服务业（2 家）、综合（2 家）等行业（见表 5）。

表 5　2023 年三湘民营企业百强税后净利润前 20 家

单位：亿元

2023 年排名	2022 年排名	企业名称	所属市州	所属行业	2023 年税后净利润	2022 年税后净利润
1	1	三一集团有限公司	长沙市	专用设备制造业	85.82	67.03
2	4	长沙市比亚迪汽车有限公司	长沙市	汽车制造业	38.23	26.23
3	5	爱尔眼科医院集团股份有限公司	长沙市	卫生	36.56	25.24

续表

2023年排名	2022年排名	企业名称	所属市州	所属行业	2023年税后净利润	2022年税后净利润
4	2	湖南五江控股集团有限公司	娄底市	金属制品业	35.91	34.50
5	—	蓝思科技股份有限公司	长沙市	计算机、通信和其他电子设备制造业	30.42	25.20
6	7	金东投资集团有限公司	长沙市	酒、饮料和精制茶制造业	22.70	18.34
7	11	湖南中伟控股集团有限公司	长沙市	电气机械和器材制造业	21.21	14.83
8	—	长沙弗迪电池有限公司	长沙市	其他制造业	18.58	4.04
9	13	株洲旗滨集团股份有限公司	株洲市	非金属矿物制品业	17.22	13.24
10	14	安克创新科技股份有限公司	长沙市	软件和信息技术服务业	16.94	11.85
11	12	益丰大药房连锁股份有限公司	常德市	零售业	15.81	14.27
12	3	湖南裕能新能源电池材料股份有限公司	湘潭市	计算机、通信和其他电子设备制造业	15.81	30.06
13	10	湖南博深实业集团有限公司	长沙市	商务服务业	13.24	15.30
14	15	老百姓大药房连锁股份有限公司	长沙市	零售业	11.24	9.76
15	8	湾田控股集团有限公司	长沙市	综合	9.05	17.61
16	18	大汉控股集团有限公司	长沙市	商务服务业	8.76	8.76
17	—	长沙惠科光电有限公司	长沙市	计算机、通信和其他电子设备制造业	8.74	-11.02
18	—	湖南兴旺建设有限公司	长沙市	房屋建筑业	8.24	8.09
19	20	湖南新长海发展集团有限公司	长沙市	综合	7.81	7.52
20	—	威胜控股有限公司	长沙市	仪器仪表制造业	7.61	5.11

2. 盈利能力和经营效率整体略有下降

从盈利情况来看，2023 年三湘民营企业百强销售净利率为 4.41%，资产净利率为 4.13%，较上年均有所下降（见图 6）。

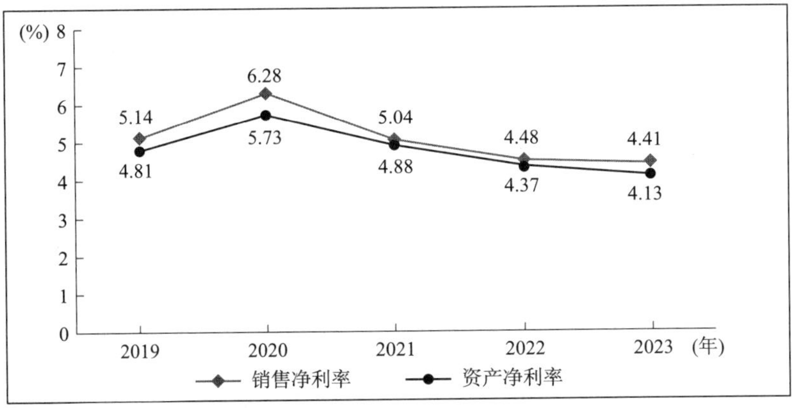

图 6　2019—2023 年三湘民营企业百强盈利变化情况

从经营效率来看，三湘民营企业百强经营效率有所降低。2023 年，三湘民营企业百强人均营业收入为 185.90 万元 / 人，较上年减少 21.08 万元 / 人，降幅为 10.18%；总资产周转率为 93.55%，较上年降低 3.98 个百分点；人均净利润为 8.21 万元 / 人，较上年减少 1.07 万元 / 人，降幅为 11.53%（见图 7）。

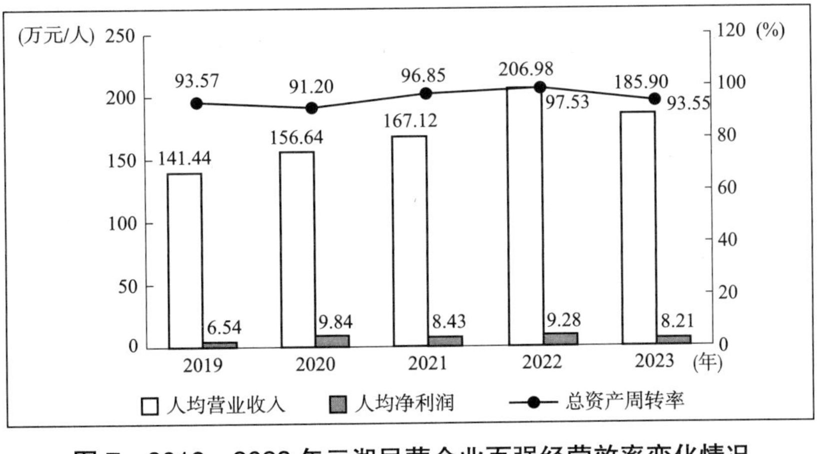

图 7　2019—2023 年三湘民营企业百强经营效率变化情况

（三）三湘民营企业百强社会贡献不断增大

2023年，三湘民营企业百强仍保持良好的发展势头，纳税总额和税收贡献、提供就业岗位数量等均有较大幅度的增长。

1. 税收总额贡献有所上升，对全省的贡献逐步提高

2023年，三湘民营企业百强纳税总额较上年有所上升，百强企业纳税总额为399.40亿元，较上年增加50.87亿元，增幅为14.60%。从对全省税收贡献来看，百强企业纳税总额占全省税收总额（2 208.50亿元）的18.08%[①]，较上年增加0.69个百分点，百强企业对全省的税收贡献度进一步提高（见图8）。

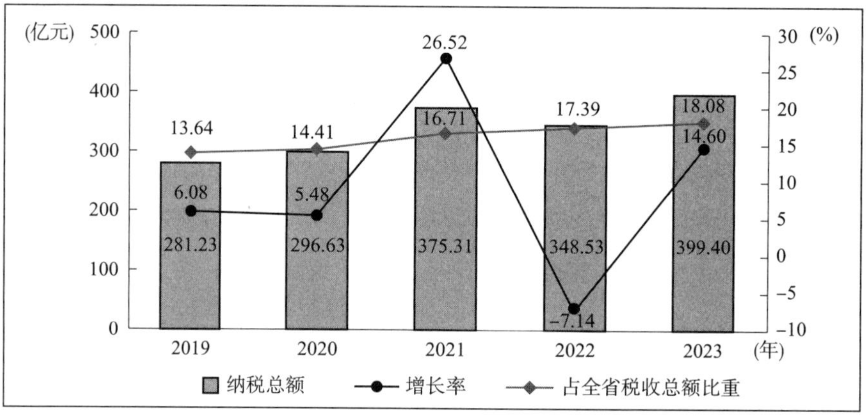

图8　2019—2023年三湘民营企业百强纳税总额变化情况

从纳税额的结构分布看，2023年，三湘民营企业百强中纳税额在5 000万元以上的企业为86家，较上年增加2家。其中，纳税额超过10亿元的企业为8家，较上年增加1家；纳税额在1亿~10亿元的企业为62家，较上年增加5家；纳税额在5 000万元~1亿元的企业为16家，较上年减少4家；纳税额在5 000万元以下的企业为14家，较上年减少2家（见表6）。

---

① 2023年全省税收数据来源于《湖南省2023年国民经济和社会发展统计公报》、2018—2022年全省税收数据来源于《湖南省统计年鉴2023》。

表 6 2021—2023 年三湘民营企业百强纳税结构分布

纳税额（亿元）	2023 年	2022 年	2021 年
	企业数量（家）	企业数量（家）	企业数量（家）
≥ 10	8	7	6
1~10	62	57	57
0.5~1	16	20	22
<0.5	14	16	15

2023 年，三一集团有限公司以 60.76 亿元的纳税额位居榜首，较上年 61.51 亿元降低 0.75 亿元；金东投资集团有限公司以 38.48 亿元的纳税额位列第二，较上年 35.74 亿元增加 2.74 亿元；长沙市比亚迪汽车有限公司、湖南五江控股集团有限公司、湾田控股集团有限公司、湖南裕能新能源电池材料股份有限公司、益丰大药房连锁股份有限公司、株洲旗滨集团股份有限公司纳税额也超过 10 亿元，分别为 25.51 亿元、15.84 亿元、14.51 亿元、12.63 亿元、12.52 亿元、10.03 亿元。2023 年三湘民营企业百强纳税额排名前 20 家的企业入围门槛为 5.35 亿元，较上年 4.32 亿元提高 23.84%（见表 7）。

表 7 2023 年三湘民营企业百强纳税前 20 家

单位：亿元

2023 年排名	2022 年排名	企业名称	所属市州	所属行业	2023 年纳税额	2022 年纳税额
1	1	三一集团有限公司	长沙市	专用设备制造业	60.76	61.51
2	2	金东投资集团有限公司	长沙市	酒、饮料和精制茶制造业	38.48	35.74
3	4	长沙市比亚迪汽车有限公司	长沙市	汽车制造业	25.51	12.66
4	3	湖南五江控股集团有限公司	娄底市	金属制品业	15.84	15.63
5	5	湾田控股集团有限公司	长沙市	综合	14.51	12.33
6	14	湖南裕能新能源电池材料股份有限公司	湘潭市	计算机、通信和其他电子设备制造业	12.63	16.53
7	7	益丰大药房连锁股份有限公司	常德市	零售业	12.52	10.14

续表

2023年排名	2022年排名	企业名称	所属市州	所属行业	2023年纳税额	2022年纳税额
8	6	株洲旗滨集团股份有限公司	株洲市	非金属矿物制品业	10.03	12.13
9	—	湖南中伟控股集团有限公司	长沙市	电气机械和器材制造业	9.44	2.70
10	17	长沙中联重科环境产业有限公司	长沙市	专用设备制造业	9.34	5.21
11	11	老百姓大药房连锁股份有限公司	长沙市	零售业	9.12	6.56
12	12	爱尔眼科医院集团股份有限公司	长沙市	卫生	8.95	6.46
13	—	长沙星朝汽车有限公司	长沙市	汽车制造业	7.29	3.90
14	13	湖南海弘物流集团有限公司	娄底市	废弃资源综合利用业	6.51	6.38
15	15	湖南金弘再生资源集团有限公司	长沙市	废弃资源综合利用业	5.93	5.80
16	19	绝味食品股份有限公司	长沙市	农副食品加工业	5.76	4.52
17	8	大汉控股集团有限公司	长沙市	商务服务业	5.65	7.45
18	9	湖南邦普循环科技有限公司	长沙市	废弃资源综合利用业	5.49	7.18
19	—	湖南科伦制药有限公司	岳阳市	医药制造业	5.48	3.12
20	—	澳优乳业（中国）有限公司	长沙市	食品制造业	5.35	0.63

2. 制造业企业的税收贡献较大，占百强纳税总额的七成

从行业大类来看，2023年，三湘民营企业百强纳税总额最高的行业仍然是制造业，达到294.67亿元，占百强企业纳税总额的73.78%，占比较上年度增加4.12个百分点；其次是批发和零售业及建筑业，纳税总额分别为29.89亿元和25.66亿元，分别占百强企业纳税总额的7.48%和6.42%；此外，综合，租赁和商务服务业，卫生和社会工作，房地产业，交通运输，仓储和邮政业，金融业，农、林、牧、渔业等行业也均有分布（见表8）。

表 8　2023 年三湘民营企业百强纳税行业大类分布

序号	行业大类	缴税总额（亿元）	入围企业数量（家）	户均（亿元）	占百强纳税总额比例（%）
1	制造业	294.67	50	5.89	73.78
2	批发和零售业	29.89	14	2.14	7.48
3	建筑业	25.66	15	1.71	6.42
4	综合	20.91	5	4.18	5.24
5	租赁和商务服务业	9.18	4	2.30	2.30
6	卫生和社会工作	8.95	1	8.95	2.24
7	房地产业	3.11	3	1.04	0.78
8	交通运输、仓储和邮政业	2.81	3	0.94	0.70
9	金融业	2.26	1	2.26	0.57
10	农、林、牧、渔业	1.33	3	0.44	0.33
11	信息传输、软件和信息技术服务业	0.63	1	0.63	0.16

从细分行业看，2023 年，三湘民营企业百强纳税总额排名前五的细分行业分别为专用设备制造业，酒、饮料和精制茶制造业，汽车制造业，零售业和房屋建筑业。其中，房屋建筑业有 13 家企业入围。前五大细分行业纳税总额为 203.12 亿元，占百强企业纳税总额的 50.86%，户均 6.16 亿元（见表 9）。

表 9　2023 年三湘民营企业百强纳税前五的细分行业

序号	细分行业	纳税总额（亿元）	入围企业数量（家）	户均（亿元）	占百强纳税总额比例
1	专用设备制造业	79.01	5	15.80	19.78%
2	酒、饮料和精制茶制造业	38.48	1	38.48	9.64%
3	汽车制造业	32.81	2	16.41	8.21%
4	零售业	29.52	12	2.46	7.39%
5	房屋建筑业	23.30	13	1.79	5.84%
合计		203.12	33	6.16	50.86%

3. 就业总数有所上升

2023 年，三湘民营企业百强就业总数为 67.05 万人，较上年增加 13.78 万人，增幅为 25.87%。主要原因是用工量较大的蓝思科技等企业本年度参与上规模民营企业调研（见图9）。

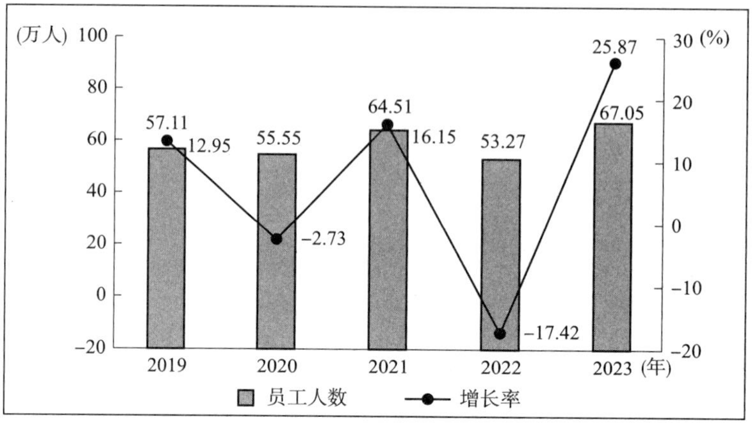

图9　2019—2023年三湘民营企业百强员工总数变化情况

大企业就业拉动作用明显，吸纳就业人数排名前五的企业共吸纳就业人数31.08万人，占百强企业吸纳就业总人数的46.35%，同比增加9.89个百分点。其中，蓝思科技股份有限公司吸纳就业人数最多，达到13.37万人，较上年增加0.47万人，增幅为3.64%；三一集团有限公司吸纳就业人数达到4.95万人，较上年增加0.09万人，增幅为1.85%；长沙市比亚迪汽车有限公司和老百姓大药房连锁股份有限公司吸纳就业人数分别为4.70万人和4.09万人。吸纳就业人数排名前20家企业主要分布在制造业（12家）、批发和零售业（3家）、建筑业（1家）等劳动密集型行业（见表10）。

表10　2023年三湘民营企业百强员工人数排名前20家

单位：万人

2023年排名	2022年排名	企业名称	所属市州	所属行业	2023年员工人数	2022年员工人数
1	—	蓝思科技股份有限公司	长沙市	计算机、通信和其他电子设备制造业	13.37	12.90
2	1	三一集团有限公司	长沙市	专用设备制造业	4.95	4.86
3	2	长沙市比亚迪汽车有限公司	长沙市	汽车制造业	4.70	4.96
4	4	老百姓大药房连锁股份有限公司	长沙市	零售业	4.09	3.56

续表

2023年排名	2022年排名	企业名称	所属市州	所属行业	2023年员工人数	2022年员工人数
5	3	益丰大药房连锁股份有限公司	常德市	零售业	3.97	3.59
6	6	爱尔眼科医院集团股份有限公司	长沙市	卫生	3.67	3.23
7	5	湖南五江控股集团有限公司	娄底市	金属制品业	2.67	3.26
8	8	金东投资集团有限公司	长沙市	酒、饮料和精制茶制造业	1.91	1.86
9	7	湖南顺丰速运有限公司	长沙市	邮政业	1.82	1.86
10	10	株洲旗滨集团股份有限公司	株洲市	非金属矿物制品业	1.60	1.21
11	12	湖南中伟控股集团有限公司	长沙市	电气机械和器材制造业	1.35	1.01
12	9	湖南佳惠百货有限责任公司	怀化市	零售业	1.20	1.28
13	11	唐人神集团股份有限公司	株洲市	农副食品加工业	1.15	1.21
14	20	湖南盐津铺子控股有限公司	长沙市	食品制造业	0.69	0.58
15	17	湾田控股集团有限公司	长沙市	综合	0.65	0.66
16	16	湖南博长控股集团有限公司	娄底市	黑色金属冶炼和压延加工业	0.65	0.66
17	18	湘佳牧业股份有限公司	常德市	畜牧业	0.64	0.65
18	—	湖南省衡洲建设有限公司	衡阳市	房屋建筑业	0.63	0.72
19	13	楚天科技股份有限公司	长沙市	专用设备制造业	0.55	0.50
20	21	湖南裕能新能源电池材料股份有限公司	湘潭市	计算机、通信和其他电子设备制造业	0.55	0.56

从行业大类来看，制造业对就业的拉动作用十分明显。百强企业中吸纳就业人数最多的为制造业，达到43.86万人，占百强企业吸纳就业总数的

65.41%；其次是批发和零售业、卫生和社会工作及建筑业，吸纳就业人数分别为 10.73 万人、3.67 万人和 3.12 万人，分别占百强企业员工总数的 16.00%、5.47% 和 4.65%（见表 11）。

表 11　2023 年三湘民营企业百强员工人数行业大类分布

序号	行业大类	员工人数（万人）	入围企业数量（家）	户均（万人）	占百强企业员工总数的比例
1	制造业	43.86	50	0.88	65.41%
2	批发和零售业	10.73	14	0.77	16.00%
3	卫生和社会工作	3.67	1	3.67	5.47%
4	建筑业	3.12	15	0.21	4.65%
5	交通运输、仓储和邮政业	1.94	3	0.65	2.89%
6	综合	1.36	5	0.27	2.03%
7	农、林、牧、渔业	1.01	3	0.34	1.51%
8	租赁和商务服务业	0.50	4	0.13	0.75%
9	房地产业	0.41	3	0.14	0.61%
10	信息传输、软件和信息技术服务业	0.40	1	0.40	0.60%
11	金融业	0.05	1	0.05	0.08%

从细分行业来看，2023 年，三湘民营企业百强吸纳就业人数前五的细分行业分别为计算机、通信和其他电子设备制造业，零售业，专用设备制造业，汽车制造业，卫生业，员工总数合计为 41.88 万人，占百强企业员工总数的 62.46%。其中，计算机、通信和其他电子设备制造业员工人数最多，达到 15.69 万人，占百强企业员工总数的 23.40%（见表 12）。

表 12　2023 年三湘民营企业百强员工人数前五的细分行业

序号	所属行业	员工人数（万人）	入围企业数量（家）	平均员工人数（万人）	占百强企业员工总数的比例
1	计算机、通信和其他电子设备制造业	15.69	7	2.24	23.40%
2	零售业	10.69	12	0.89	15.94%
3	专用设备制造业	6.72	5	1.34	10.02%
4	汽车制造业	5.11	2	2.56	7.62%
5	卫生	3.67	1	3.67	5.47%
合计		41.88	27	1.55	62.46%

（四）三湘民营企业百强产业结构保持稳定

2023 年，三湘民营企业百强产业结构分布仍以第二产业为主，制造业依然是主导产业，专用设备制造业，汽车制造业和计算机、通信和其他电子设备制造业等新兴产业表现突出。

1. 产业结构略有调整，第二产业比重升高，第三产业比重有所下降

2023 年，三湘民营企业百强的三大产业企业数量比例为 3∶65∶32，与上年相比，第一产业减少 1 家，第二产业数量较上年增加 3 家，第三产业减少 2 家，第二产业企业数量上升，第三产业企业数量连续四年下降（见图 10）。

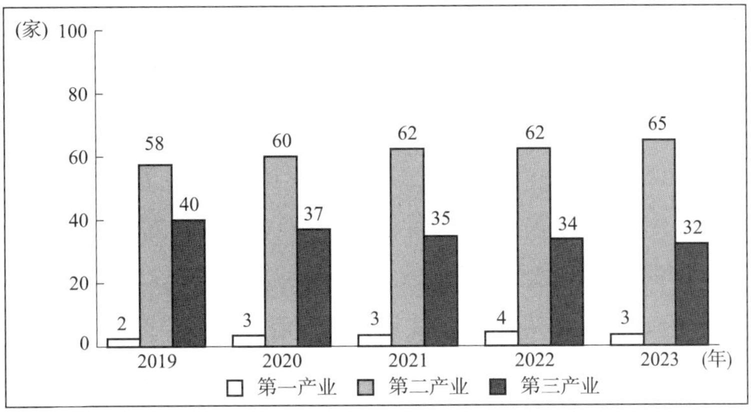

图 10　2019—2023 年三湘民营企业百强产业结构变化情况

从产业规模来看，第二产业营业收入总额为 9 068.29 亿元，占比 72.75%；资产总额为 10 096.42 亿元，占比 75.78%；税后净利润为 401.50 亿元，占比 72.97%；缴税总额 320.34 亿元，占比 80.21%；员工总人数为 46.98 万人，占比 70.07%。由此可见，第二产业经营指标规模和社会效益均远高于第一产业、第三产业（见表 13）。

表 13　2023 年三湘民营企业百强产业结构分布

产业		第一产业	第二产业	第三产业	合计
入围企业数量（家）		3	65	32	100
营业收入	总额（亿元）	137.76	9 068.29	3 258.57	12 464.62
	占比	1.11%	72.75%	26.14%	100%

续表

产业		第一产业	第二产业	第三产业	合计
总资产	总额（亿元）	138.78	10 096.42	3 088.59	13 323.79
	占比	1.04%	75.78%	23.18%	100%
税后净利润	总额（亿元）	−0.35	401.50	149.07	550.22
	占比	−0.06%	72.97%	27.09%	100%
缴税总额	总额（亿元）	1.33	320.34	77.73	399.40
	占比	0.33%	80.21%	19.46%	100%
员工	人数（万人）	1.02	46.98	19.05	67.05
	占比	1.52%	70.07%	28.41%	100%

2. 百强企业五成为制造业企业，数量、规模、盈利能力持续增长

2023 年，三湘民营企业百强仍以制造业为主，企业数量 50 家，较上年增加 4 家，50 家企业共实现营业收入 8 239.18 亿元，占百强营业收入总额的 66.10%；资产总额为 9 556.71 亿元，占百强资产总额的 71.73%；实现税后净利润 374.64 亿元，占百强税后净利润总额的 68.09%；纳税总额为 294.67 亿元，占百强纳税总额的 73.78%；员工总人数为 43.86 万人，占百强员工总数的 65.41%。百强企业中的制造业企业数量、营业收入连续三年增加，占百强企业的比重也均呈连续增长趋势，资产总额、税后净利润、缴税总额、员工人数均有所上升，分别较上年增加 2 292.72 亿元、78.57 亿元、51.89 亿元、14.86 万人（见表 14）。

表 14　2021—2023 年三湘民营企业百强中制造业企业比重

类别	2023 年		2022 年		2021 年	
	数量	占百强企业比重	数量	占百强企业比重	数量	占百强企业比重
制造业企业数量（家）	50	50.00%	46	46.00%	45	45.00%
营业收入（亿元）	8 239.18	66.10%	6 735.07	61.08%	6 540.68	60.67%
资产总额（亿元）	9 556.71	71.73%	7 263.99	64.25%	7 616.69	68.43%
税后净利润（亿元）	374.64	68.09%	296.07	59.89%	391.18	71.95%
缴税总额（亿元）	294.67	73.78%	242.78	69.66%	266.66	71.05%
员工人数（万人）	43.86	65.41%	29.00	54.44%	38.95	60.38%

3. 前五大细分行业分布稳中有变

2023 年，三湘民营企业百强营业收入前五大细分行业包括 30 家企业，较上年增加 2 家企业，营业收入总额为 5 953.56 亿元，占百强营业收入总额的 47.76%。其中，专用设备制造业，计算机、通信和其他电子设备制造业，汽车制造业和零售业达到千亿级别，分列前四位，营业收入总额分别为 1 492.70 亿元、1 285.66 亿元、1 153.74 亿元和 1 038.59 亿元，分别占百强营业收入总额的 11.98%、10.31%、9.26% 和 8.33%（见表 15）。

表 15　2023 年三湘民营企业百强营业收入前五的细分行业

序号	所属行业名称	营业收入总额（亿元）	企业数量（家）	户均营业收入（亿元）	占百强企业营业收入的比重
1	专用设备制造业	1 492.70	5	298.54	11.98%
2	计算机、通信和其他电子设备制造业	1 285.66	7	183.67	10.31%
3	汽车制造业	1 153.74	2	576.87	9.26%
4	零售业	1 038.59	12	86.55	8.33%
5	商务服务业	982.87	4	245.72	7.89%
合计		5 953.56	30	198.45	47.76%

2023 年，三湘民营企业百强的制造业企业中，三一集团有限公司营业收入达到千亿元，位列行业第一，营业收入为 1 195.56 亿元；长沙市比亚迪汽车有限公司营业收入为 904.57 亿元，居制造业企业第二位；湖南博长控股集团有限公司居制造业企业第三位，营业收入为 582.20 亿元（见表 16）。

表 16　2023 年三湘民营企业百强制造业前 10 名

单位：亿元

序号	企业名称	所属行业	营业收入总额
1	三一集团有限公司	专用设备制造业	1 195.56
2	长沙市比亚迪汽车有限公司	汽车制造业	904.57
3	湖南博长控股集团有限公司	黑色金属冶炼和压延加工业	582.20
4	蓝思科技股份有限公司	计算机、通信和其他电子设备制造业	544.91
5	湖南五江控股集团有限公司	金属制品业	456.20

续表

序号	企业名称	所属行业	营业收入总额
6	湖南裕能新能源电池材料股份有限公司	计算机、通信和其他电子设备制造业	413.58
7	金东投资集团有限公司	酒、饮料和精制茶制造业	369.62
8	湖南中伟控股集团有限公司	电气机械和器材制造业	351.69
9	唐人神集团股份有限公司	农副食品加工业	322.38
10	长沙星朝汽车有限公司	汽车制造业	249.17

2023 年，三湘民营企业百强的服务业企业中，大汉控股集团有限公司、湖南博深实业集团有限公司、益丰大药房连锁股份有限公司，分列行业一、二、三位，营业收入分别为 638.51 亿元、266.05 亿元和 225.88 亿元（见表 17）。

表 17　2023 年三湘民营企业百强服务业前 10 名

单位：亿元

序号	企业名称	所属行业	营业收入总额
1	大汉控股集团有限公司	商务服务业	638.51
2	湖南博深实业集团有限公司	商务服务业	266.05
3	益丰大药房连锁股份有限公司	零售业	225.88
4	老百姓大药房连锁股份有限公司	零售业	224.37
5	爱尔眼科医院集团股份有限公司	卫生	203.67
6	安克创新科技股份有限公司	软件和信息技术服务业	175.07
7	岳阳华夏一号贸易有限公司	批发业	124.91
8	湖南兰天集团有限公司	零售业	122.43
9	湖南联创控股集团有限公司	批发业	115.86
10	湖南佳惠百货有限责任公司	零售业	83.47

2023 年，三湘民营企业百强的建筑业企业中，湖南兴旺建设有限公司、湖南省沙坪建设有限公司、湖南乔口建设有限公司，分列行业一、二、三位，营业收入分别为 100.91 亿元、84.55 亿元和 74.12 亿元（见表 18）。

表 18 2023 年三湘民营企业百强建筑业前 10 名

单位：亿元

序号	企业名称	所属行业	营业收入总额
1	湖南兴旺建设有限公司	房屋建筑业	100.91
2	湖南省沙坪建设有限公司	房屋建筑业	84.55
3	湖南乔口建设有限公司	房屋建筑业	74.12
4	湖南望新建设集团股份有限公司	房屋建筑业	72.33
5	湖南高岭建设集团股份有限公司	房屋建筑业	60.65
6	望建（集团）有限公司	房屋建筑业	59.70
7	湖南长信建设集团有限公司	房屋建筑业	57.95
8	湖南省天宇建设工程有限公司	房屋建筑业	45.21
9	湖南省衡洲建设有限公司	房屋建筑业	42.80
10	湖南鹏泰控股集团有限公司	土木工程建筑业	42.00

4. 行业间经营效益分化明显

2023 年，三湘民营企业百强整体销售净利率、资产净利润较上年有所下降。百强企业共涉及 34 个行业，其中有 33 个行业与上年一致，建筑安装业为新增行业，煤炭开采和洗选业、道路运输业、农业和化学纤维制造业 4 个行业今年未有企业进入百强名单。

从销售净利率来看，2023 年三湘民营企业百强的平均销售净利率为 4.41%，较上年减少 0.07 个百分点，共有 18 个行业的销售净利率高于三湘民营企业百强销售净利率的平均水平（4.41%），且有 4 个行业的平均销售净利率在 10% 以上。其中卫生业以 17.95% 的销售净利率居首位；其次是其他制造业、仪器仪表制造业和综合，分别为 11.29%、10.49% 和 10.04%；有 3 个行业销售净利率不足 1%，分别为批发业（0.06%），农副食品加工业（–2.40%），畜牧业（–3.31%）。

从资产运营效率来看，2023 年三湘民营企业百强的平均资产净利率为 4.13%，较上年减少 0.24 个百分点，有 21 个行业资产净利率高于三湘民营企业百强的平均水平。其中，4 个行业平均资产净利率在 10% 以上，分别是医药制造业、其他制造业、软件和信息技术服务业和卫生，资产净利率分别为

11.79%、14.71%、13.26% 和 12.11%。5 个行业平均资产净利率低于 1%，分别为黑色金属冶炼和压延加工业（0.57%）、货币金融服务（0.56%）、批发业（0.19%）、农副食品加工业（–3.80%）、畜牧业（–4.02%）（见表 19）。

表 19　2023 年三湘民营企业百强分行业盈利情况

序号	所属行业	入围企业数量（家）	营业收入总额（亿元）	税后净利润（亿元）	资产总额（亿元）	缴税总额（亿元）	员工人数（万人）	销售净利率（%）	资产净利率（%）
1	房屋建筑业	13	750.17	25.26	504.37	23.30	2.76	3.37	5.01
2	零售业	12	1 038.59	31.16	857.99	29.52	10.69	3.00	3.63
3	计算机、通信和其他电子设备制造业	7	1 285.66	62.99	1 478.74	22.05	15.69	4.90	4.26
4	专用设备制造业	5	1 492.70	96.45	3 403.50	79.01	6.72	6.46	2.83
5	综合	5	249.67	25.06	430.56	20.91	1.36	10.04	5.82
6	农副食品加工业	4	527.73	–12.64	332.79	7.97	2.02	–2.40	–3.80
7	电气机械和器材制造业	4	667.36	34.19	874.91	17.25	2.29	5.12	3.91
8	废弃资源综合利用业	4	337.08	8.68	178.11	21.26	0.35	2.58	4.87
9	商务服务业	4	982.87	22.02	408.75	9.18	0.50	2.24	5.39
10	食品制造业	3	193.93	4.72	204.48	9.84	1.52	2.43	2.31
11	非金属矿物制品业	3	255.67	20.56	406.62	12.33	1.87	8.04	5.06
12	有色金属冶炼和压延加工业	3	230.90	1.18	52.46	4.02	0.07	0.51	2.25
13	通用设备制造业	3	127.65	6.93	101.50	3.77	0.36	5.43	6.83
14	其他制造业	3	242.20	27.34	185.91	11.50	1.04	11.29	14.71
15	房地产业	3	140.39	4.84	83.60	3.11	0.41	3.45	5.79
16	畜牧业	2	91.19	–3.02	75.20	0.35	0.88	–3.31	–4.02
17	金属制品业	2	509.12	36.27	758.82	17.02	2.74	7.12	4.78
18	汽车制造业	2	1 153.74	44.87	805.46	32.81	5.11	3.89	5.57
19	批发业	2	240.77	0.15	78.74	0.37	0.04	0.06	0.19

续表

序号	所属行业	入围企业数量（家）	营业收入总额（亿元）	税后净利润（亿元）	资产总额（亿元）	缴税总额（亿元）	员工人数（万人）	销售净利率（%）	资产净利率（%）
20	装卸搬运和仓储业	2	143.70	7.48	191.51	1.84	0.12	5.21	3.91
21	林业	1	46.57	2.66	63.58	0.98	0.14	5.71	4.18
22	酒、饮料和精制茶制造业	1	369.62	22.70	324.07	38.48	1.91	6.14	7.00
23	造纸和纸制品业	1	41.92	0.52	26.24	0.83	0.18	1.24	1.98
24	化学原料和化学制品制造业	1	44.93	2.99	41.15	1.71	0.22	6.65	7.27
25	医药制造业	1	63.49	6.27	53.16	5.48	0.36	9.88	11.79
26	黑色金属冶炼和压延加工业	1	582.20	0.85	148.74	3.54	0.65	0.15	0.57
27	铁路、船舶、航空航天和其他运输设备制造业	1	40.77	2.16	41.25	1.94	0.26	5.30	5.24
28	仪器仪表制造业	1	72.52	7.61	138.80	3.85	0.49	10.49	5.48
29	土木工程建筑业	1	42.00	0.85	23.49	1.93	0.31	2.02	3.62
30	建筑安装业	1	36.93	0.75	11.85	0.44	0.05	2.03	6.33
31	邮政业	1	46.13	1.58	18.48	0.97	1.82	3.43	8.55
32	软件和信息技术服务业	1	175.07	16.94	127.77	0.63	0.40	9.68	13.26
33	货币金融服务	1	37.71	3.29	589.32	2.26	0.05	8.72	0.56
34	卫生	1	203.67	36.56	301.87	8.95	3.67	17.95	12.11

（五）三湘民营企业百强稳健推进投融资活动

2023 年，三湘民营企业百强稳步参与乡村振兴、污染防治等国家重大决策部署，在高质量发展中找准定位，通过企业自身改革发展、合规经营、转型升级，不断提升发展质量。面对内外部环境的不确定性，企业投资意愿有所降低，上市融资、并购重组等活动有所放缓；百强企业对企业发展战略进行了适应性的调整，企业采取各项措施积极主动把握新发展格局带来的机遇。

1. 新增投资主要来源仍然是自有资金和银行贷款

2023 年三湘民营企业百强新增投资资金依靠主要是自有资金和银行贷款。其中，88 家企业选择依靠自有资金，较上年增加 1 家，增幅为 1.15%；70 家企业选择通过银行贷款，较上年增加 9 家，增幅为 14.75%；引入战略投资者的企业为 6 家，较上年减少 5 家，降幅为 45.45%；获得政策性资金的企业为 18 家，较上年增加 1 家；通过资本市场开展直接融资的企业中，通过股票市场融资的企业为 7 家，较上年减少 4 家；通过债券市场融资的企业为 5 家，较上年增加 1 家（见图 11）。

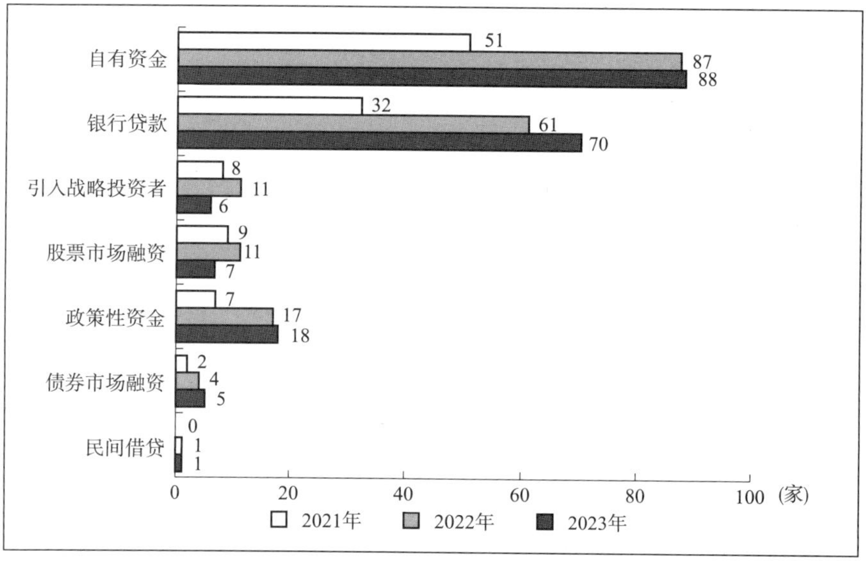

图 11　2021—2023 年三湘民营企业百强新增投资资金主要来源

2. 面对内外部环境的不确定性，企业投资意愿持续下降

2023 年，三湘民营企业百强中有 40 家企业认为“企业具有独特竞争优势，经济下行压力下继续保持积极投资”，选择该选项的较上年减少 8 家；有 32 家企业表示“企业内外部风险加大，减少投资，优先确保当前生产经营稳定”，选择该选项的企业数量较上年增加 11 家；有 21 家企业表示“企业运行较为平稳，投资意愿不强”，选择该选项的较上年减少 4 家；还有 1 家企业表示“企业投资摊子铺得较大，负债较高，经营困难，无力进行投资”（见表 20）。

表 20 2021—2023 年三湘民营企业百强投资意愿情况

项目	企业具有独特竞争优势，经济下行压力下继续保持积极投资	企业内外部风险加大，减少投资，优先确保当前生产经营稳定	企业运行较为平稳，但投资意愿不强	企业投资摊子铺得较大，负债较高，经营困难，无力进行投资
2023 年企业数量（家）	40	32	21	1
2022 年企业数量（家）	48	21	25	1
2021 年企业数量（家）	58	21	20	0

3. 多措并举提升企业投资积极性，推动企业投资

在推动民营企业投资积极性的相关举措中，有 62 家企业认为“行业的发展规划、政策导向更加明确，对企业明确投资方向起到积极作用”；21 家企业认为“各级政府推出的投资项目范围更广，投资回报较高，增强了企业投资动力”；还有 21 家企业认为由于“全国统一大市场加快建设，地方保护、行业保护等现象减少，企业跨地域投资增多”，以上各种举措对企业投资起到了重要的促进作用（见表 21）。

表 21 2023 年对三湘百强民营企业投资有重要促进的举措

重要举措	企业数量（家）	占填报企业比例
行业的发展规划、政策导向更加明确，对企业明确投资方向起到积极作用	62	68.89%
各级政府推出的投资项目范围更广，投资回报较高，增强了企业投资动力	21	23.33%
全国统一大市场加快建设，地方保护、行业保护等现象减少，企业跨地域投资增多	21	23.33%
积极破除市场壁垒，隐性准入门槛进一步减少	12	13.33%
拖欠账款常态化预防和清理力度加大	10	11.11%
政府支持企业应对“长臂管辖”、贸易摩擦等，企业海外投资意愿增强	9	10.00%
其他	18	20.00%

4. 并购重组活动有所放缓

2023 年，三湘民营企业百强发生 9 起并购事件，较上年减少 5 起。其中国内并购事件 7 起，较上年减少 4 起；境外并购 2 起，较上年减少 1 起。

从规模来看，企业开展境内并购交易对价主要集中在 2 亿 ~ 5 亿元，达到

3 起；企业开展境外并购交易对价在 500 万 ~ 1 000 万美元的 1 起，交易对价在 5 000 万美元以上的 1 起（见表 22）。

表 22 2023 年三湘民营企业百强开展并购活动情况

并购活动	交易对价	并购事件（起）
境内并购（人民币）	500 万元以下	0
	500 万 ~1 000 万元	1
	1 000 万 ~5 000 万元	2
	5 000 万 ~2 亿元	1
	2 亿 ~5 亿元	3
	5 亿元以上	0
	合计	7
境外并购（美元）	100 万美元以下	0
	100 万 ~500 万美元	0
	500 万 ~1 000 万美元	1
	1 000 万 ~5 000 万美元	0
	5 000 万美元以上	1
	合计	2
总计		9

从细分行业看，开展并购活动较多的行业是零售业、电气机械和器材制造业、专用设备制造业，共发生 7 起并购活动，涉及企业数量分别为 3 家、2 家和 1 家（见表 23）。

表 23 2023 年三湘民营企业百强发生并购重组的细分行业分布

所属行业	并购事件（起）	涉及并购活动的企业数量（家）
零售业	3	3
电气机械和器材制造业	2	2
专用设备制造业	2	1
卫生	1	1
仪器仪表制造业	1	1
总计	9	8

从布局金融领域情况来看，2023 年三湘民营企业百强中有 13 家企业已进

入金融领域，较上年减少 6 家，降幅为 31.58%；有 3 家企业尚未进入但有意向进入金融领域，较上年减少 6 家。进入金融领域的企业中，6 家企业进入投资公司，较上年增加 2 家；4 家企业进入银行，较上年减少 1 家；2 家企业进入小额贷款公司，较上年增加 1 家；担保公司、融资租赁机构、保险公司、典当行、财务公司、资产管理公司均只有 1 家企业进入，基金公司、证券公司、互联网金融、信托公司均无百强企业布局（见表 24）。

表 24　2021—2023 年三湘民营企业百强布局金融领域情况

进入金融领域的机构类型	2023 年企业数量（家）	2022 年企业数量（家）	2021 年企业数量（家）
已进入金融领域企业总数	13	19	14
银行	4	5	5
小额贷款公司	2	1	4
投资公司	6	4	3
担保公司	1	1	3
融资租赁	1	1	2
保险公司	1	1	1
典当行	1	1	1
财务公司	1	0	0
资产管理公司	1	0	0
证券公司	0	0	0
基金公司	0	0	1
互联网金融	0	0	0
信托公司	0	0	0

5. 积极参与国家重大决策部署和区域协调发展

2023 年，三湘民营企业百强继续保持较高的热情参与国家战略，其中参与混合所有制改革、区域发展战略、乡村振兴战略的企业分别为 13 家、62 家、67 家。参与“万企兴万村”行动和污染防治攻坚战的企业分别为 65 家和 73 家（见表 25）。

表 25　2023 年三湘民营企业百强参与国家重大决策部署情况

序号	国家战略	企业数量（家）
1	混合所有制改革	13
2	区域发展战略	62
3	乡村振兴战略	67
4	“万企兴万村”行动	65
5	污染防治攻坚战	73

在参与乡村振兴战略的 67 家企业中，其中 44 家参与“巩固脱贫成果，改善民生保障”，占填报企业的 65.67%；44 家企业参与“促进产业兴旺，带动农民增收”，占填报企业的 65.67%；21 家企业参与“保护青山绿水，美化人居环境”，占填报企业的 31.34%。参与“强化基层党建，提升治理能力”“引进优秀人才，培育新型农民”“繁荣农村文化，培育文明新风”的企业分别为 22 家、17 家和 12 家（见表 26）。

表 26　2023 年三湘民营企业百强参与乡村振兴战略情况

参与形式	企业数量（家）	占参与乡村振兴战略企业总数的比重
促进产业兴旺，带动农民增收	44	65.67%
巩固脱贫成果，改善民生保障	44	65.67%
保护青山绿水，美化人居环境	21	31.34%
强化基层党建，提升治理能力	22	32.84%
引进优秀人才，培育新型农民	17	25.37%
繁荣农村文化，培育文明新风	12	17.91%

在参与混合所有制改革的 13 家企业中，1 家企业已控股国有企业，数量与上年持平；1 家企业已参股国有企业，较上年减少 3 家；7 家企业与国有企业共同发起设立新企业，较上年减少 1 家；7 家企业表示有国有资本入股本企业，较上年减少 4 家（见图 12）。

参与混合所有制改革的三湘民营企业百强中，主要为专用设备制造业，参与企业数量 2 家，占参与混合所有制改革的百强企业的 15.38%，其他为房地产业、房屋建筑业、有色金属冶炼和压延加工业、装卸搬运和仓储业、通用设备制造业和农副食品加工业等，企业数量均为 1 家。

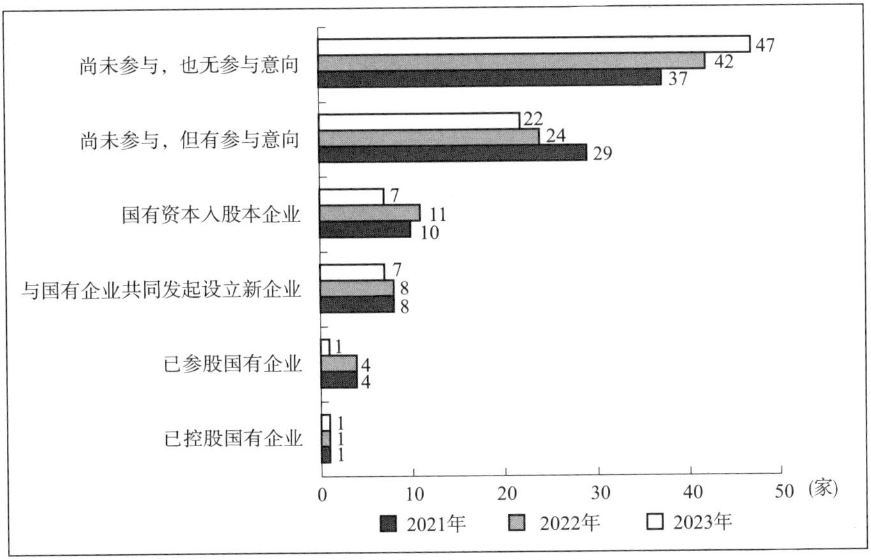

图 12　2021—2023 年三湘民营企业百强参与混合所有制改革情况

三湘民营企业百强中参与了区域协调发展战略的企业为 62 家，较上年增加 11 家。其中，参与最多的是中部地区崛起战略，为 39 家，较上年增加 6 家；参与长江经济带发展的企业为 22 家，数量与上年度持平；参与粤港澳大湾区建设的企业为 18 家，较上年增加 4 家；其次参与西部大开发、长三角一体化发展和京津冀协同发展的企业分别为 13 家、9 家和 8 家，较上年分别减少 4 家、2 家和 2 家。还有少数企业参与了革命老区振兴，民族地区、边疆地区建设，东北振兴，黄河流域生态保护和高质量发展以及雄安新区等建设（见图 13）。

6. *主动调整，积极融入新发展格局*

为了把握新发展格局带来的机遇，三湘民营企业百强对企业发展战略进行了适应性的调整。采取“聚焦实业、做精主业，防范化解风险”和“进一步加强创新，参与或实施关键领域核心技术攻坚，实施数字化转型，培育新业态、新模式”作为调整措施的企业数量分别为 65 家和 62 家，占填报企业数量的 74.71% 和 71.26%；采取“积极扩大有效投资，实现自身结构调整”和“充分利用国内国际两个市场两种资源，实现高质量引进来和高水平走出去”作为调整措施的企业分别为 42 家和 27 家，占填报企业数量的 48.28% 和 31.03%（见表 27）。

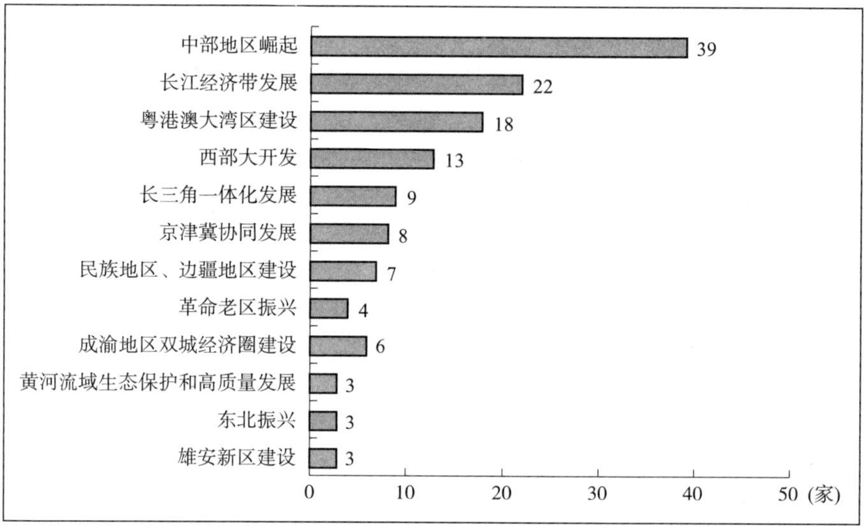

图 13　2023 年三湘民营企业百强参与区域协调发展战略情况

表 27　2023 年三湘民营企业百强为融入新发展格局采取的主要措施

企业为融入新发展格局采取的主要措施	企业数量（家）	占填报企业比例
聚焦实业、做精主业，防范化解风险	65	74.71%
进一步加强创新，参与或实施关键领域核心技术攻坚，实施数字化转型，培育新业态、新模式	62	71.26%
积极扩大有效投资，实现自身结构调整	42	48.28%
充分利用国内国际两个市场两种资源，实现高质量引进来和高水平走出去	27	31.03%
积极参与新型城镇化和城乡区域协调发展	19	21.84%
其他	4	4.60%
实际填报企业数量	87	—

7. 银行贷款依然是民营企业百强债务融资的主渠道

2023 年，三湘民营企业百强中有 46 家存在债务融资。债务融资的主要类型为银行贷款，共有 42 家企业选择，占填报企业总数的 91.30%，有少部分企业通过融资租赁、非银行机构融资、股东借款方式等进行融资（见表 28）。

2023 年，通过银行贷款进行债务融资的百强企业共涉及 22 个行业，42 家企业，前五大行业分别为房屋建筑业、电气机械和器材制造业、零售业、废弃资源综合利用业、有色金属冶炼和压延加工业和综合。其中，房屋建筑业有6家企业通过银行贷款进行债务融资，占填报企业数量的14.29%；其他行业均有3家企业选择银行贷款，占比7.14%（见表29）。

表28　2023年三湘民营企业百强债务融资类型

项目	企业数量（家）	占填报企业比例
银行贷款	42	91.30%
融资租赁	4	8.70%
非银行机构融资	5	10.87%
股东借款	2	4.35%
公司债	0	0
其他	2	4.35%
实际填报企业数量	46	—

表29　2023年三湘民营企业百强通过银行贷款进行债务融资的前五大行业分布

行业	企业数量（家）	占填报企业比例
房屋建筑业	6	14.29%
电气机械和器材制造业	3	7.14%
零售业	3	7.14%
废弃资源综合利用业	3	7.14%
有色金属冶炼和压延加工业	3	7.14%
综合	3	7.14%
实际填报企业数量	42	—

2023年末，实际填报的百强企业中，银行贷款余额占融资总额比例在30%以下的企业数量为34家，占填报比例的39.08%；银行贷款余额占融资总额比例在50%以上的企业数量为47家，占填报比例的54.02%（见表30）。

表30　2023年三湘民营企业百强银行贷款余额占融资总额比例情况

银行贷款余额占融资总额比例	企业数量（家）	占填报企业比例
0%	16	18.39%
0%~10%	10	11.49%
10%~30%	8	9.20%

续表

银行贷款余额占融资总额比例	企业数量（家）	占填报企业比例
30%~50%	6	6.90%
50%~70%	10	11.49%
70% 以上	37	42.53%
实际填报企业数量	87	—

2023 年，三湘民营企业百强中，有 10 家企业存在股票（股权）质押情况，3 家企业股票（股权）质押率在 10%（含）以下；质押率在 10%~30% 和 30%~40% 的企业均为 1 家；在 50% 以上的企业则有 3 家。其中控股股东或实际控制人的股票（股权）质押总数占其持有公司股票（股权）总数的比例在 50% 以上的有 2 家，占存在质押情况企业的 20.00%，比例在 20%~50% 和 5%~10% 的企业均为 2 家，比例在 5%（含）以下的企业有 1 家。有 45 家企业开具了商业汇票（含纸质票据和电子票据），其中开具类型以银行承兑汇票为主，有 42 家企业开具了银行承兑汇票，占填报企业比例的 93.33%。截至 2023 年末，有 36 家企业有商业汇票未承兑，商业汇票余额在 500 万元以下的企业 1 家，500 万 ~1 000 万元的企业 3 家，1 000 万 ~5 000 万元的企业 4 家，5 000 万 ~1 亿元的企业 8 家，1 亿元以上的企业有 20 家。

2023 年，三湘民营企业百强中，有 4 家企业通过信托机构融资，通过信托机构融资余额 1 000 万元以下的企业 2 家，1 000 万 ~5 000 万元的企业 2 家（见表 31）。

表 31　2023 年三湘民营企业百强通过信托机构融资情况

企业通过信托机构融资的余额	企业数量（家）
无	86
1 000 万元以下	2
1 000 万 ~ 5 000 万元	2
5 000 万元 ~ 1 亿元	0
1 亿 ~ 5 亿元	0
5 亿元以上	0

在防范化解风险方面，有 87 家企业在已采取或拟采取一定的防范措

施。其中，有 69 家企业选择“健全完善风险管理工作体系”，占填报企业的 79.31%，54 家企业认为应该“做好风险预警处置”，有 52 家企业选择“优化资产结构”，还有 52 家企业认为应该“降低财务杠杆，减少融资成本与债务负担”（见表 32）。

表 32　2023 年三湘民营企业百强在防范化解风险方面已采取或拟采取的防范措施

防范措施	企业数量（家）	占填报企业比例
健全完善风险管理工作体系	69	79.31%
做好风险预警处置	54	62.07%
优化资产结构	52	59.77%
降低财务杠杆，减少融资成本与债务负担	52	59.77%
其他	7	8.05%

（六）三湘民营企业百强持续强化科技创新和品牌建设

2023 年，三湘民营企业百强锚定“三高四新”美好蓝图，坚持“四个面向”，攻坚克难，真抓实干，持续加大研发投入，提升研发人员占比，多途径获取关键技术，推进企业数字化转型，促进企业转型升级，实现企业高质量发展。

1. 企业稳定投入研发人员、经费，但经费来源以自筹为主

2023 年三湘民营企业百强中研发人员占比在 20% 以上的企业为 8 家，较上年减少 2 家；占比在 10% ~ 20% 之间的企业 25 家，较上年增加 8 家；占比在 1% ~ 10% 的企业 38 家，较上年增加 8 家；占比在 1% 以下的企业 8 家，较上年增加 3 家（见表 33）。

表 33　2021—2023 年三湘民营企业百强研发人员占比情况

比例	研发人员占比		
	2023 年企业数量（家）	2022 年企业数量（家）	2021 年企业数量（家）
⩾ 20%	8	10	8
10%（含）~ 20%	25	17	17
1%（含）~ 10%	38	30	33
0% ~ 1%	8	5	8
实际填报企业数量	79	62	66

研发费用占营业收入总额（研发强度）大于3%的企业29家，较上年增加4家；研发强度在1%~3%的企业为15家，较上年减少1家；研发强度在0~1%的企业38家，较上年减少1家（见表34）。

表34 2021—2023年三湘民营企业百强研发投入占比情况

研发费用占营业收入总额比例结构	研发投入强度		
	2023年企业数量（家）	2022年企业数量（家）	2021年企业数量（家）
≥ 8%	3	2	2
3% ~ 8%	26	23	25
1% ~ 3%	15	16	21
0% ~ 1%	38	39	31
实际填报企业数量	82	80	79

2023年，研发费用排名前五位的企业均为长沙市企业，且制造业企业为主。其中，三一集团有限公司以90.61亿元研发费用位居第一，较上年93.38亿元减少2.77亿元，降幅为2.97%。长沙市比亚迪汽车有限公司、蓝思科技股份有限公司研发费用为35.02亿元、23.17亿元，与上年的32.04亿元、21.05亿元比较，增幅分别为9.30%、10.07%（见表35）。

表35 2023年三湘民营企业百强研发费用前五的企业

序号	企业名称	所属行业	所属市州	研发费用（亿元）	研发强度
1	三一集团有限公司	专用设备制造业	长沙市	90.61	7.58%
2	长沙市比亚迪汽车有限公司	汽车制造业	长沙市	35.02	3.87%
3	蓝思科技股份有限公司	计算机、通信和其他电子设备制造业	长沙市	23.17	4.25%
4	安克创新科技股份有限公司	软件和信息技术服务业	长沙市	14.14	8.08%
5	湖南中伟控股集团有限公司	电气机械和器材制造业	长沙市	10.56	3.00%

截至2023年底，三湘民营企业百强的研发人员中，拥有博士研究生的企业38家，占企业研发人员比例10%以上的1家；拥有硕士研究生的企业63家，占企业研发人员比例20%以上的15家；拥有本科学历研发人员的企业70家，占企业研发人员比例20%以上的61家。在三湘民营企业百强的研发人员中，

有55家企业拥有高级职称研发人员，占比50%以上的2家；拥有中级职称研发人员的企业62家，占比50%以上的14家（见表36）。

在人才方面，有17家企业拥有国家级人才，共66人；34家企业拥有省级人才，共计263人。

表36 2023年三湘民营企业百强研发人员学历及职称情况

比例	博士研究生	硕士研究生	本科	高级职称	中级职称
≥ 50%	0	2	36	2	14
20%～50%	0	13	25	9	21
10%～20%	1	13	4	8	12
1%～10%	18	24	3	29	13
0%～1%	19	11	2	7	2
实际填报企业数量	38	63	70	55	62

从研发费用来源看，百强企业研发费用仍主要来自企业内部，获取外部经费支持较低。2023年，34家百强企业获取了外部经费。其中，获取外部经费占企业研发费用比例在10%～30%之间的企业为7家；小于10%的企业为26家。

三湘民营企业百强持续加强与高校、科研院所等外部单位的研发合作。2023年，向高校、科研院所等外单位支付研发经费的百强企业为36家，较上年增加4家。其中，支付的研发经费占企业研发费用比例超过10%的企业为11家（见表37）。

表37 2023年三湘民营企业百强获取外部研发经费及支付外单位研发经费情况

占比	获取外部研发经费相应占比企业数量	支付外单位研发经费相应占比企业数量
≥ 30%	1	3
10%～30%	7	8
5%～10%	7	7
1%～5%	14	10
0～1%	5	8
实际填报企业数量	34	36

从研发经费支出构成来看，主要为人员劳务费、仪器和设备支出费用。

2023 年，36 家企业人员劳务费占企业研发费用比例超过 30%，22 家企业人员劳务费占企业研发费用比例在 10% ~30%；16 家企业仪器和设备支出费用占企业研发费用比例超过 30%，23 家企业仪器和设备支出费用占企业研发费用比例在 10%~30%（见表 38）。

表 38　2023 年三湘民营企业百强研发经费主要支出情况

占比	人员劳务费相应占比企业数量	仪器和设备支出相应占比企业数量
≥ 30%	36	16
10% ~ 30%	22	23
5% ~ 10%	8	8
1% ~ 5%	2	16
0 ~ 1%	0	1
实际填报企业数量	68	64

2023 年，三湘民营企业百强中与科研院所、高等院校开展合作的企业有 68 家。从合作方式看，57 家企业选择开展项目合作；16 家企业选择共建研发机构；12 家企业选择组建创新联合体；选择共建学科专业和其他方式的企业分别为 5 家和 8 家（见图 14）。

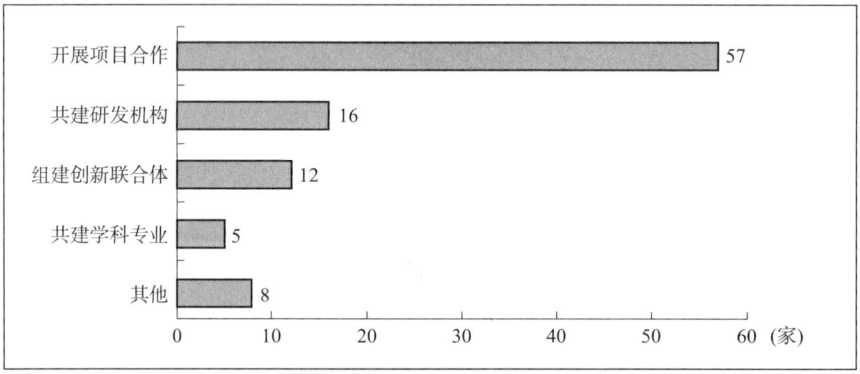

图 14　2023 年三湘民营企业百强与科研院所、高等院校的合作形式

在产学研合作方面，三湘民营企业百强中共有 80 家企业开展了产学研合作，45 家企业认为合作产生的作用很大，占填报企业的 56.25%；27 家企业认为合作产生的作用一般，占填报企业的 33.75%。

影响百强企业产学研合作的主要因素为高校院所技术与市场脱节和对企业研发支持力度不大，上述两项分别有20家和29家企业选择。另外，技术转让费用高、科技成果的所有权不清晰和与高校院所沟通不畅也是影响部分百强企业开展产学研合作的因素（见图15）。

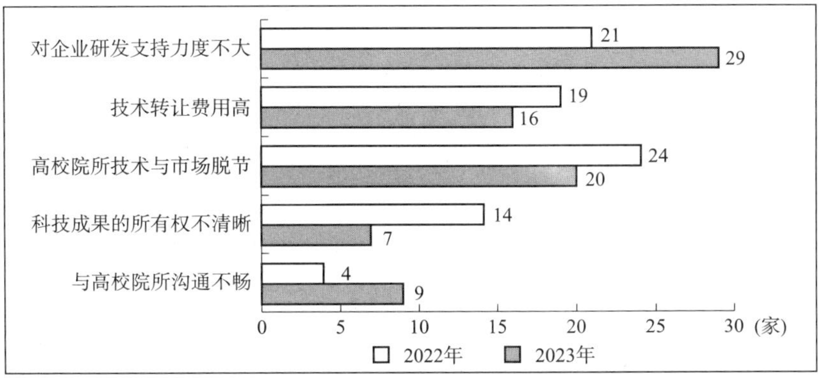

图15 2022—2023年影响三湘民营企业百强产学研合作的主要因素

2. 企业关键技术来源方式多样，创新能力持续增长

2023年，三湘民营企业百强通过自主开发与研制、产学研合作、引进技术或人才的形式作为技术来源渠道的企业分别为72家、50家和47家，较上年均有所降低（见图16）。

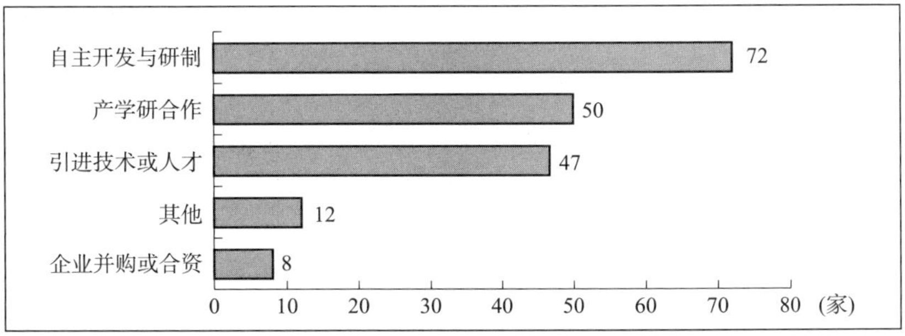

图16 2023年三湘民营企业百强企业关键技术来源

2023年，百强企业共申请国内专利8 395项，较上年降低42.85%；其中发明专利3 874项，较上年降低22.84%；国内专利授权量为6 338项，较上年降低17.24%；其中发明专利授权量1 552项，较上年增长42.78%（见图17）。

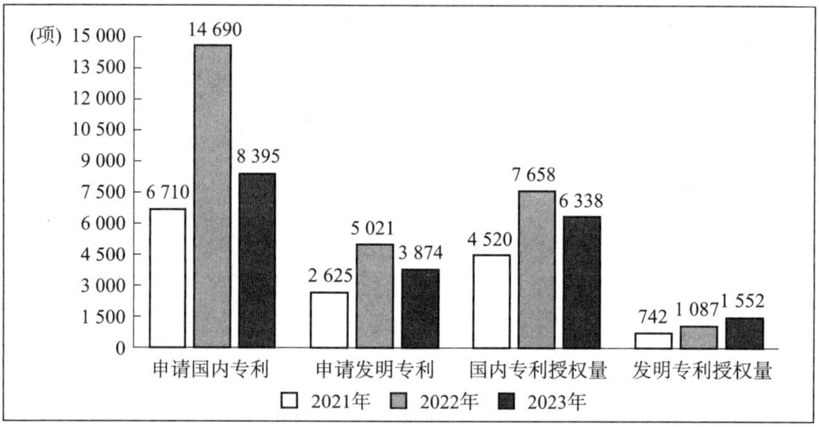

图 17 2021—2023 年三湘民营企业百强专利申请和授权情况

百强企业在持续加大投入科技研发的同时，积极申请获得知识产权保护，截至 2023 年末，国内外有效专利数量合计为 31 432 项，拥有国内有效专利 31 242 项，较上年增长 8.15%（见表 39）。

表 39 2021—2023 年三湘民营企业百强国内外有效专利情况

专利类型		2023 年（项）	2022 年（项）	2021 年（项）
国内有效专利	有效发明专利	11 132	14 428	8 297
	总计	31 242	28 888	21 898
国外有效专利	有效发明专利	70	162	186
	总计	190	268	190

国内外有效专利数量最多的企业为三一集团有限公司，达到 14 735 项；其次是楚天科技股份有限公司和威胜控股有限公司，有效专利数量分别为 2 617 项和 1 941 项（见表 40）。

表 40 2023 年三湘民营企业百强有效专利数量前三的企业

企业名称	国内有效专利（项）	有效发明专利（项）	外国有效专利（项）	有效发明专利（项）	国内外有效专利之和（项）	所属行业	所属市州
三一集团有限公司	14 701	3 855	34	0	14 735	专用设备制造业	长沙市
楚天科技股份有限公司	2 590	467	27	0	2 617	专用设备制造业	长沙市
威胜控股有限公司	1 941	1 949	0	0	1 941	仪器仪表制造业	长沙市

在参与标准制定方面，三湘民营企业百强中参与全国专业标准化技术委员会、分技术委员会、标准化工作组等机构 80 个，在相关机构中担任委员的有 77 人次，承担秘书处职责的有 3 个。三湘民营企业百强中有 41 家企业参与国际标准、国家或行业标准及团体标准的制定，参与制定的标准共计 1 188 项，其中国际标准 48 项、国家标准 393 项、行业标准 467 项、团体标准 280 项，在“企业标准信息公共服务平台”公开标准 528 项（见图 18）。

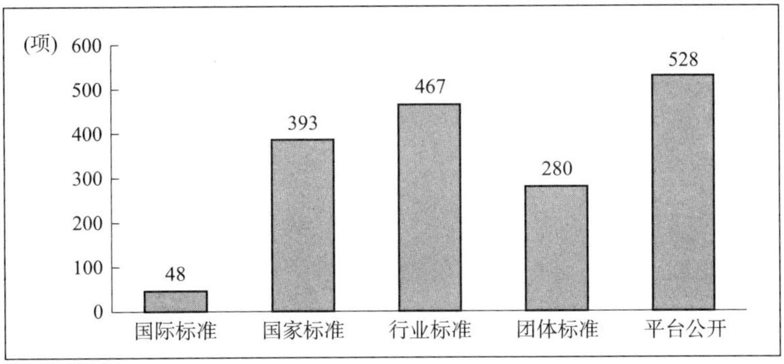

图 18　2023 年三湘民营企业百强参与制定标准和公开标准情况

在参与科技创新平台建设方面，三湘民营企业百强参与经认定的省部级研发机构的企业合计 41 家，拥有认定省部级研发机构 201 个。其中，参与“湖南省工程研究中心”建设的企业为 20 家；参与“湖南省企业技术中心”建设的企业为 28 家；参与“湖南省工程实验室”建设的企业为 11 家。

三湘民营企业百强中，参与国家科技创新基地建设的企业合计 14 家，12 家参与了“国家企业技术中心”建设，4 家参与了“国家重点实验室”建设，参与“国家工程研究中心”建设、“国家产业创新中心”建设的企业均为 1 家（见表 41）。

表 41　2023 年三湘民营企业百强拥有经认定的省部级研发机构情况

序号	省部级研发机构名称	企业数量（家）
1	湖南省工程研究中心	20
2	湖南省企业技术中心	28
3	湖南省工程实验室	11
4	国家企业技术中心	12

续表

序号	省部级研发机构名称	企业数量（家）
5	国家重点实验室	4
6	国家产业创新中心	1
7	国家工程研究中心	1
8	国家技术创新中心	0
9	国家临床医学研究中心	0

百强企业本体及其下属公司中，拥有高新技术企业、科技型中小企业分别为220个和108个，较上年分别增加17个和2个，拥有省级专精特新企业54个，国家专精特新“小巨人”企业28个。近5年获得了位列获奖单位前三名的国家级科技奖励的企业7家，近5年获得位列获奖单位前三名的省部级科技奖励的企业17家。获得中国质量奖、全国质量奖、省级政府质量奖的企业数量分别为6家、5家、23家（见表42）。

表42 2023年三湘民营企业百强创新机构、基地及科技创新获奖情况

创新机构、基地	数量（个）
企业本体及其下属公司拥有的高新技术企业	220
企业本体及其下属公司拥有的科技型中小企业	108
省级专精特新企业	54
国家专精特新“小巨人”企业	28
企业近5年获得位列获奖单位前三名的国家级科技奖励	7
企业近5年获得位列获奖单位前三名的省部级科技奖励	17
获得中国质量奖	6
获得全国质量奖	5
获得省级政府质量奖	23

3. 大力推动科技成果转化

2023年三湘民营企业百强科技成果转化资金主要来源仍以自筹资金、银行贷款、政府资金为主。2023年，76家企业科技成果转化资金来源于自筹资金，较上年增加1家；资金来源于银行贷款的为19家，较上年减少2家；资金来源于政府资金的为18家，较上年减少5家；资金来源于合作方资金投入的企业为3家，较上年减少4家（见图19）。

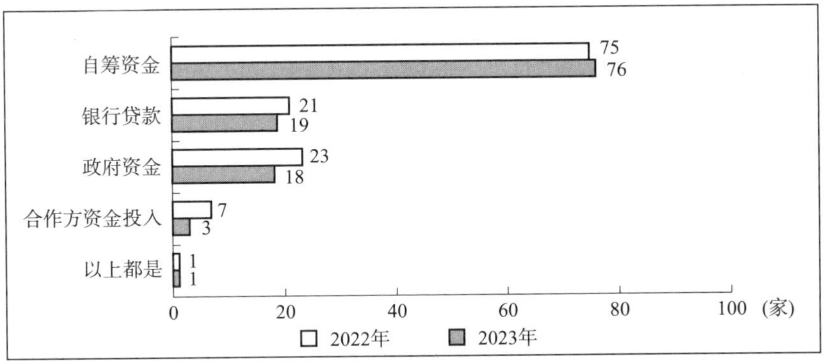

图 19　2022—2023 年三湘民营企业百强企业科技成果转化资金主要来源

百强企业在科技成果转化中获得的扶持政策仍然以“专项资金支持”“税收减免”“人才引进与培养”为主，与上年保持一致。其中获得“专项资金支持”的为 54 家，与上年持平；获得“税收减免”的为 36 家，较上年减少 5 家，获得“人才引进与培养”的为 21 家，较上年减少 4 家。除此之外，获得“用地等要素保障”政策扶持的为 4 家，较上年减少 1 家；获得“信用担保、科技保险”的企业为 4 家，较上年增加 1 家，获得“知识产权质押贷款”的企业为 5 家，较上年增加 2 家（见图 20）。

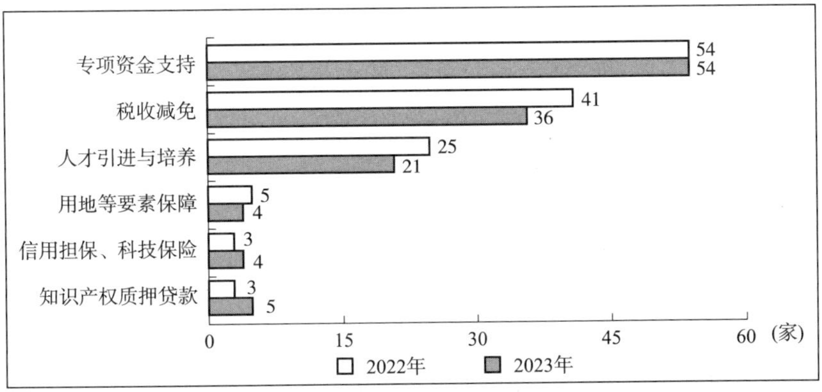

图 20　2022—2023 年三湘民营企业百强在科技成果转化中获得的扶持政策

在支持企业创新政策效应方面，三湘民营企业百强认为税收减免政策作用最为显著。认为“税收减免政策”发挥作用的企业数量最多，为 69 家，较上年减少 8 家；认为“科技人才奖励政策”“产业政策”“知识产权保护”发挥较大作用的分别为46家、44家、32家；认为“支持民营企业参与重大科技攻关，牵头承担重点科技领域的攻关任务”在企业创新中发挥较大作用的企业为28家；认为“政府采购”在企业创新中发挥较大作用的企业为21家，较上年增加1家（见图21）。

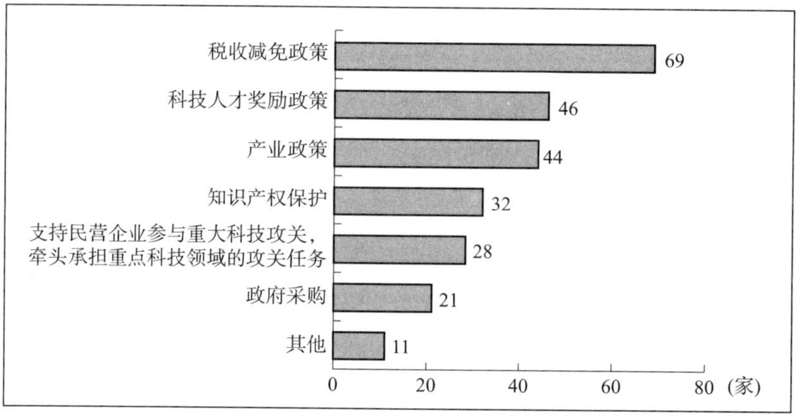

图21　2023年制约三湘民营企业百强科技创新的主要外部因素

三湘民营企业百强认为制约企业科技创新的主要外部因素是“科技成果产业化困难”“外部市场不确定性大”“技术市场不健全”，选择这三项的企业分别为40家、31家、31家；其次是“相关政策落实不到位”“缺少技术创新服务平台”，选择这两项的企业分别为27家、22家；21家企业认为“支持创新的氛围不够”，认为“缺乏公平的竞争环境”和“知识产权保护力度不够”的企业分别为15家和10家（见图22）。

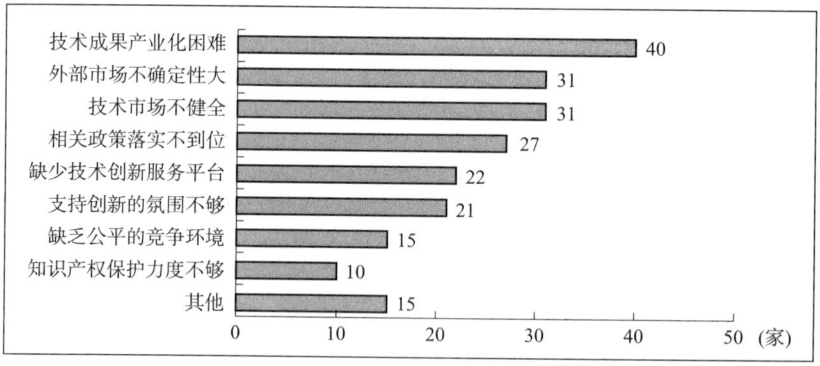

图22　2023年三湘民营企业百强认为在企业创新中发挥较大作用的政府政策

在希望政府提供新技术、新产品应用支持方面，三湘民营企业百强主要希望政府提供新产品新技术对接平台、应用试点和政府采购。希望获得新产品新技术对接平台、新技术新产品应用试点、政府优先采购公司产品服务支持的企业数量分别为53家、46家、43家，占实际填报企业比例分别为64.63%、56.10%、52.44%（见表43）。

表43　2023年三湘民营企业百强希望政府提供新技术新产品应用方面的支持

项目	企业数量（家）	占填报企业比例
新产品新技术对接平台	53	64.63%
新技术新产品应用试点	46	56.10%
政府优先采购公司产品服务支持	43	52.44%
国内外行业展会参展支持	28	34.15%
公众体验展示中心	19	23.17%
其他	10	12.20%
实际填报企业数量	82	—

4.积极推进数字化转型和绿色低碳发展

三湘民营企业百强顺应数字技术与实体经济融合发展趋势，加快实施数字化转型。2023年，三湘民营企业百强从战略层面、管理层面、人才层面和业务层面积极推进数字化转型，并取得一定成效。

战略层面，有43家企业已制定数字化转型战略规划，较上年减少12家，有29家企业着手制定数字化转型战略规划，与上年持平。管理层面，有41家企业已根据数字化转型需要进行整体布局，有36家企业已进行局部布局，较上年分别减少7家和2家。人才层面，有44家企业已有数字化专业人才，较上年减少4家，有32家企业拟培养和引进数字化专业人才，较上年减少8家。业务层面，有39家企业已实现降本增效，较上年减少13家，有22家在投入期尚未见成效，有16家投入后成效不明显，较上年分别增加4家和2家（见表44）。

表 44　2021—2023 年三湘民营企业百强数字化转型现状

数字化转型现状		2023 年企业数量（家）	2022 年企业数量（家）	2021 年企业数量（家）
战略层面	已制定数字化转型战略规划	43	55	41
	着手制定数字化转型战略规划	29	29	36
	尚未考虑	13	7	10
管理层面	已根据数字化转型需要进行整体布局	41	48	44
	已进行局部布局	36	38	37
	尚未布局	9	5	8
人才层面	已有数字化专业人才	44	48	46
	拟培养和引进数字化专业人才	32	40	35
	尚未考虑	8	3	10
业务层面	已实现降本增效	39	52	48
	投入期尚未见成效	22	18	24
	成效不明显	16	14	8
	尚未投入	10	5	9

在数字化转型的实施途径上，通过“应用数字化产品和服务”“加强企业数字化人才队伍建设”“推进智能制造，实现网络化协同、个性化定制、服务化延伸、数字化管理”和“依托工业互联网平台等数字化服务商，实现企业生产、获客、销售、物流等业务数字化转型”的企业数量最多，分别为 54 家、53 家、53 家和 52 家，占实际填报企业比例分别为 62.07%、60.92%、60.92% 和 59.77%（见表 45）。

表 45　2023 年三湘民营企业百强实施数字化转型的主要途径

途径	企业数量（家）	占填报企业比例
应用数字化产品和服务	54	62.07%
加强企业数字化人才队伍建设	53	60.92%
推进智能制造，实现网络化协同、个性化定制、服务化延伸、数字化管理	53	60.92%
依托工业互联网平台等数字化服务商，实现企业生产、获客、销售、物流等业务数字化转型	52	59.77%
加快大数据、云计算和人工智能等技术应用，开展人工智能 + 行动，探索发展新业态、新模式	39	44.83%

续表

途径	企业数量（家）	占填报企业比例
实施设备上云和业务系统向云端迁移	33	37.93%
通过设备共享、产能对接、生产协同，促进中小企业深度融入大型企业的供应链、创新链	26	29.89%
企业不断积累数字资产并创造价值	23	26.44%
实际填报企业数量	87	—

2023年，三湘民营企业百强为落实碳达峰、碳中和目标任务，积极调整优化生产方式、运营模式，加快绿色低碳转型发展。百强实际填报的62家企业中，仍主要采取“实施技术改造和设备更新，应用绿色低碳技术与设备”“引进和培养绿色低碳技术人才、推动产业链绿色协同发展，共建绿色产业生态”“开展全要素全流程的‘绿色化+智能化’改造，促进数字经济与绿色经济深度融合”等措施实施绿色低碳转型发展的企业数量最多，分别为50家、34家、30家，占实际填报企业比例分别为80.65%、54.84%、48.39%（见表46）。

表46　2023年三湘民营企业百强实施绿色低碳转型发展举措

实施绿色低碳转型发展举措	企业数量（家）	占填报企业比例
实施技术改造和设备更新，应用绿色低碳技术与设备	50	80.65%
引进和培养绿色低碳技术人才、推动产业链绿色协同发展，共建绿色产业生态	34	54.84%
开展全要素全流程的“绿色化+智能化”改造，促进数字经济与绿色经济深度融合	30	48.39%
开展碳排放测算	22	35.48%
开展绿色低碳共性关键技术、前沿引领技术、颠覆性技术和相关设施装备攻关	18	29.03%
参与生态修复和国土绿化，积极履行社会责任	14	22.58%
研究确定碳减排路径，明确实现碳达峰、碳中和的时间表和路线图	14	22.58%
实际填报企业数量	62	—

5. 品牌保护意识持续增强

2023年，三湘民营企业百强拥有的国内外有效商标总量达15 297件，较上年的16 820件减少1 523件，降幅为9.05%。其中，国内商标有效注册量为

13 090 件，马德里国际商标有效注册量为 222 件。平均每个百强企业拥有国内商标有效注册量达到 131 件，三湘民营企业百强共拥有 43 件中国驰名商标（见表 47）。

表 47　2023 年三湘民营企业百强有效商标注册量

序号	商标注册类型	2023 年数量（件）
1	国内商标有效注册量	13 090
2	马德里国际商标有效注册量	222
合计		13 312

（七）三湘民营企业百强审慎开拓海外市场

国际贸易形势更加严峻复杂，对于出口企业，国外客户的订单波动不稳。2023 年，三湘民营企业百强出口总额有所下滑，且由于国际贸易环境日趋复杂，企业开展海外投资的企业数量也有所下降，对于海外项目投资保持理性和谨慎。

1. 出口总额有所下滑

2023 年，三湘民营企业百强出口总额为 61.50 亿美元，较上年减少 48.22 亿美元，降幅为 43.95%，在复杂多变的国际形势下出口额持续下滑（见图 23）。

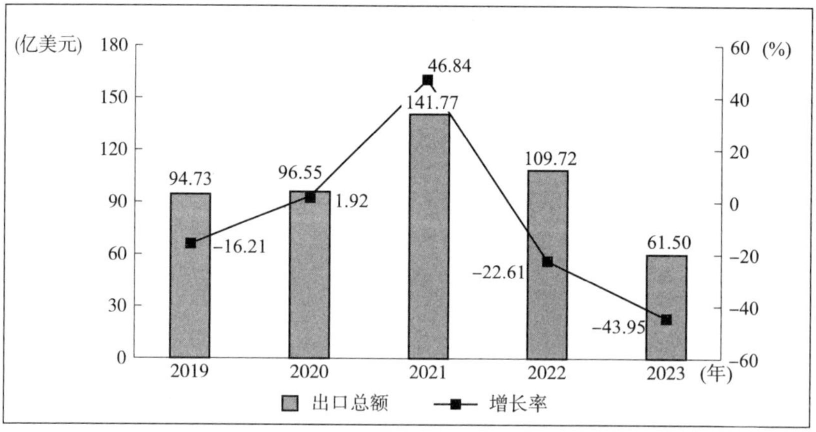

图 23　2019—2023 年三湘民营企业百强出口总额变化趋势

2. 百强民营企业国际化发展基本情况

20 家布局了国际化经营项目的三湘民营百强企业，截至 2023 年底，境外资产总额共计 84.57 亿美元，其中，湖南中伟控股集团有限公司境外资产达 42.69 亿美元，占 20 家企业境外资产总额的 50.48%；境外营业收入总额共计 66.52 亿美元，其中，湖南中伟控股集团有限公司境外营业收入达 33.49 亿美元，占 20 家企业境外营收总额的 50.35%；境外员工共计 9 773 人，境外研发费用投入共计 323 万美元；国际有效专利 190 件，其中，长沙惠科光电有限公司国际有效专利 44 件，占 20 家企业国际有效专利总量的 23.16%；国际有效商标注册量 2 207 件，其中，三一集团有限公司国际有效商标注册量 720 件，占 20 家企业国际有效商标注册总量的 32.62%；企业境外分支机构所涉及国家和地区数量累计达 91 个，其中，长沙中联重科环境产业有限公司所涉及国家和地区数量达 55 个，占 20 家企业境外分支机构所涉及国家和地区数量总量的 60.44%（见表 48）。

表 48　2023 年三湘民营企业百强国际化发展情况

序号	项目类别	数量
1	布局国际化经营项目企业数量	20 家
2	境外资产总额	84.57 亿美元
3	境外营业收入总额	66.52 亿美元
4	境外员工	9 773 人
5	境外研发费用	323 万美元
6	国际有效专利	190 件
7	国际有效商标注册量	2 207 件
8	企业境外分支机构所涉及国家和地区数量	91 个

3. 保持理性和谨慎进行海外布局

2023 年三湘民营企业百强继续落实国家“走出去”战略，谨慎进行全球化布局。开展海外投资的企业数量为 20 家，较上年减少 1 家，共投资海外项目 0～5 家（项）的企业 16 家，5～10 家（项）企业 3 家，21～30 家（项）的企业 1 家。三湘民营企业百强有 12 家企业加入了境外中资商（协）会，14 家企业到我国驻境外使（领）馆报到。

三湘民营企业百强“走出去”的国家和地区较为广泛，海外投资地区分布在亚洲、欧洲、北美洲、非洲、南美洲和大洋洲，其中亚洲地区是三湘民营企业百强对外投资的重点区域，有 14 家企业在该地区投资企业或项目（见表 49）。

表 49　2023 年三湘民营企业百强海外投资情况

投资地区	企业数量（家）	主要国家和地区
亚洲	14	印度、韩国、新加坡、日本、阿拉伯联合酋长国、马来西亚、缅甸、巴基斯坦、孟加拉、沙特、柬埔寨、老挝、印度尼西亚、泰国、菲律宾、越南、东南亚及中国香港、中国台湾
欧洲	10	西班牙、德国、奥地利、意大利、芬兰、英国、匈牙利、比利时、俄罗斯、法国、波兰
北美洲	9	美国、墨西哥、加拿大
非洲	5	南非、摩洛哥、坦桑尼亚、埃及、尼日利亚
南美洲	4	巴西、厄瓜多尔、阿根廷、智利、秘鲁等
大洋洲	5	澳大利亚

2023 年，三湘民营企业百强“走出去”的主要动因仍然是拓展国际市场和获取品牌、技术、人才等要素，选择上述动因的企业分别为 24 家和 11 家；选择优势产能合作、获取国外原材料等资源和利用当地劳动力等要素降低产品成本为“走出去”动因的企业分别为 9 家、7 家和 6 家（见图 24）。

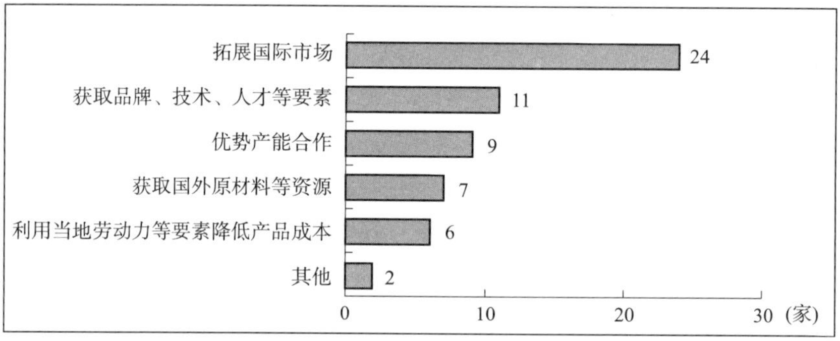

图 24　2023 年三湘民营企业百强“走出去”的主要动因

企业“走出去”的主要形式为产品和服务出口、对外直接投资。2023 年，实际填报的 26 家企业中，采取对外直接投资的企业为 19 家，占填报企业的 73.08%；采取产品和服务出口形式的企业为 10 家，占填报企业的 38.46%（见表 50）。

表 50　2023 年三湘民营企业百强“走出去”的主要形式

“走出去”的主要形式	企业数量（家）	占填报企业比例
对外直接投资	19	73.08%
产品和服务出口	10	38.46%
对外工程承包	4	15.38%
对外劳务合作	3	11.54%

2023 年，三湘民营企业百强进行海外经营最主要的方式是建立国际营销网络和物流服务网络，采取该方式的企业为 19 家，其次是对外投资办厂，采取该方式的企业为 15 家。进行境外加工装配的百强企业数量增加，由 2022 年的 6 家增加到 2023 年的 7 家，进行海外并购的企业数量较上年减少 2 家，为 5 家（见表 51）。

表 51　2023 年三湘民营企业百强海外经营类型

单位：家

投资方式	亚洲	欧洲	北美洲	南美洲	非洲	大洋洲	合计
对外投资办厂	4	4	3	2	2	0	15
进行海外并购	1	3	1	0	0	0	5
境外加工装配	2	1	1	1	1	1	7
境外资源开发	1	0	0	0	1	0	2
设立境外研发中心	0	0	0	0	0	0	0
建立国际营销网络和物流服务网络	4	3	4	2	4	2	19
从事国际农业合资合作	1	0	0	0	0	1	2
建设境外经济贸易合作区	2	1	1	0	0	1	5
其他	1	1	1	0	1	1	5
合计	16	13	11	5	9	6	60

4. 企业信息宣传及获取渠道多样化

在海外宣传方面，部分三湘民营企业百强选择在海外社交媒体平台开设官方账号，5 家企业开通了 Facebook 账号，3 家企业开通了 Instagram 账号，4 家企业开通了 YouTube 账号，还有部分企业开通 X 账号和 Linkedin 账号。

2023 年，企业“走出去”项目的主要信息来源是从各级政府的境外项目发布平台和各类境内外各类行业协会、中资商会等渠道获取，分别为20家和14家，从国有企业境外项目合作渠道获取的企业9家，还有我国驻外使领馆项目推介渠道、各国驻华使领馆项目推介渠道等也是企业获取项目信息的来源（见表52）。

表52 2023年三湘民营企业百强“走出去”项目主要信息来源

“走出去”项目的主要信息来源	企业数量（家）
从各级政府的境外项目发布平台获取	20
从各类境内外各类行业协会、中资商会等渠道获取	14
从国有企业境外项目合作渠道获取	9
从我国驻外使领馆项目推介渠道获取	7
从各国驻华使领馆项目推介渠道获取	5
其他	3

5. 多因素驱动企业进行国际化创新

在国际化过程中，中国企业应该根据行业特点及企业自身能力，在国际舞台和全球价值链为企业在追随者、同行者和引领者等不同模式中进行战略定位。国际化创新一直以来是中国企业实现技术追赶和能力提升的重要路径。近年来，国家“一带一路”倡议的提出，更为企业国际化发展和经营提供了有力的宏观环境。然而，后发经济体在国际化过程中一直以来都面临市场和技术双重劣势的窘境：一方面，由于地缘因素，远离高端用户和主流消费市场；另一方面，由于长期的技术知识落后和基础设施的不完善，造成了难以逾越的技术差距。在复杂严峻的国际环境下，三湘民营企业百强2023年进行海外研发的主要形式包括在海外建立信息站，获得公司所需的技术和市场信息，以及在海外生产机构中建立研发部门，进行技术开发等工作（见图25）。

驱动企业进行海外研发的因素就包括了使产品满足全球不同市场的需要（19家）、吸收国外最新技术研发成果（11家）、吸引全球的尖端科研人才（7家）、利用东道国的科技资源与环境设施（6家）、东道国政府吸引外国R&D政策的影响（4家）、分散技术封锁和管制风险（2家）以及其他因素（3家）。

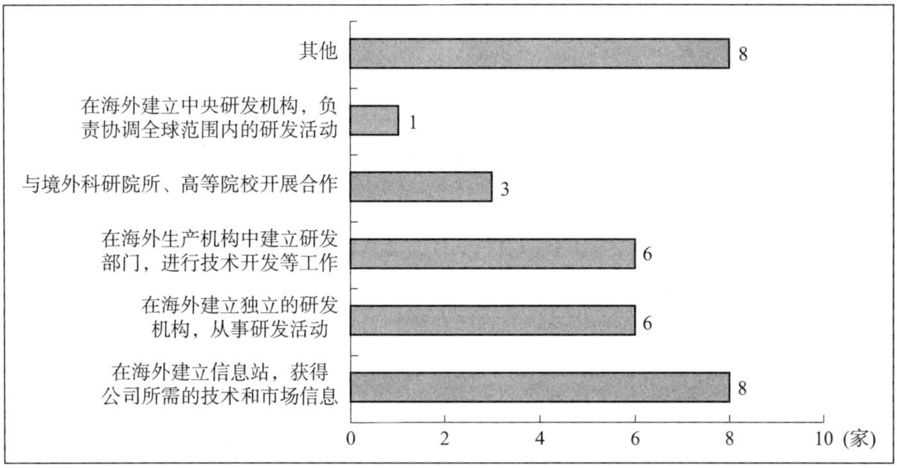

图 25　2023 年三湘民营企业百强进行海外研发的主要形式

2023 年，三湘民营企业百强对海外业务数字化转型所做的实践主要包括数字化内部管理、数字化营销、数字化运营、数字化供应链管理、数字化智能化生产等。其中，进行数字化内部管理、数字化营销及运营的企业均为 12 家，数字化生产的企业 9 家，数字化供应链管理的企业 11 家（见图 26）。

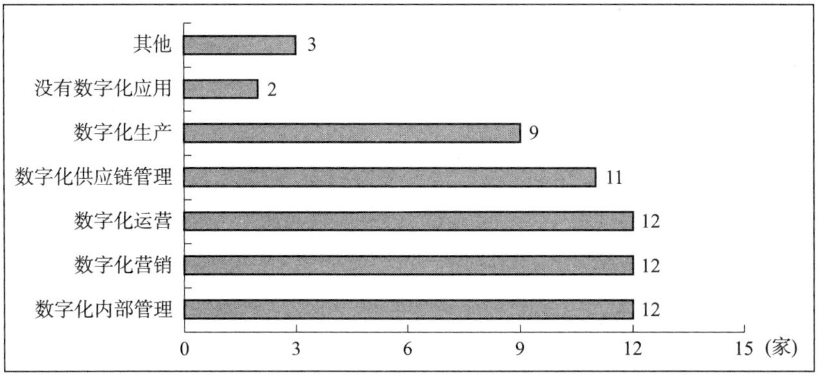

图 26　2023 年三湘民营企业百强对海外业务数字化转型所做的实践

通过数字化解决方案，在企业开展国际化业务的过程中可以助力企业拓展海外市场、寻找商机（15 家），获取海外市场、人才等信息（13 家），生产制造环节的效率提升（12 家）以及产品研发周期缩短（10 家）等（见表 53）。

表 53 2023 年三湘民营企业百强数字化解决方案助力作用

企业开展国际化业务过程中，数字化解决方案的助力作用体现	企业数量（家）	占填报企业比例
拓展海外市场、寻找商机	15	68.18%
获取海外市场、人才等信息	13	59.09%
生产制造环节的效率提升	12	54.55%
产品研发周期缩短	10	45.45%
国际物流服务	7	31.82%
海外市场选品更为精准	6	27.27%
出口目的国的税收、法律政策合规服务	4	18.18%
知识产权相关服务	4	18.18%
国际金融支付服务	2	9.09%
其他	2	9.09%

但同时，企业在数字化转型的过程中也遇到了诸多的难点问题，包括国际化数字人才缺乏（14 家）、对别国数字化相关政策缺乏了解（10 家）、对海外国家数据安全和法规、技术实施和保障标准等限制较多（10 家）、数字化转型成本较高（9 家）、多数国家数字化基础设施存在较大不足（7 家）等。

因此，在数字化助力企业国际化方面，企业希望能得到进一步加大金融、财税等配套政策支持力度，提供涉外法律法规、政策方面的咨询等外部支持（见图 27）。

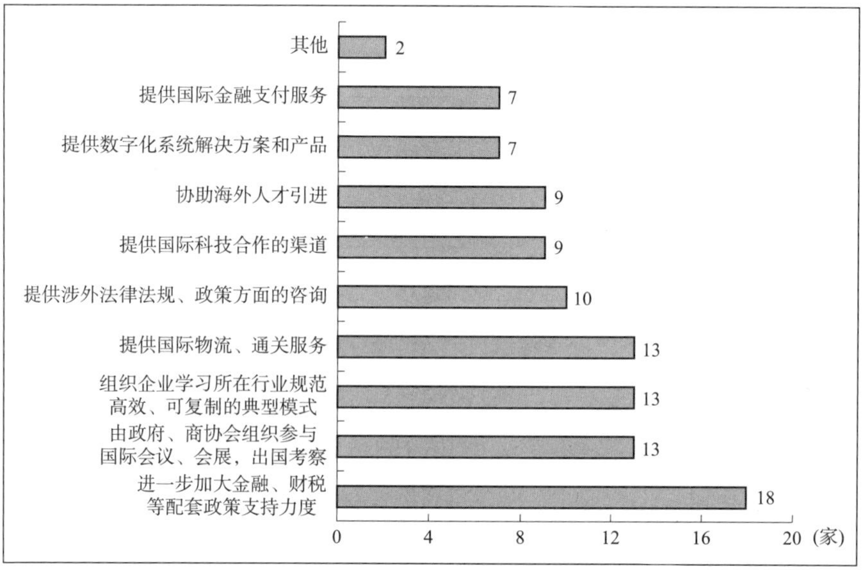

图 27 2023 年三湘民营企业百强希望得到的外部支持

6. 采取多种手段，妥善应对国际贸易摩擦

在复杂严峻的国际环境下，三湘民营企业百强采取更加谨慎的措施，以应对和缓解相关事件对贸易的影响。2023 年，三湘民营企业百强中有 5 家企业在美国遭遇国际贸易摩擦，且有 1 家也在欧盟遭遇国际贸易摩擦。其中，企业遭遇过反倾销、反补贴各 2 起，特别保障措施 1 起，企业遭遇知识产权纠纷 15 起。有 2 家企业受到其他国家、地区或者国际组织机构的实体清单管制、制裁。面对国际贸易摩擦，绝大多数企业坚持以互利合作、共赢发展为原则，依法维护企业正当权益。2023 年，三湘民营企业百强中，选择通过协商措施的企业为 14 家，较上年减少 1 家；选择通过起诉措施的企业为 10 家，较上年减少 1 家；选择通过应诉、仲裁措施的企业数量分别为 12 家、10 家（见图 28）。

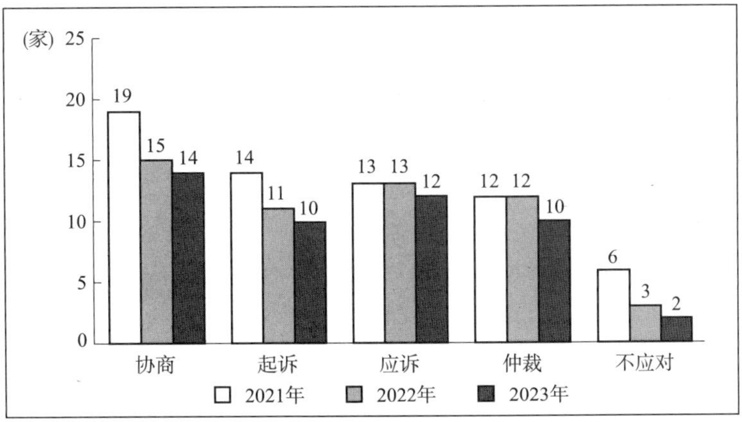

图 28　2021—2023 年三湘民营企业百强遭遇国际贸易摩擦时采取的对策

2023 年，三湘民营企业百强在境外投资所遇到过的风险类型多样，其中主要包括政治风险、文化风险、合规风险、经营风险和汇率风险（见图 29）。

2023 年，政府和专业机构是三湘民营企业百强遇到风险时主要依靠的外部力量。16 家企业选择通过我国政府相关部门解决境外投资风险，14 家企业找寻我国贸易投资促进机构、商协会解决境外投资风险，13 家企业选择通过企业自身解决境外投资风险（见表 54）。

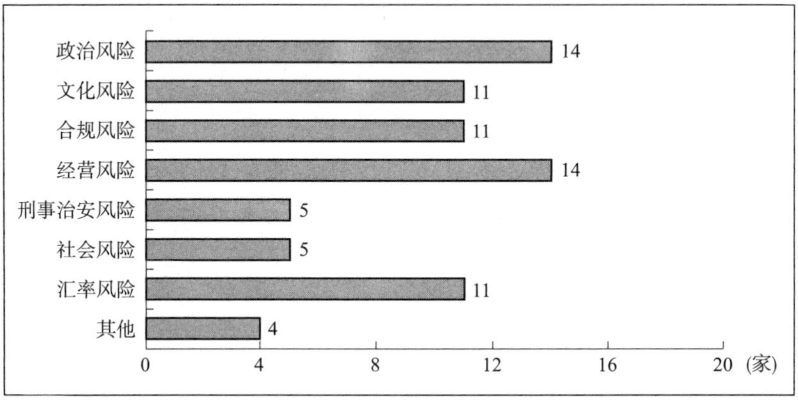

图 29　2023 年三湘民营企业百强在境外投资遇到过的风险类型

表 54　2023 年三湘民营企业百强解决境外投资风险的方式

企业解决境外投资风险的方式	企业数量（家）
我国政府相关部门	16
我国贸易投资促进机构、商协会	14
专业机构	8
我国驻外领事馆经商机构	10
国外政府及贸易投资促进机构、商协会	4
企业自身	13
联合同行共同应对	3
其他	4

同时，在面临海外知识产权风险时希望能够获得海外知识产权申请流程、法律制度、纠纷应对等知识培训的企业为 18 家；希望获得海外知识产权实务指南、指引等的企业为 16 家；希望获得海外知识产权申请补贴、胜诉补助等资金支持的企业为 17 家；希望获得海外知识产权保护专家咨询、指导等服务的企业为 15 家；还有 8 家企业希望得到律所或服务机构资源对接（见表 55）。

表 55　2023 年三湘民营企业百强在面临海外知识产权风险时希望获得的帮助

企业在面临海外知识产权风险时希望获得的帮助	企业数量（家）
海外知识产权申请流程、法律制度、纠纷应对等知识培训	18
海外知识产权实务指南、指引等	16

续表

企业在面临海外知识产权风险时希望获得的帮助	企业数量（家）
海外知识产权申请补贴、胜诉补助等资金支持	17
海外知识产权保护专家咨询、指导等服务	15
律所或服务机构资源对接	8
其他	2

《区域全面经济伙伴关系协定》是亚太地区规模最大、最重要的自由贸易协定谈判，达成后将覆盖世界近一半人口和近三分之一贸易量，成为世界上涵盖人口最多、成员构成最多元、发展最具活力的自由贸易区。对于 RCEP 协定的内容，20 家企业较为关注的是关税减让承诺；18 家企业关注海关程序与贸易便利化；关注技术性贸易措施以及原产地规则等的企业均为 10 家（见图 30）。

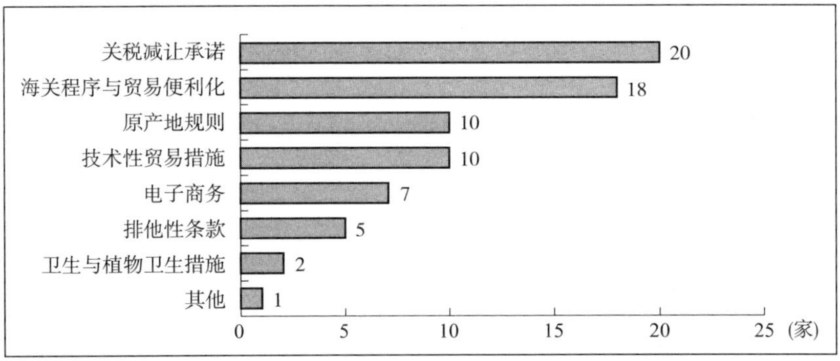

图 30　2023 年三湘民营企业百强关注 RCEP 内容

2023 年，企业在应对美国及其盟国推行“近岸外包”“友岸外包”的情况下，采取了一系列措施开拓发达国家市场，包括在美国所谓近岸国家或友岸国家寻找营销伙伴，借助本土营销伙伴渠道资源应对（6 家）、直接在美国及其盟国设立独立的完整的生产经营机构，推动本地化经营（3 家）以及带动国内合作伙伴集群布局美国近岸或友岸国家，通过构建独立于国内的产业生态方式应对（2 家）等。

7. 企业积极布局本地化策略，推进跨文化管理

为了更好地适应海外市场，企业采取了诸多的策略，18 家企业选择在产品

和服务中体现出尊重当地文化习惯，有 17 家企业选择尊重及快速响应当地消费者的个性化需求，有 17 家企业选择按照当地市场特征制定产品和销售策略，有 13 家企业选择为适应当地市场研发或改良产品，其他的策略包括从当地采购原材料、任用当地人担任公司高层和中层主管、给予当地子公司较大自主经营权等（见图 31）。

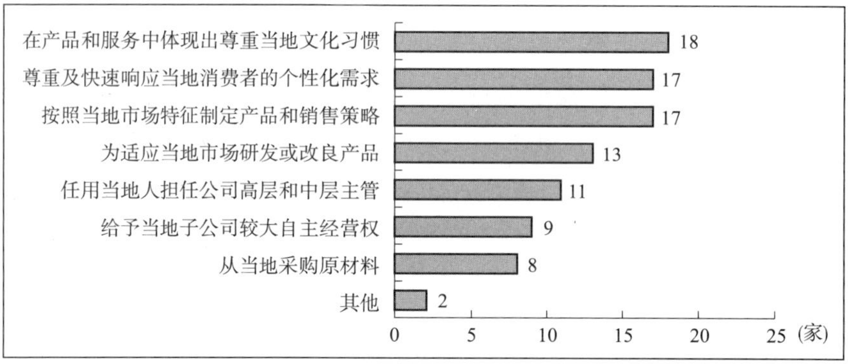

图 31　2023 年三湘民营企业百强为适应海外市场采取的策略

为更好的吸引本地人才，在国际化人才团队建设方面，8 家企业主要采取本地员工直接雇佣方式，10 家企业主要采取国内外派员工方式，1 家企业主要采用第三方雇佣方式。通过提供具有竞争力的薪酬福利，提供广阔的发展平台和公平公正的晋升制度的企业均为 21 家，还有部分企业提供了完善的职业技能培训体系以及自由平等的企业文化等策略（见图 32）。

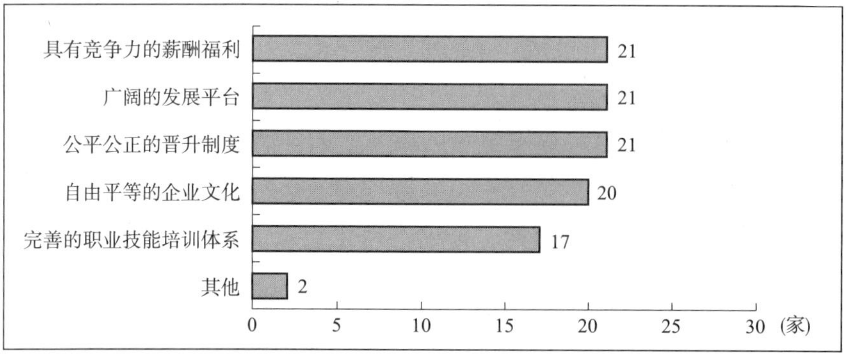

图 32　2023 年三湘民营企业百强吸引本地人才措施

在企业跨文化管理的过程中，目前仍然存在对双方的社会文化缺乏了解、对合作中可能出现的困难没有做好充足准备、公司管理方式“水土不服”、存在语言和沟通障碍等问题（见表56）。

表56 2023年三湘民营企业百强跨文化管理存在的问题

企业的跨文化管理存在的问题	企业数量（家）
对双方的社会文化缺乏了解	13
对合作中可能出现的困难没有做好充足准备	11
公司管理方式“水土不服”	10
存在语言和沟通障碍	9
未能建立起互信和理解的协调机制	8
其他	3

为了更好地打造海外形象，企业采取多种措施，其中，22家企业选择提升产品及服务质量，加强自主创新；20家企业选择强化合规意识和企业信誉；选择做好市场营销和广告宣传以及打造有吸引力的企业文化的企业均为18家；还有部分企业选择了处理好各方关系、增强当地认同，积极参与慈善公益事业，企业领导人的形象建设等方式（见图33）。

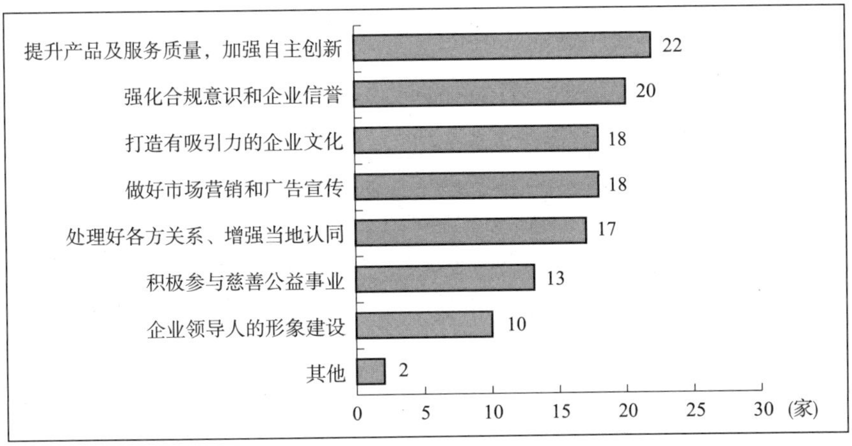

图33 2023年三湘民营企业百强打造海外形象的措施

8. 企业国际化合规经营，妥善应对合规风险

20家企业已建立相应的境外合规管理制度，2家企业没有相应的合规管理制度但有管控流程；企业在国际化过程中面临多种多样的合规问题，其中15

家企业面临市场准入限制；13 家企业面临贸易管制的合规问题；12 家企业面临外汇管制；还有数据和隐私保护、劳工权利保护、税务审查以及知识产权保护等也是企业在国际化过程中面临的合规问题（见图 34）。

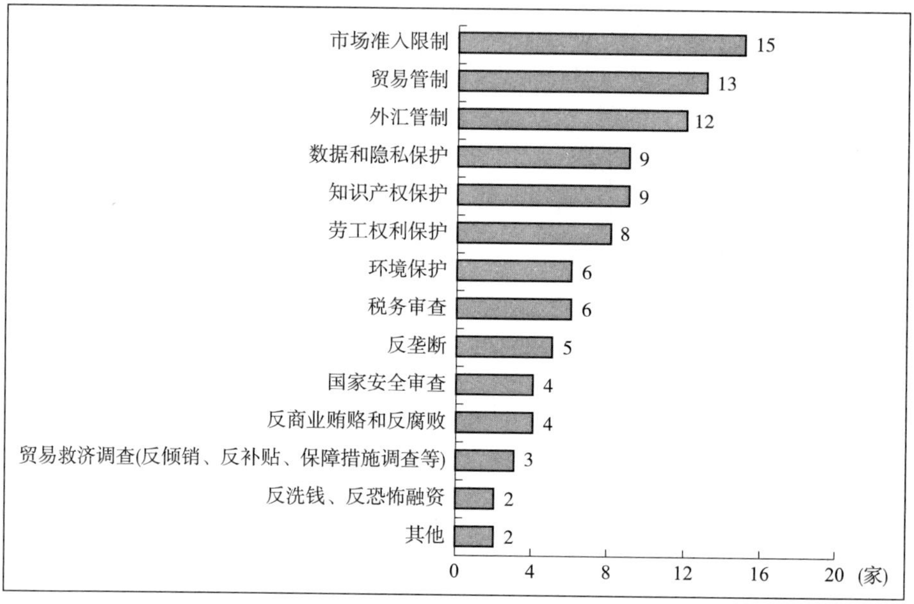

图 34　2023 年三湘民营企业百强国际化过程中面临的合规问题类型

企业在遭遇法律纠纷时，有 22 家企业选择通过协商解决，有 18 家企业选择通过诉讼解决，有 20 家企业选择通过调解解决，有 14 家企业选择通过仲裁解决，有 2 家企业选择通过其他方式解决。关于合规问题的解决方式，有 20 家企业选择通过中国政府相关部门解决，选择通过企业自身、中国驻外领事馆经商机构解决的企业均为 12 家，有 10 家企业选择通过专业机构解决（见图 35）。

关于合规事宜（包括合规职责和预算等）负责等方面，有 14 家企业有独立的合规部门负责，有 5 家企业没有独立的合规部门，但有兼理的部门负责国际化合规事宜，有 1 家企业没有独立的合规部门，但设有专职的国际化合规岗位负责相关事宜，有 2 家企业没有独立的合规部门，但设有专职的国际化合规岗位负责相关事宜，有 1 家企业没有独立的合规部门，也没有专职的国际化合规岗位负责相关事宜。企业通过多种形式开展合规管理工作，其中，有 17 家企业有定期的合规培训，有 4 家企业有合规培训但不是定期举行。企业在国际化经营过程中，不断拓宽自身获取合规、法律信息的途径，有 18 家企业选择向外部法律顾问咨询，有 17 家企业选择合规咨询、审核、考核和违规查处等内部途径识别合规风险，有 12 家企业选择持续跟踪监管机构有关信息，还有部分企业参加行业组织研讨、梳理行业合规案例等（见图 36）。

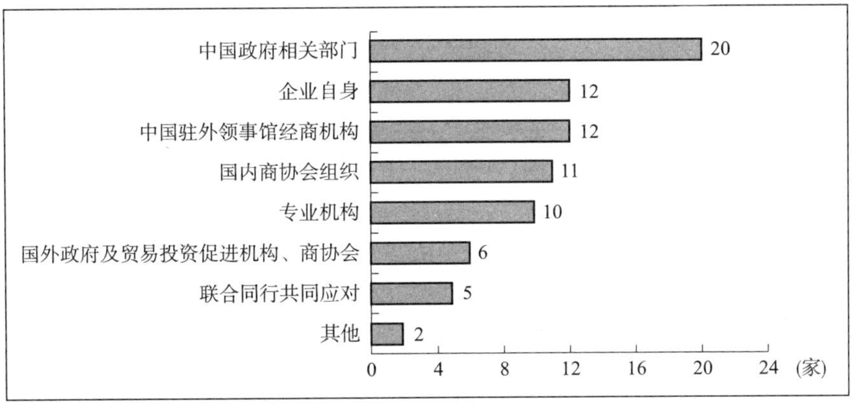

图 35　2023 年三湘民营企业百强国际化过程中解决合规问题的方式

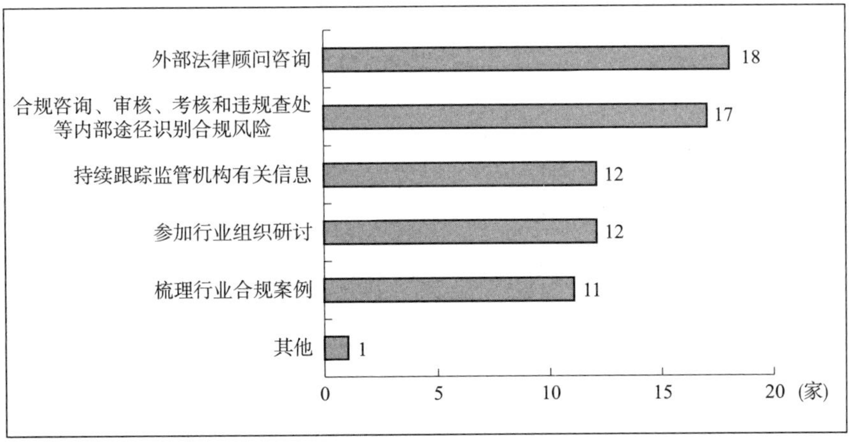

图 36　2023 年三湘民营企业百强国际化经营获取合规、法律信息途径

如果遇到合规风险，21 家企业表示需要有关部门提供境外法律政策、规章制度等信息服务，有 17 家企业认为需要对接相关部门进行仲裁调解，有 15 家企业认为需要结合行业特点的合规管理指引性文件，还有境外合规培训服务、寻找专业律师团队等（见图 37）。

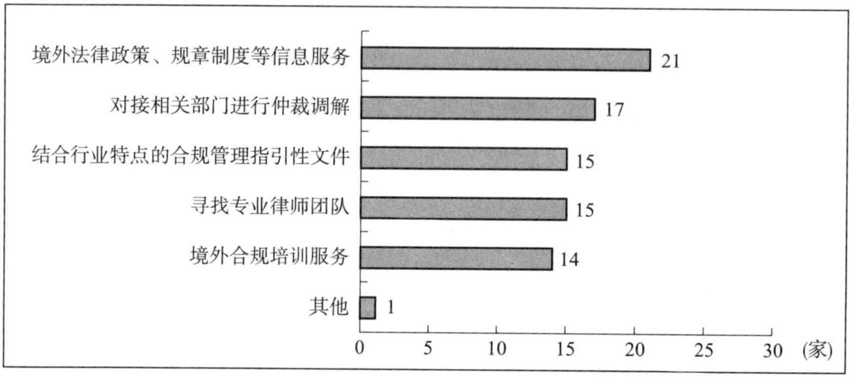

图 37　2023 年三湘民营企业百强遇到合规风险时需要有关部门提供的帮助

9. 企业关注可持续发展，贯彻落实绿色可持续发展要求

企业在国际化经营过程中，重视企业的国际化可持续发展，其中，有 21 家企业关注自身的 ESG（环境、社会和治理）问题。但企业在海外 ESG 发展中面对的挑战仍然较多，主要是环境和社会风险评估和管理以及劳工和工作环境，分别有 18 家、14 家企业选择；其次还包括当地社区健康安全与保障、节能减排、传统文化等（见图 38）。

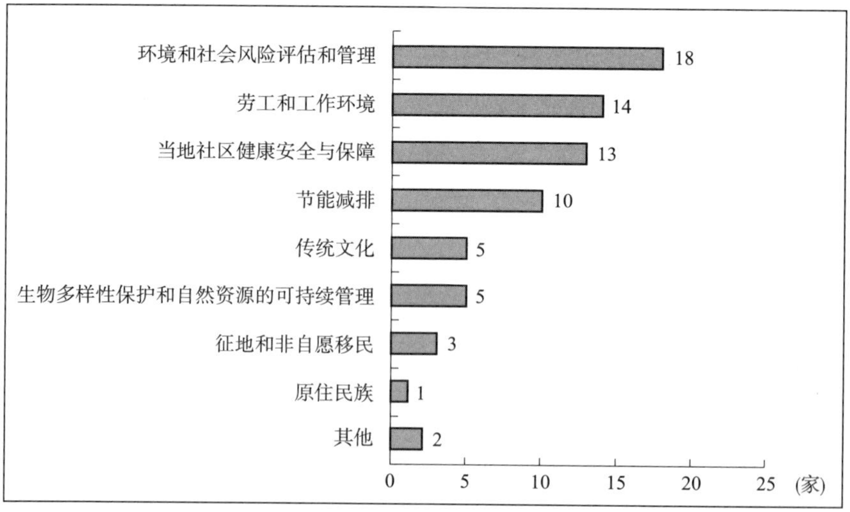

图 38　2023 年三湘民营企业百强在海外 ESG 发展中面对的挑战类型

同时，有 25 家企业的海外项目关注绿色可持续发展，其中，有 18 家企业是源于集团环保方针、目标和愿景，有 17 家企业是基于项目所在国法律法规的要求，有 15 家企业对海外项目开展绿色可持续发展的原因是传承企业内部管理体系（见图 39）。

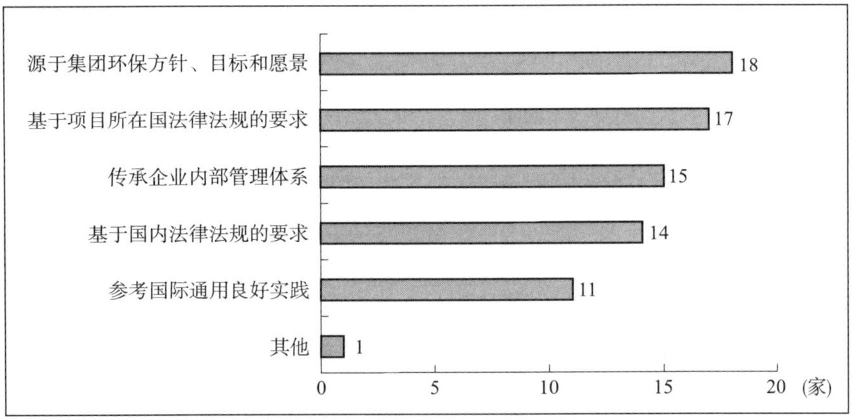

图 39　2023 年三湘民营企业百强对海外项目开展绿色可持续发展的原因

对于海外项目绿色可持续发展的要求，有 14 家企业是根据项目所在国相关政府部门的指导等进行制定，有 12 家企业是根据国内相关政府部门的指导制定，有 10 家企业是公司对当地法律法规进行调研后自行制定，有 8 家企业是聘请外部第三方机构协助制定，有 6 家企业是收购当地企业并基于其现有环保要求调整（见表 57）。

表 57　2023 年三湘民营企业百强海外项目中绿色可持续发展要求制定

企业海外项目中对绿色可持续发展的要求制定	企业数量（家）
项目所在国相关政府部门的指导	14
国内相关政府部门的指导	12
公司对当地法律法规进行调研后自行制定	10
聘请外部第三方机构协助制定	8
收购当地企业并基于其现有环保要求调整	6
其他	2

在企业日常的经营管理过程中，根据企业的经验，在绿色化方面需要引

起特别重视的工作，17 家企业选择了搭建环境管理体系，15 家企业认为是主管领导的重视，还有 13 家企业认为是建立培训机制，12 家企业认为是相关机构进行项目层面的定期监测评估，部分企业认为是研发先进的环保技术、采用在线管理系统、引入第三方机构的监测评估机制等工作同样需要特别重视（见图 40）。

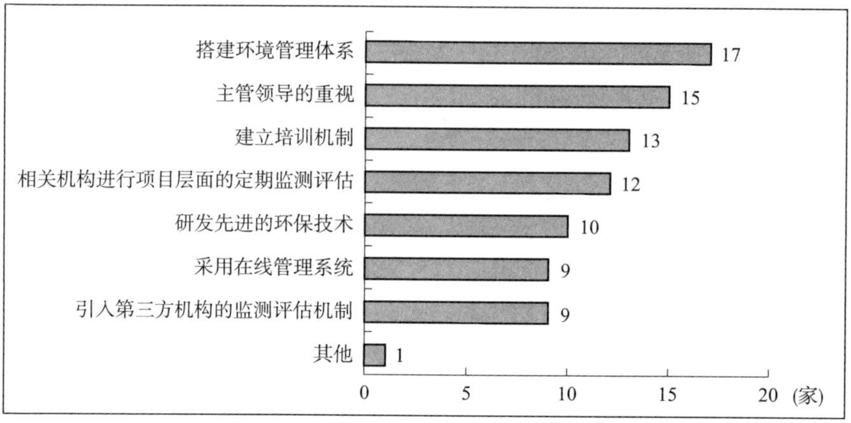

图 40　2023 年三湘民营企业百强在绿色化方面需要引起特别重视的方面

（八）三湘民营企业百强大力提升公司治理水平

2023 年，三湘民营企业百强持续完善公司法人治理结构，积极建立现代企业制度，加强企业信用建设，坚持承担社会责任，公司治理结构、内部控制日趋完善。

1. 重视党建引领

2023 年，三湘民营企业百强中，企业主要负责人是中共党员的有 60 家。企业的党员出资人在企业党组织中担任书记的有 36 家，担任副书记的有 2 家，担任党委（支部）委员的有 8 家（见图 41）。

2023 年，三湘民营企业百强配备专职党务工作者的有 73 家，这些专职党务工作者有 10 人来自党政机关，7 人来自部队，4 人来自国有企业事业单位，来源于其他单位的有 50 人（见图 42）。

在参与填报的企业中，企业党员在员工总数中占比在 20% 以下的有 69 家，在 20% ~ 60% 之间的有 15 家，60% 以上的 4 家。企业高管中党员占比 40%

以上的有30家。流动党员占比20%以下的有74家，占比超过60%的1家（见表58）。

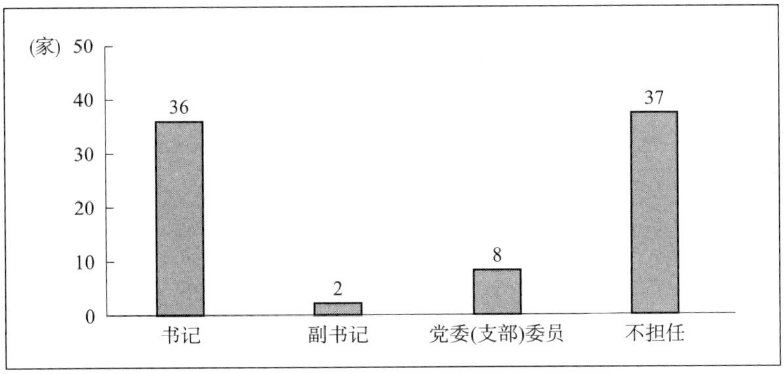

图41 2023年三湘民营企业百强党员出资人在企业党组织中担任职务情况

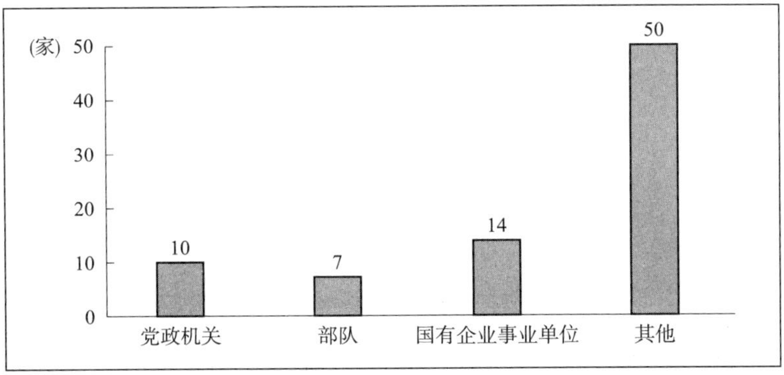

图42 2023年三湘民营企业百强党专职党务工作者来源情况

表58 2023年三湘民营企业百强党员占比情况

企业党员占比情况		企业数量（家）
员工中党员占比	0~10%	41
	10%~20%	28
	20%~40%	13
	40%~60%	2
	60%以上	4
	合计	88

续表

企业党员占比情况		企业数量（家）
高管中党员占比	0~10%	38
	10%~20%	12
	20%~40%	13
	40%~60%	7
	60%~80%	12
	80% 以上	11
	合计	93
流动党员占比	0~10%	61
	10%~20%	13
	20%~40%	13
	40%~60%	3
	60%~80%	1
	80% 以上	0
	合计	91

要实现以高质量党建引领民营经济健康发展的目标，则要通过多种形式帮助民营企业做好党建工作。2023 年，期望能够增加党员发展指标的企业最多有 74 家，希望参加经验交流和培训活动以及期望增加党组织活动经费补贴的企业均为 66 家，有 62 家企业期望宣传推广企业党建工作先进经验，51 家企业期望上级加强党建工作指导（见图 43）。

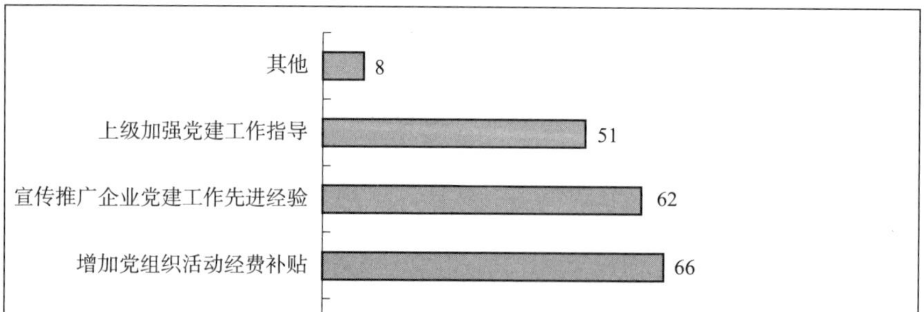

图 43　2023 年三湘民营企业百强党建工作所需帮助情况

2. 持续推进法治企业建设

2023 年，随着企业对依法合规重视程度的不断提高，百强企业中设有法务部等公司专门机构的企业达到 69 家，较上年减少 1 家；常年聘请法律顾问的企业 21 家；没有专门的机构，但有专职法务人员的企业 5 家（见表 59）。

表 59　2021—2023 年三湘民营企业百强设立法务机构情况

企业设立法务机构情况	企业数量（家）		
	2023 年	2022 年	2021 年
设有法务部等公司专门机构	69	70	66
常年聘请法律顾问	21	23	24
没有专门的机构，但有专职法务人员	5	3	5
以上情况都没有	1	1	2

2023 年，三湘民营企业百强依法合规经营，法制建设情况良好。调查结果显示，已执行现代企业制度，确保依法决策、民主决策、科学决策的企业 90 家，占填报企业的 92.78%；已建立健全合同审核、决策论证等相关环节法律风险控制体系和预警防范机制的企业 85 家，占填报企业的 87.63%；已形成讲法治、讲规则、讲诚信的企业法治文化的企业 86 家，占填报企业的 88.66%；已推进厂务公开和民主管理，妥善处理劳动争议，在法治框架内构建和谐劳动关系的企业 82 家，占填报企业的 84.54%（见表 60）。

表 60　2021—2023 年三湘民营企业百强依法合规经营情况

企业依法合规经营情况	企业数量（家）			2023 年企业数量占填报企业比例
	2023 年	2022 年	2021 年	
已执行现代企业制度，确保依法决策、民主决策、科学决策	90	94	98	92.78%
已建立健全合同审核、决策论证等相关环节法律风险控制体系和预警防范机制	85	92	91	87.63%
已形成讲法治、讲规则、讲诚信的企业法治文化	86	89	93	88.66%
已推进厂务公开和民主管理，妥善处理劳动争议，在法治框架内构建和谐劳动关系	82	82	86	84.54%
都没有	2	0	0	2.06%

三湘民营企业百强处理法律纠纷的渠道主要为协商、调解、诉讼、仲裁。2023 年，选择协商、调解、诉讼和仲裁方式解决法律纠纷的百强企业数量分别为 92 家、90 家、78 家和 79 家。在遭遇法律纠纷时，通过协商、诉讼的方式解决的企业较上年均有所增加（见图 44）。

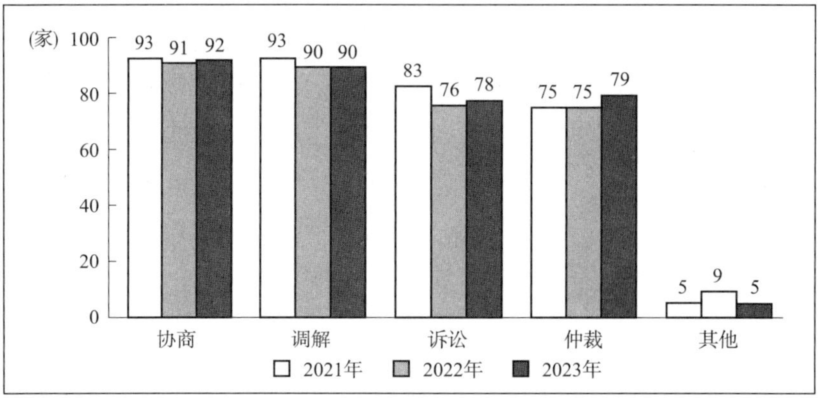

图 44　2021—2023 年三湘民营企业百强遭遇法律纠纷时采取的解决途径

3. 持续提升信用建设水平

2023 年，三湘民营企业百强主要采取建立企业诚信文化、建立企业信用制度体系等措施加强信用建设。数据显示，建立企业诚信文化的企业为 92 家，建立企业信用制度体系的企业为 82 家，开展信用修复的企业为 36 家（见表 61）。

表 61　2023 年三湘民营企业百强企业信用建设举措

措施	2023 年企业数量（家）	占填报企业比例
建立企业诚信文化	92	95.83%
建立企业信用制度体系	82	85.42%
开展信用修复	36	37.50%
尚未采取任何措施	2	2.08%

在建立和完善企业信用制度方面，三湘民营企业百强工作重点主要是建立守法合规经营制度、建立预防财务违规制度、建立遵守商业道德制度、建立信用承诺制度等。2023 年，有 89 家企业已建立守法合规经营制度，81 家企业已

建立预防财务违规制度，70家企业已建立遵守商业道德制度，69家企业已建立企业信用承诺制度；已建立内部信用奖惩制度、企业信息披露制度和标准自我声明制度的企业分别为64家、64家和37家（见表62）。

表62 2021—2023年三湘民营企业百强企业信用制度建设情况

措施	2023年企业数量（家）	2022年企业数量（家）	2021年企业数量（家）
已建立守法合规经营制度	89	94	92
已建立预防财务违规制度	81	89	89
已建立遵守商业道德制度	70	77	82
已建立信用承诺制度	69	68	77
已建立内部信用奖惩制度	64	70	70
已建立企业信息披露制度	64	67	65
已建立标准自我声明制度	37	38	43

2023年，三湘民营企业百强中有70家企业有信用管理专职人员；57家企业设置了信用管理部门；百强企业中无企业实际控制人被列入失信被执行人；在参加过各级政府部门以及第三方信用服务机构举办的信用建设、信用修复等培训方面，47家百强企业参加了相关培训；在了解和获得“信易贷”方面，52家百强企业了解国家有关部门或金融机构推广的“信易贷”，其中有6家企业通过“信易贷”产品获得了信用贷款（见表63、表64）。

表63 2023年三湘民营企业百强信用管理部门和信用管理专职人员设置情况

项目		企业数量（家）	占填报企业比例
信用管理部门设置	已设置	57	59.38%
	暂未设置	39	40.63%
	填报企业数量	96	100%
信用专职人员设置	已设置	70	72.16%
	暂未设置	27	27.84%
	填报企业数量	97	100%

表 64　2023 年三湘民营企业百强参加信用建设和信用修复等培训情况

项目	企业数量（家）	占填报企业比例
已参加	47	49.47%
未参加	48	50.53%
填报企业数量	95	100%

在享受守信激励相关政策措施方面，91 家企业享受守信激励相关政策措施，其中 45 家企业享受了“政府优惠政策予以重点支持”，享受了“选树为诚信典型”的企业数量为 32 家，享受了“行政审批‘绿色通道’”措施的企业数量为 29 家，24 家企业享受了“行政检查中优化检查方式、检查频次”，23 家企业享受了“公共资源交易中信用加分”（见表 65）。

表 65　2023 年三湘民营企业百强企业享受守信激励相关政策措施情况

守信激励相关政策措施	企业数量（家）
政府优惠政策予以重点支持	45
选树为诚信典型	32
行政审批“绿色通道”	29
行政检查中优化检查方式、检查频次	24
公共资源交易中信用加分	23
其他	20

在规范自律方面，多数企业已经参与行业自律、商会企业联合自律等活动。2023 年，有 67 家企业参与开展行业自律、商会企业联合自律等活动，较上年减少 11 家，其中属于活动发起或牵头单位的为 33 家，较上年减少 3 家（见表 66）。

表 66　2022—2023 年三湘民营企业百强参与商协会开展的行业自律等活动情况

<table>
<tr><th colspan="2" rowspan="2">开展行业自律、商会企业联合自律等活动情况</th><th colspan="2">企业数量（家）</th></tr>
<tr><th>2023 年</th><th>2022 年</th></tr>
<tr><td rowspan="2">企业是否参与商协会开展的行业自律、商会企业联合自律等活动</td><td>是</td><td>67</td><td>78</td></tr>
<tr><td>否</td><td>26</td><td>18</td></tr>
<tr><td rowspan="2">企业是否为行业自律、商会企业联合自律发起或牵头单位</td><td>是</td><td>33</td><td>36</td></tr>
<tr><td>否</td><td>33</td><td>39</td></tr>
</table>

三湘民营企业百强努力提升 ESG 治理能力。2023 年，已在董事会设立 ESG 领导机构的企业为 45 家，占填报企业的 50.00%；46 家企业已明确 ESG 工作主管部门，占填报企业的 53.49%；50 家企业已制定 ESG 专项战略规划或在现有公司战略规划中包含 ESG 内容，占填报企业的 58.14%；31 家企业已公开披露 ESG 信息，占填报企业的 36.05%（见表 67）。

表 67　2023 年三湘民营企业百强 ESG 工作情况

项目		企业数量（家）	占填报企业比例
ESG 领导机构设置	已设置	45	50.00%
	暂未设置	45	50.00%
	填报企业数量	90	100%
ESG 工作主管部门	已明确	46	53.49%
	暂未明确	40	46.51%
	填报企业数量	86	100%
ESG 专项战略规划	已制定	50	58.14%
	暂未制定	36	41.86%
	填报企业数量	86	100%
公开披露 ESG 信息	已披露	31	36.05%
	暂未披露	55	63.95%
	填报企业数量	86	100%

4. 积极承担社会责任

2023 年，三湘民营企业百强社会责任意识不断提高，主动承担社会责任，企业形象得到提升，受到社会普遍赞誉。调查结果显示，83 家企业参与了社会捐赠，其中，参加教育、扶贫、助力乡村振兴的企业数量分别为 61 家、52 家、49 家；参与赈灾、医疗、公共卫生的企业数量分别为 22 家、18 家、12 家。48 家企业发布了社会责任报告；同时，65 家企业参与了“万企兴万村”，较上年减少 4 家（见图 45、图 46）。

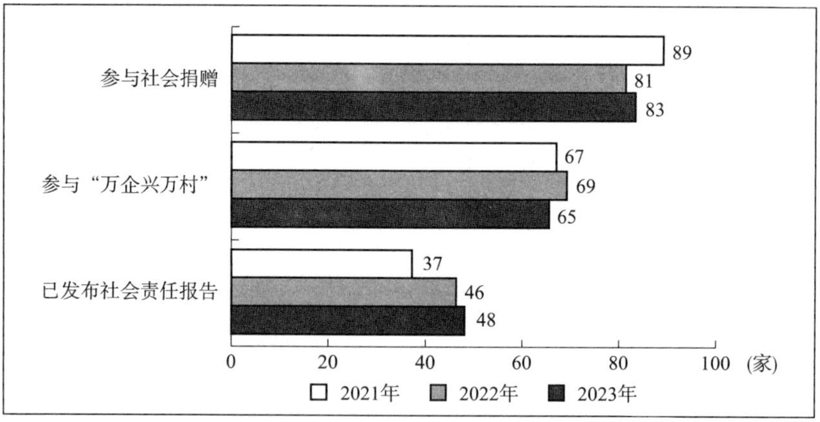

图 45　2021—2023 年三湘民营企业百强承担社会责任情况

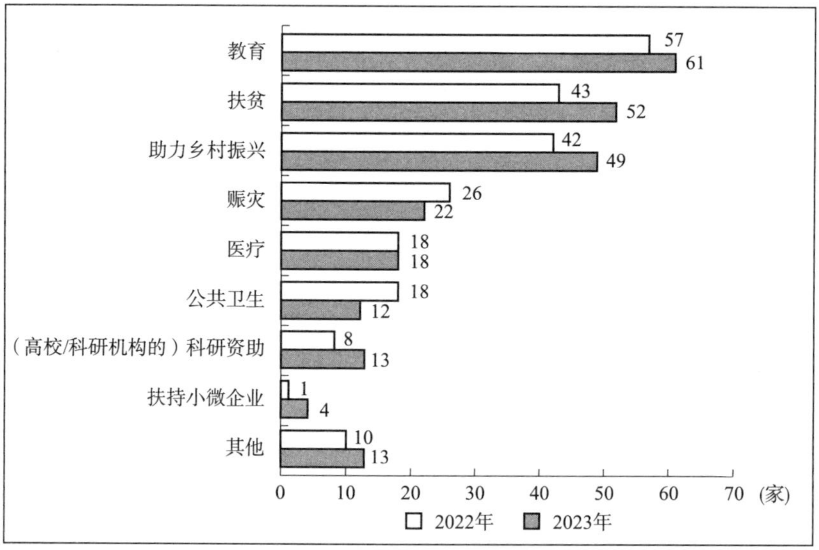

图 46　2022—2023 年三湘民营企业百强参与社会捐赠的主要类型

（九）三湘民营企业百强仍保持长株潭地区为主的格局

整体来看，2023 年长株潭地区在三湘民营企业百强中仍占主导地位，长株潭地区百强企业数量最多，连续多年保持稳定，营业收入和资产总额占比有所上升。从市州分布来看，民营企业百强仍集中在长沙。

1. 从地区分布看，长株潭地区仍占主导地位

从地区分布看，长株潭地区（长沙、株洲、湘潭）入围 65 家，较上年减少

1 家；洞庭湖地区（岳阳、常德、益阳）入围 14 家，较上年减少 1 家；大湘南地区（衡阳、郴州、永州）入围 12 家，较上年增加 1 家；大湘西地区（邵阳、张家界、怀化、娄底、湘西自治州）入围 9 家，较上年增加 1 家。

从整体营业收入看，2023 年各地区营业收入总额较上年均有所增长。其中，长株潭地区入围企业营业收入总额最高，达 9 434.83 亿元，较上年增长 1 182.23 亿元，增幅为 14.32%；占百强营业收入总额的 75.69%，较上年提高 0.85 个百分点；其次是大湘西地区入围企业营业收入总额为 1 417.60 亿元，较上年增长 81.21 亿元，增幅为 6.08%，占百强营业收入总额的 11.37%，较上年降低 0.75 个百分点；洞庭湖地区入围企业营业收入为 938.41 亿元，较上年增长 22.48 亿元，增幅为 2.45%，占百强营业收入总额的 7.53%，较上年降低 0.78 个百分点。而大湘南地区入围企业营业收入总额为 673.78 亿元，较上年增长 152.57 亿元，增长幅度明显高于其他三个地区，增幅为 29.27%，占百强营业收入总额的 5.41%，较上年提高 0.68 个百分点。

从整体资产规模看，2023 年各地区资产总额较上年均有所增长。其中，长株潭地区入围企业资产总额最大，达到 10 956.18 亿元，较上年增加 1 791.27 亿元，增幅为 19.54%，占百强资产总额的 82.23%；大湘西地区入围企业资产总额为 1 087.42 亿元，较上年增加 92.27 亿元，增幅为 9.27%，占百强资产总额的 8.16%；洞庭湖地区入围企业资产总额为 893.12 亿元，较上年增长 73.79 亿元，增幅为 9.01%，占百强资产总额的 6.70%；大湘南地区入围企业资产总额为 387.07 亿元，较上年增长 61.11 亿元，增幅为 18.75%，占百强资产总额的 2.91%（见表 68）。

表 68 2022—2023 年三湘民营企业百强区域分布

区域		入围企业数量（家）		营业收入（亿元）		资产总额（亿元）	
		2023 年	2022 年	2023 年	2022 年	2023 年	2022 年
长株潭地区	数量	65	66	9 434.83	8 252.6	10 956.18	9 164.91
	占比	65%	66%	75.69%	74.84%	82.23%	81.07%
洞庭湖地区	数量	14	15	938.41	915.93	893.12	819.33
	占比	14%	15%	7.53%	8.31%	6.70%	7.25%

续表

区域		入围企业数量（家）		营业收入（亿元）		资产总额（亿元）	
		2023 年	2022 年	2023 年	2022 年	2023 年	2022 年
大湘南地区	数量	12	11	673.78	521.21	387.07	325.96
	占比	12%	11%	5.41%	4.73%	2.91%	2.88%
大湘西地区	数量	9	8	1 417.60	1 336.39	1 087.42	995.15
	占比	9%	8%	11.37%	12.12%	8.16%	8.80%

从销售净利率看，长株潭地区、大湘西地区较上年小幅增长，洞庭湖地区、大湘南地区均有所下降。其中，长株潭地区入围企业的销售净利率为 4.78%，居各地区首位，较上年增加 0.13 个百分点；大湘西地区入围企业的销售净利率为 3.60%，较上年增加 0.41 个百分点；洞庭湖地区入围企业的销售净利率为 3.66%，较上年减少 1.02 个百分点；大湘南地区入围企业的销售净利率最低，为 2.04%，较上年减少 2.81 个百分点（见表 69）。

从总资产周转率看，长株潭地区、大湘西地区和洞庭湖地区均呈不同程度下降，仅大湘南地区有所上涨。其中，大湘南地区总资产周转率为 174.07%，居各地区首位，较上年增加 14.17 个百分点，增幅为 8.86%；大湘西地区和洞庭湖地区总资产周转率分别为 130.36%、105.07%，较上年分别减少 3.93 个百分点、6.72 个百分点，降幅为 2.93%、6.01%；长株潭地区总资产周转率最低，为 86.11%，较上年减少 3.94 个百分点，降幅为 4.38%（见表 69）。

表 69　2021—2023 年三湘民营企业百强区域经营效益情况

地区	销售净利率（%）			总资产周转率（%）		
	2023 年	2022 年	2021 年	2023 年	2022 年	2021 年
洞庭湖地区	3.66	4.68	6.74	105.07	111.79	89.15
长株潭地区	4.78	4.65	5.28	86.11	90.05	89.4
大湘西地区	3.60	3.19	4.00	130.36	134.29	126.13
大湘南地区	2.04	4.85	2.84	174.07	159.90	239.66

2. 从市州分布看，长沙市仍占主导地位

三湘民营企业百强分布于全省 12 个市州，与上年数量持平。其中长沙市入围企业最多，达到 57 家，较上年增加 2 家，占据三湘民营企业百强榜半数以上的席位；入围企业数量出现增长的市州为衡阳市和邵阳市，均增长 1 家；

入围企业数量出现减少的市州为株洲市、湘潭市和益阳市，分别减少 2 家、1 家和 1 家；岳阳市、郴州市、常德市、娄底市、永州市和怀化市入围企业数量均与上年持平；张家界市、湘西土家族苗族自治州无企业入围（见表 70）。

表 70　2022—2023 年三湘民营企业百强市州分布

市州	2023 年企业数（家）	2022 年企业数（家）	2023年比上年增减（家）
长沙市	57	55	2
岳阳市	8	8	0
株洲市	6	8	–2
郴州市	5	5	0
衡阳市	5	4	1
常德市	4	4	0
邵阳市	4	3	1
娄底市	4	4	0
湘潭市	2	3	–1
永州市	2	2	0
益阳市	2	3	–1
怀化市	1	1	0

分市州看，2023 年入围企业营业收入总额、资产总额和税后净利润总额长沙市仍居首位，其中营业收入总额为 8 241.46 亿元，较上年增长 1 258.58 亿元，增幅为 18.02%，占百强营业收入总额的 66.12%；资产总额为 10 046.66 亿元，较上年增加 1 814.57 亿元，增幅为 22.04%，占百强资产总额的 75.40%；税后净利润总额为 428.30 亿元，较上年增加 94.43 亿元，增幅为 28.28%，占百强税后净利润总额的 77.84%。娄底市入围企业营业收入总额、资产总额和税后净利润占比均位居第二位，分别为 1151.12 亿元、908.86 亿元和 38.24 亿元，占比依次为 9.24%、6.82% 和 6.95%（见表 71）。

表 71　2023 年三湘民营企业百强分市州经营情况

序号	市州	入围企业数量（家）	营业收入总额		资产总额		税后净利润总额	
			金额（亿元）	占比（%）	金额（亿元）	占比（%）	金额（亿元）	占比（%）
1	长沙市	57	8 241.46	66.12	10 046.66	75.40	428.30	77.84
2	岳阳市	8	495.36	3.97	370.18	2.78	11.83	2.15

续表

序号	市州	入围企业数量（家）	营业收入总额		资产总额		税后净利润总额	
			金额（亿元）	占比（%）	金额（亿元）	占比（%）	金额（亿元）	占比（%）
3	株洲市	6	725.73	5.82	594.08	4.46	5.06	0.92
4	郴州市	5	266.61	2.14	95.05	0.71	5.07	0.92
5	衡阳市	5	309.67	2.48	243.59	1.83	8.81	1.60
6	常德市	4	347.91	2.79	391.07	2.94	19.37	3.52
7	邵阳市	4	183.01	1.47	151.57	1.14	11.31	2.06
8	娄底市	4	1 151.12	9.24	908.86	6.82	38.24	6.95
9	湘潭市	2	467.64	3.75	315.44	2.37	17.75	3.23
10	永州市	2	97.50	0.78	48.43	0.36	–0.13	–0.02
11	益阳市	2	95.14	0.76	131.88	0.99	3.14	0.57
12	怀化市	1	83.47	0.67	26.98	0.20	1.47	0.27

二、专题报告

（一）三湘民营企业百强转型升级专题

转型升级是当前企业着重思考的问题，三湘民营企业百强通过引入先进技术和智能制造、加强创新和研发能力、优化管理和人才培养以及开拓新市场和多元化发展等方式，以企业高质量发展为核心目标，积极探索数字化转型、绿色低碳转型，推动企业转型升级发展。

1. 外部环境的变化进一步推动三湘民营企业百强加速转型升级

2023 年，做优做强企业的愿望（59 家）仍是激发百强企业转型升级的最主要动力，但选择该项的企业较上年减少 15 家，降幅为 20.27%，说明企业因做优做强而进行转型升级的意愿在收缩；因成本负担上升选择转型升级的企业为 48 家，较上年增加 1 家，增幅为 2.13%；因企业的生存压力选择转型升级的企业为 46 家，较上年减少 3 家，降幅为 6.12%；选择因产品技术升级换代和国内经济增长趋缓的企业均为 41 家，较上年分别增加 1 家和减少 3 家。因政策支持引导选择转型升级的企业为 37 家，较上年减少 16 家，降幅为 30.19%；选择行业产能过剩（30 家）、国际市场持续低迷（20 家）而进行转型升级的企业数量较上年分别增加 4 家、7 家，增幅分别为 15.38%、53.85%。复杂严峻的外部环境，倒逼着民营企业转型升级（见图 47）。

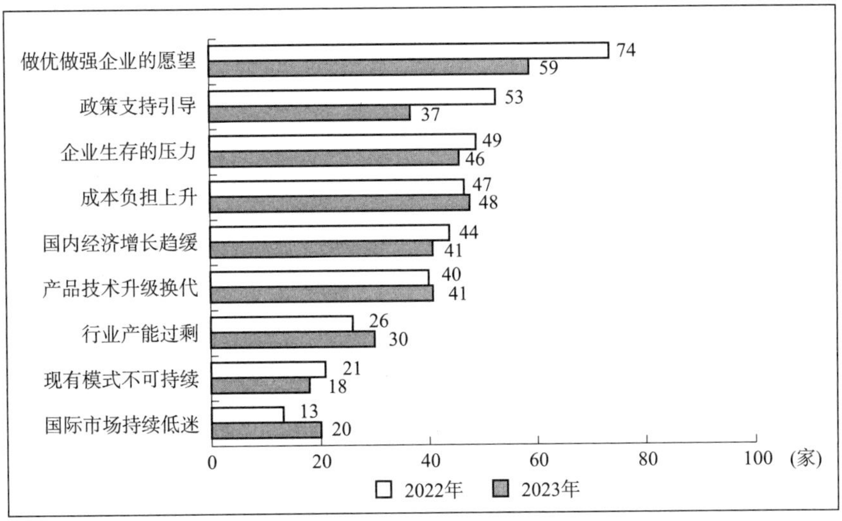

图 47　2022—2023 年三湘民营企业百强转型升级的动因

2. 原材料成本、工资成本成为三湘民营企业百强的重要成本负担

2023 年，影响三湘民营企业百强发展最重要的成本因素仍是工资成本、原材料成本和缴税负担。从变化情况来看，选择工资成本（57 家）、缴税负担（52 家）、社保成本（43 家）、融资成本（38 家）、物流成本（31 家）、能源成本（22 家）、环境保护成本（18 家）和土地成本（16 家）这几个因素的企业数量均有所下降，较上年分别减少 5 家、6 家、10 家、3 家、8 家、1 家、3 家和 6 家。选择原材料成本（61 家）、缴费负担（27 家）的企业数量较上年有所增加，分别增加 1 家、2 家。选择制度性交易成本（17 家）、中介服务费（2 家）的企业数量均与上年一致。

其中，原材料成本、工资成本和缴税负担均占据百强企业比例超五成，原材料成本及工资、缴税负担升高的压力进一步凸显。但选择缴税负担的企业数量已经出现了较大幅度的降低，反映出国家减税降费力度的持续加大和政策效应的逐步显现（见表 72）。

表 72　2022—2023 年影响三湘民营企业百强发展的成本因素

影响企业发展的成本因素	企业数量（家）	
	2023 年	2022 年
原材料成本	61	60
工资成本	57	62
缴税负担	52	58
社保成本	43	53
融资成本	38	41
物流成本	31	39
缴费负担	27	25
能源成本	22	23
环境保护成本	18	21
制度性交易成本	17	17
土地成本	16	22
中介服务费	2	2

3. 企业主要通过提升核心竞争力、提高产品质量推进产业链供应链优化升级

选择转型升级的最主要途径依然是“聚焦主业，提升核心竞争力”“严格质量控制，提升产品质量水平”和“通过管理创新，提升管理水平，降低成本、提高效率”，选择上述途径的企业数量分别为 78 家、76 家和 74 家；其次选择“提高现有产品环保性能”“运用互联网、大数据、人工智能等技术，发展新业态、新模式”和“通过技术创新，提升关键技术水平”“整合产业链资源，向产业链上下游延伸布局”途径推动转型升级的企业分别为 69 家、63 家、62 家和 61 家。通过“提高现有产品环保性能”和“境外投资设厂，面向全球配置要素”的企业数量增加较明显，均较上年增加 2 家（见表 73）。

表 73　2022—2023 年三湘民营企业百强推动转型升级的途径

类型	推动转型升级的途径	企业数量（家）	
		2023 年	2022 年
依靠产业链升级	聚焦主业，提升核心竞争力	78	88
	整合产业链资源，向产业链上下游延伸布局	61	66
	发展生产性服务业，提供制造加服务的整体解决方案	34	34

续表

类型	推动转型升级的途径	企业数量（家）	
		2023 年	2022 年
实施创新驱动	通过技术创新，提升关键技术水平	62	67
	提高产品附加值，走“专、精、特、新”发展道路	46	53
	实施技术改造和设备升级	51	56
	通过管理创新，提升管理水平，降低成本、提高效率	74	82
依靠质量品牌	严格质量控制，提升产品质量水平	76	81
	打造知名品牌，提升市场影响力	60	82
	参与行业标准制定	51	52
依靠绿色环保	提高现有产品环保性能	69	67
	研发生产绿色产品	34	41
依靠两化融合	运用互联网、大数据、人工智能等技术，发展新业态、新模式	63	70
	推进智能化生产，实现信息化和工业化深入融合	60	65
依靠国际合作	建立国际化销售渠道，拓展国际市场	46	51
	境外投资设厂，面向全球配置要素	21	19
	实施海外并购，增强国际竞争力	10	11

4. 布局新兴产业和未来产业、积极融入发展新格局

2023 年，三湘民营企业百强积极布局新兴产业和未来产业。从新兴赛道布局情况看，34 家企业选择新能源，12 家企业选择人工智能，10 家企业选择生物医药；从孵化新业态、新赛道的模式看，26 家企业选择进行战略投资，18 家企业选择做数据联动与赋能，15 家企业选择生态建设；从开拓新场景的情况看，30 家企业正在梳理内部应用场景清单，13 家企业已对外开放创新应用场景，并协同多类主体开展场景创新工作（见表 74）。

在融入新发展格局的措施上，通过“进一步加强创新，参与或实施关键领域核心技术攻坚，实施数字化转型，培育新业态、新模式”“聚焦实业、做精主业，防范化解风险”的企业分布为 62 家、65 家，占实际填报企业比例分别为 71.26%、74.71%；42 家企业通过“积极扩大有效投资，实现自身结构调整”，占实际填报企业比例的 48.28%（见表 75）。

表 74 2023 年三湘民营企业百强布局新兴产业和未来产业的情况

布局情况		企业数量（家）
新兴赛道布局情况	新能源	34
	生物医药	10
	人工智能	12
	量子技术	2
	商业航天	0
	低空经济	2
	其他	25
孵化新业态、新赛道的模式	生态建设	15
	战略投资	26
	基地载体培育	4
	数据联动与赋能	18
	其他	21
开拓新场景的情况	已对外开放创新应用场景，并协同多类主体开展场景创新工作	13
	正在梳理内部应用场景清单	30
	尚未考虑	25

表 75 2023 年三湘民营企业百强为融入新发展格局采取的主要措施

主要措施	企业数量（家）	占填报企业比例
进一步加强创新，参与或实施关键领域核心技术攻坚，实施数字化转型，培育新业态、新模式	62	71.26%
积极扩大有效投资，实现自身结构调整	42	48.28%
聚焦实业、做精主业，防范化解风险	65	74.71%
充分利用国内国际两个市场两种资源，实现高质量引进来和高水平走出去	27	31.03%
积极参与新型城镇化和城乡区域协调发展	19	21.84%
其他	4	4.60%

（二）三湘民营企业百强参与“一带一路”建设专题

百强企业继续稳步参与“一带一路”建设。2023 年，共有 9 家百强企业投资“一带一路”建设；16 家企业表示在未来三年有意向投资“一带一路”，占填报企业的 59.26%（见表 76）。

表 76 2023 年三湘民营企业百强"一带一路"投资状况和意向

"一带一路"投资状况和意愿		单位（家）
企业是否在"一带一路"有投资项目或承包工程	已投资"一带一路"	9
	未投资	16
未来三年企业是否在"一带一路"有投资意向	未来三年有投资意向	16
	未来三年无投资意向	11

参与"一带一路"建设的 9 家企业中，共涉及 8 个细分行业，7 家企业为制造业，其中 2 家为专用设备制造业；其余 2 家企业分布在卫生和房屋建筑业（见表 77）。

表 77 2023 年参与"一带一路"建设的三湘民营企业百强及其市州、行业分布

序号	企业名称	所属市州	所属行业
1	三一集团有限公司	长沙市	专用设备制造业
2	湖南中伟控股集团有限公司	长沙市	电气机械和器材制造业
3	爱尔眼科医院集团股份有限公司	长沙市	卫生
4	株洲旗滨集团股份有限公司	株洲市	非金属矿物制品业
5	湖南兴旺建设有限公司	长沙市	房屋建筑业
6	特变电工衡阳变压器有限公司	衡阳市	电气机械和器材制造业
7	威胜控股有限公司	长沙市	仪器仪表制造业
8	山河智能装备股份有限公司	长沙市	专用设备制造业
9	湖南盐津铺子控股有限公司	长沙市	食品制造业

从行业分布看，在"一带一路"有投资意愿的 16 家企业分布在 4 个行业大类 10 个行业细类。从行业大类看，制造业企业最多，为 14 家；其次是建筑业为 2 家；其余企业分布在租赁和商务服务业、卫生和社会工作（见表 78）。

从地区分布看，在"一带一路"有投资意愿的 16 家企业中，长沙市企业最多，为 13 家，占有投资意愿企业总数的 81.25%，其次是株洲市、衡阳市、益阳市各 1 家（见表 79）。

表 78　2023 年在“一带一路”有投资意愿的三湘民营企业百强行业分布

序号	行业大类	细分行业	企业数量（家）	占比
1	制造业	食品制造业	3	18.75%
2		专用设备制造业	4	25.00%
3		化学原料和化学制品制造业	1	6.25%
4		非金属矿物制品业	1	6.25%
5		电气机械和器材制造业	2	12.50%
6		仪器仪表制造业	1	6.25%
7	建筑业	房屋建筑业	1	6.25%
8		建筑安装业	1	6.25%
9	租赁和商务服务业	商务服务业	1	6.25%
10	卫生和社会工作	卫生	1	6.25%
实际填报企业数量			16	—

表 79　2023 年在“一带一路”有投资意愿的三湘民营企业百强市州分布

序号	市州	企业数量（家）	占比
1	长沙市	13	81.25%
2	株洲市	1	6.25%
3	衡阳市	1	6.25%
4	益阳市	1	6.25%
总计		16	—

在参与“一带一路”建设的过程中，企业面临的主要劣势和困难是缺人才（包括国际经营管理人才、专业技术人才等），对东道国贸易保护主义、单边主义了解不够，以及缺境外市场的销售渠道且规模效应不够是影响百强企业开拓海外市场面临的主要困难。其中，选择缺人才的企业为 15 家，较上年减少 10 家，说明百强企业海外人才缺乏的情况，得到一定程度的缓解；选择对东道国贸易保护主义、单边主义了解不够的企业为 6 家，说明国外市场环境日趋复杂，企业需实时把握海外投资东道国的政策动向。

企业主要的优势主要是能够提供质量过硬而且价格相对较低的产品、我国政府在政策上给予大力支持（比如协助建立交流平台）、能够快速地将产品推向市场以及巨大的中国市场为企业国际化积累了技术和资金（见表 80）。

表 80 2023 年三湘民营企业百强参与“一带一路”建设的主要劣势和困难以及优势

参与“一带一路”建设的主要劣势和困难	企业数量（家）
缺人才	15
缺国际经营管理人才	11
缺专业技术人才	8
缺专利技术	3
缺国际品牌	5
缺境外市场的销售渠道	6
规模效应还不够	8
国外同类企业已经建立起巨大的先行者优势	4
和境外客户的关系很难建立	1
东道国贸易保护主义、单边主义	6
其他	2
参与“一带一路”建设的主要优势	**企业数量（家）**
能够提供质量过硬而且价格相对较低的产品	12
能够快速地将产品推向市场	11
善于向世界学习	11
我国政府在政策上给予大力支持（比如协助建立交流平台）	5
我国政府投入大量研发资金支持企业发展相关技术	5
巨大的中国市场为企业国际化积累了技术和资金	2
其他	2

（三）三湘民营企业百强参与污染防治专题

三湘民营企业百强深入贯彻习近平生态文明思想，完整、准确、全面贯彻新发展理念，以数字化改革为引领，以实现减污降碳协同增效为总抓手，以改善生态环境质量为核心，坚持源头治理、系统治理、整体治理，保持力度、延伸深度、拓宽广度，以更高标准深入打好污染防治攻坚战。已参与污染防治攻坚战的百强企业共 75 家，较上年增加 2 家，尚未参与，但有参与意向的企业数量为 9 家，较上年减少 1 家（见图 48）。

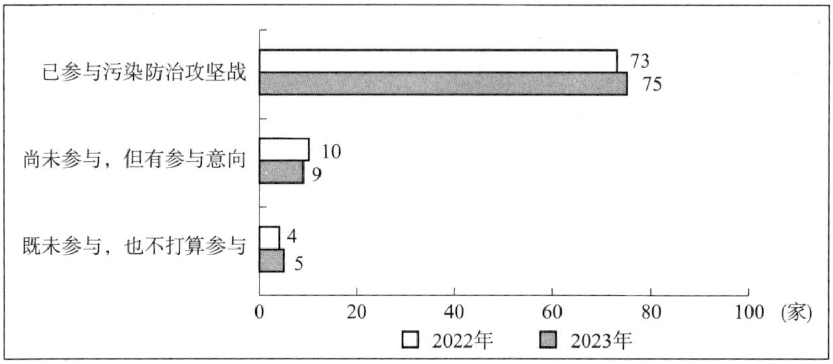

图 48　2022—2023 年三湘民营企业百强参与污染防治攻坚战情况

百强企业参与污染防治攻坚战的形式以节能减排为主，调整产业结构、加强绿色产品创新、投资环保产业为辅。参与污染防治攻坚战的 75 家企业中，企业参与加强资源节约与利用，降低能耗物耗的数量为 63 家，较上年增加 1 家，降幅为 1.61%，占比 84%；企业参与引进先进环保技术和装备，加强治污减排的数量为 53 家，较上年减少 5 家，降幅为 8.62%，占比 70.67%；企业参与调整产业结构，淘汰落后产能和加强绿色产品创新，建设绿色工厂的数量分别为 30 家和 32 家，占比分别为 40% 和 42.67%。百强企业更加注重节能降耗，治污减排，以绿色发展助力深入打好污染防治攻坚战（见图 49）。

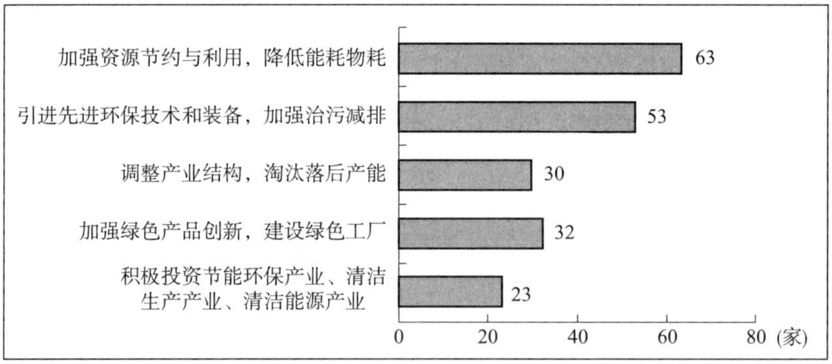

图 49　2023 年三湘民营企业百强参与污染防治攻坚战的形式

从行业分布看，参与污染防治攻坚战的百强企业分布于 9 个行业大类、31 个细分行业。行业大类中，制造业仍然是已参与污染防治攻坚战企业数量最多的行业，有 41 家；其次是建筑业 12 家。细分行业中，房屋建筑业参与污染防治攻坚战的企业最多，有 10 家，占已参与污染防治攻坚战的百强企业的13.33%（见表 81）。

表 81　2023 年已参与污染防治攻坚战的百强企业的行业分布

序号	行业大类	细分行业	企业数量（家）	占比
1	制造业	农副食品加工业	4	5.33%
2		食品制造业	3	4.00%
3		医药制造业	1	1.33%
4		非金属矿物制品业	3	4.00%
5		酒、饮料和精制茶制造业	1	1.33%
6		化学原料和化学制品制造业	1	1.33%
7		通用设备制造业	2	2.67%
8		造纸和纸制品业	1	1.33%
9		黑色金属冶炼和压延加工业	1	1.33%
10		有色金属冶炼和压延加工业	2	2.67%
11		金属制品业	2	2.67%
12		铁路、船舶、航空航天和其他运输设备制造业	1	1.33%
13		专用设备制造业	4	5.33%
14		电气机械和器材制造业	3	4.00%
15		计算机、通信和其他电子设备制造业	4	5.33%
16		仪器仪表制造业	1	1.33%
17		其他制造业	3	4.00%
18		废弃资源综合利用业	4	5.33%
19	建筑业	房屋建筑业	10	13.33%
20		建筑安装业	1	1.33%
21		土木工程建筑业	1	1.33%
22	批发和零售业	零售业	8	10.67%
23		批发业	1	1.33%
24	房地产业	房地产业	2	2.67%
25	交通运输、仓储和邮政业	邮政业	1	1.33%
26		装卸搬运和仓储业	2	2.67%

续表

序号	行业大类	细分行业	企业数量（家）	占比
27	农、林、牧、渔业	林业	1	1.33%
28		畜牧业	2	2.67%
29	信息传输、软件和信息技术服务业	软件和信息技术服务业	1	1.33%
30	卫生和社会工作	卫生	1	1.33%
31	综合	综合	3	4.00%
总计			75	—

从市州分布看，参与污染防治攻坚战的百强企业中，分布在长沙市的企业为41家，占已参与污染防治攻坚战企业的54.67%；其次是岳阳市，为7家，占已参与污染防治攻坚战企业的9.33%；株洲市、郴州市、邵阳市、衡阳市、常德市等市州均有企业参与到污染防治攻坚战（见表82）。

表82　2023年已参与污染防治攻坚战的百强企业的市州分布

序号	市州	企业数量（家）	占比
1	长沙市	41	54.67%
2	株洲市	5	6.67%
3	岳阳市	7	9.33%
4	郴州市	4	5.33%
5	湘潭市	2	2.67%
6	衡阳市	3	4.00%
7	常德市	3	4.00%
8	娄底市	2	2.67%
9	益阳市	2	2.67%
10	邵阳市	4	5.33%
11	永州市	2	2.67%
总计		75	—

（四）三湘民营企业百强参与乡村振兴专题

着眼于高质量推进巩固拓展脱贫攻坚成果同乡村振兴有效衔接，出台实施《湖南省乡村振兴促进条例》，明确抓党建促乡村振兴重点任务，提出实施铸魂赋能、队伍提质、兴业共富、强基善治、引智聚才、连心到户“六项行动”，打造乡村振兴湖南样板。三湘民营企业百强积极参与乡村振兴战略，主动投身“万企兴万村”行动，强化产业支持和就业帮扶，努力探索民营企业高质量发展助力乡村振兴新模式，成为带动乡村振兴的领跑者。

三湘民营企业百强参与乡村振兴战略的共有67家，较上年减少6家；尚未参加，但有参与意向的企业11家，较上年减少1家；既未参与，也无参与意向的企业12家，较上年增加2家（见表83）。

表83　2023年三湘民营企业百强参与乡村振兴的情况

参与乡村振兴战略情况	企业数量（家）	占百强企业比例
已参与乡村振兴战略	67	67.00%
尚未参加，但有参与意向	11	11.00%
既未参加，也无参与意向	12	12.00%
其他	10	10.00%

在参与乡村振兴战略的形式上，主要集中在“促进产业兴旺，带动农民增收”“巩固脱贫成果，改善民生保障”方面，参与的企业数量均为44家，分别较上年增加8家、较上年增加1家；其次是“强化基层党建，提升治理能力”参与的企业数量为22家，较上年减少4家；“保护青山绿水，美化人居环境”，参与的企业数量为21家，较上年减少11家；“引进优秀人才，培育新型农民”“繁荣农村文化，培育文明新风”方面，参与的企业数量分别为17家（较上年减少2家）、12家（较上年减少4家）（见图50）。

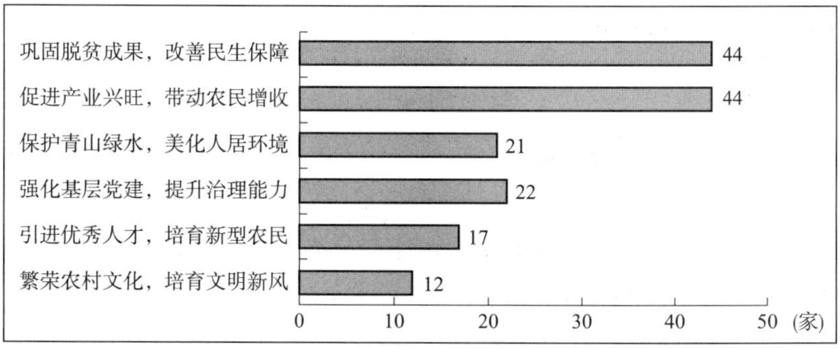

图50　2023年三湘民营企业百强参与乡村振兴战略的形式

分地区看，参与乡村振兴战略的百强企业分布于12个市州，与上年持平。其中，长沙市仍然为参与企业数量最多的市州，为39家，占参与乡村振兴战略百强企业的58.21%，较上年增加4.79%（见图51）。

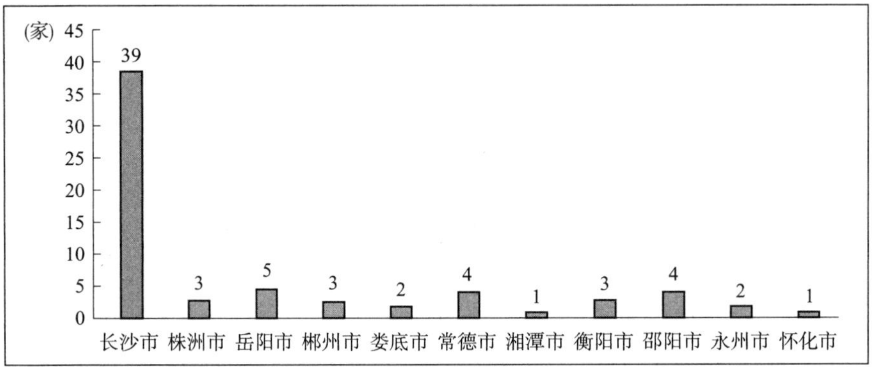

图51　2023年参与乡村振兴战略的三湘民营企业百强区域分布情况

分行业看，参与乡村振兴战略的百强企业分布在10个行业大类、31个细分行业，较上年增加2个细分行业；行业大类中，分布于制造业的企业仍然最多，为31家，占已参加乡村振兴战略百强企业的42.47%；其次是建筑业、批发和零售业2个行业，分别为10家和9家，分别占已参加乡村振兴战略百强企业的14.93%和13.43%；细分行业中，分布于房屋建筑业的企业最多，为9家，占已参加乡村振兴战略百强企业的13.43%；其次是零售业和综合，分别为7家和4家，分别占已参加乡村振兴战略百强企业的10.45%和5.97%（见表84）。

表84　2023年已参与乡村振兴战略的三湘民营企业百强的行业分布

序号	行业大类	细分行业	企业数量（家）	占填报企业比例
1	制造业	计算机、通信和其他电子设备制造业	2	2.99%
2		电气机械和器材制造业	3	4.48%
3		仪器仪表制造业	1	1.49%
4		铁路、船舶、航空航天和其他运输设备制造业	1	1.49%
5		通用设备制造业	1	1.49%

续表

序号	行业大类	细分行业	企业数量（家）	占填报企业比例
6	制造业	专用设备制造业	3	4.48%
7		金属制品业	1	1.49%
8		酒、饮料和精制茶制造业	1	1.49%
9		农副食品加工业	3	4.48%
10		其他制造业	2	2.99%
11		食品制造业	2	2.99%
12		废弃资源综合利用业	3	4.48%
13		医药制造业	1	1.49%
14		化学原料和化学制品制造业	1	1.49%
15		造纸和纸制品业	1	1.49%
16		有色金属冶炼和压延加工业	1	1.49%
17		黑色金属冶炼和压延加工业	1	1.49%
18		非金属矿物制品业	3	4.48%
19	建筑业	房屋建筑业	9	13.43%
20		土木工程建筑业	1	1.49%
21	批发和零售业	零售业	7	10.45%
22		批发业	2	2.99%
23	房地产业	房地产业	3	4.48%
24	交通运输、仓储和邮政业	邮政业	1	1.49%
25		装卸搬运和仓储业	2	2.99%
26	综合	综合	4	5.97%
27	农、林、牧、渔业	畜牧业	2	2.99%
28		林业	1	1.49%
29	金融业	货币金融服务	1	1.49%
30	卫生和社会工作	卫生	1	1.49%
31	租赁和商务服务业	商务服务业	2	2.99%
总计			67	—

2023年，已参与“万企兴万村”行动的百强企业数量为65家，较上年减少4家，尚未参与，但有参与意向的企业数量为13家，较上年增加2家（见图52）。

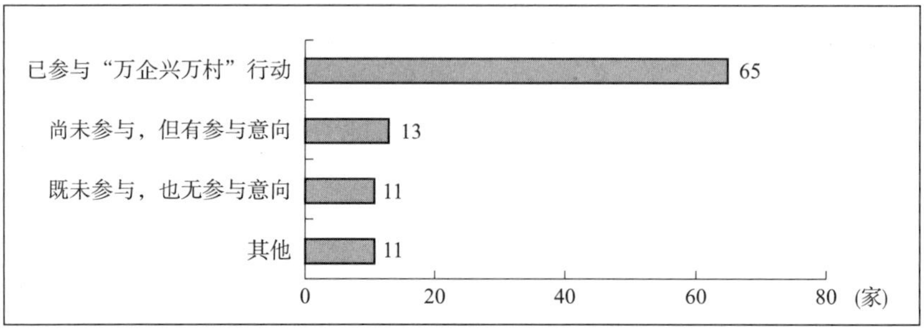

图 52 2023 年参与“万企兴万村”行动的三湘民营企业百强意愿分布情况

在参与“万企兴万村”行动的方式上，“继续推进‘万企帮万村’产业帮扶项目，巩固拓展脱贫攻坚成果”的企业数量最多，为 42 家；其次是以“开展消费帮扶，拓宽农产品销售渠道”“培育乡村人才，积极吸纳重点群体就业”“在乡村实施产业项目，或开展医疗、教育等加强乡村公共服务体系建设”的形式参与的企业分别为 29 家、25 家、16 家（见表 85）。

表 85 2023 年三湘民营企业百强参与“万企兴万村”行动的形式

参与形式	企业数量（家）	占填报企业比例
继续推进“万企帮万村”产业帮扶项目，巩固拓展脱贫攻坚成果	42	64.62%
开展消费帮扶，拓宽农产品销售渠道	29	44.62%
培育乡村人才，积极吸纳重点群体就业	25	38.46%
在乡村实施产业项目，或开展医疗、教育、养老等加强乡村公共服务体系建设	16	24.62%
设立乡村振兴产业发展基金，积极开展各类公益活动	5	7.69%
参与东西部协作、对口支援和革命老区建设	3	4.62%
其他	5	7.69%
实际填报企业数量	65	—

分行业看，参与“万企兴万村”行动的百强企业分布在 10 个行业大类、28 个细分行业；行业大类中，分布于制造业的企业数量最多，为 32 家，占参与“万企兴万村”行动的百强企业总数的 49.23%，细分行业中，分布于房屋建筑业的企业最多，为 9 家，占参与“万企兴万村”行动的百强企业总数的 13.85%（见表 86）。

表 86　2023 年参与“万企兴万村”行动的三湘民营企业百强行业分布

序号	行业大类	细分行业	企业数量（家）	占填报企业比例
1	制造业	农副食品加工业	3	4.62%
2		食品制造业	3	4.62%
3		酒、饮料和精制茶制造业	1	1.54%
4		造纸和纸制品业	1	1.54%
5		医药制造业	1	1.54%
6		非金属矿物制品业	2	3.08%
7		黑色金属冶炼和压延加工业	1	1.54%
8		有色金属冶炼和压延加工业	1	1.54%
9		金属制品业	1	1.54%
10		通用设备制造业	2	3.08%
11		专用设备制造业	4	6.15%
12		铁路、船舶、航空航天和其他运输设备制造业	1	1.54%
13		电气机械和器材制造业	3	4.62%
14		计算机、通信和其他电子设备制造业	2	3.08%
15		仪器仪表制造业	1	1.54%
16		其他制造业	2	3.08%
17		废弃资源综合利用业	3	4.62%
18	建筑业	房屋建筑业	9	13.85%
19		土木工程建筑业	1	1.54%
20	批发和零售业	零售业	8	12.31%
21	金融业	货币金融服务	1	1.54%
22	房地产业	房地产业	3	4.62%
23	综合	综合	4	6.15%
24	农、林、牧、渔业	畜牧业	2	3.08%
25		林业	1	1.54%
26	交通运输、仓储和邮政业	装卸搬运和仓储业	2	3.08%
27	租赁和商务服务业	商务服务业	1	1.54%
28	卫生和社会工作	卫生	1	1.54%
总计			65	100.00%

分地区看，参与“万企兴万村”行动的百强企业分布于12个市州。其中，长沙市为参与企业数量最多的市州，有36家，占参与“万企兴万村”行动企业的55.38%（见图53）。

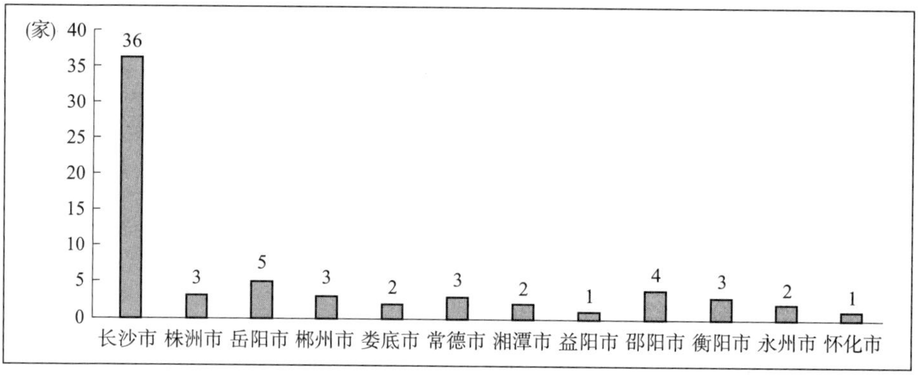

图53　参与“万企兴万村”行动的三湘民营企业百强区域分布情况

（五）三湘民营企业百强营商环境专题

2023年，湖南出台“支持民营经济发展壮大30条”“稳增长20条”“促消费20条”等一整套支持民营经济发展的政策，把优化营商环境作为“一号工程”，为经济发展营造稳定、公平、透明、可预期的营商环境。

1. 各项政策举措坚定民营经济发展壮大信心

2023年，《中共中央　国务院关于促进民营经济发展壮大的意见》首次将民营经济定位为“推动中国式现代化的生力军”，也是首次以中共中央和国务院的名义，发布支持民营经济发展壮大的专门文件。81家企业认为《中共中央　国务院关于促进民营经济发展壮大的意见》印发后，有关部委及地方密集出台的政策举措已落实，其中23家企业认为这些政策举措对民营经济信心的提振和民营经济发展环境的改善发挥有较明显的促进作用，43家企业认为有一定的促进作用，14家企业认为作用暂不明显。

三湘民营企业百强认为可以有效提振并更加坚定民营经济发展壮大的信心的因素中，有65家企业认为是“坚持‘两个毫不动摇’，强化民营经济‘内在要素’和‘自己人’的重要定位”，55家企业认为要“在重大规划、重大项目、重大工程、重大活动中积极吸引民营企业参与”，分别占填报企业的

73.03%、61.80%；选择“民营经济发展局的设立，推动各项重大举措早落地、见实效”的企业为46家；选择“各种所有制主体依法平等使用资源要素，强化公平竞争”“进一步放开民营企业市场准入，推行全国‘一张清单’、推动‘非禁即入’”以及“鼓励民营企业加快科技创新和数字化转型”的企业均为41家。“营造亲商安商氛围，消除与民营企业交往‘不敢为、不会为、不愿为’问题”“依法保护民营企业产权和企业家权益，构建民营企业源头防范和治理腐败的体制机制”等也是影响民营经济发展壮大信心的重要因素（见表87）。

表87　2023年三湘民营企业百强民营经济发展壮大的信心的影响因素

影响因素	企业数量（家）	占填报企业比例
坚持“两个毫不动摇”，强化民营经济“内在要素”和“自己人”的重要定位	65	73.03%
民营经济发展局的设立，推动各项重大举措早落地、见实效	46	51.69%
加快全国统一市场建设，着力破除各种形式的地方保护和市场分割	35	39.33%
减少政府对市场资源的直接配置和对微观经济活动的直接干预	28	31.46%
各种所有制主体依法平等使用资源要素，强化公平竞争	41	46.07%
进一步放开民营企业市场准入，推行“全国一张清单”、推动“非禁即入”	41	46.07%
有序发展混和所有制经济，促进国有企业民营企业融合发展	27	30.34%
在重大规划、重大项目、重大工程、重大活动中积极吸引民营企业参与	55	61.80%
鼓励民营企业加快科技创新和数字化转型	41	46.07%
营造亲商安商氛围，消除与民营企业交往“不敢为、不会为、不愿为”问题	39	43.82%
依法保护民营企业产权和企业家权益，构建民营企业源头防范和治理腐败的体制机制	36	40.45%
依法打击蓄意炒作、造谣抹黑民营企业和民营企业家的“网络黑嘴”和“黑色产业链”	20	22.47%
提高司法审判和执行效率，防止因诉讼拖延影响民营企业正常生产经营	24	26.97%
其他	5	5.62%

2023年，三湘民营企业百强中有73家企业认为企业在获得政策支持方面

有较大的改进；47家企业认为在涉企政策的发布、解读引导、咨询服务等方面的针对性更强，40家企业认为在涉企补贴资金公开、补贴申报材料报送等方面更加公平、便捷，还有企业认为在企业贷款、发行债券等融资政策方面，涉及民营企业人才引进、职称评审等方面，涉企政策、规划、标准的制定和评估等方面更多听取民营企业意见等均有了较大改进（见表88）。

表88　2023年三湘民营企业百强获得政策支持方面改进情况

改进情况	企业数量（家）	占填报企业比例
在涉企政策的发布、解读引导、咨询服务等方面的针对性更强	47	64.38%
在涉企补贴资金公开、补贴申报材料报送等方面更加公平、便捷	40	54.80%
在涉企政策、规划、标准的制定和评估等方面更多听取民营企业意见	33	45.21%
在企业贷款、发行债券等融资政策方面有较大改进	28	38.36%
在清理拖欠企业账款方面有较大改进	10	13.70%
在涉及民营企业人才引进、职称评审等方面有较大改进	28	38.36%
其他	6	8.22%

2. 各因素对三湘民营企业百强发展的影响

总体来看，2023年影响三湘民营企业百强发展的因素主要集中在用工成本上升、税费负担重、国内市场需求不足、融资难融资贵、市场秩序不够规范等方面。除“融资难融资贵”这一项持平外，其余几项企业数量均较上年有所减少，分别为69家、58家、57家、34家、30家（见表89）。

表89　2022—2023年影响三湘民营企业百强发展的前五大因素

序号	2023年		2022年	
	影响因素	企业数量（家）	影响因素	企业数量（家）
1	用工成本上升	69	用工成本上升	76
2	税费负担重	58	税费负担重	59
3	国内市场需求不足	57	国内市场需求不足	59
4	融资难融资贵	34	市场秩序不够规范	38
5	市场秩序不够规范	30	融资难融资贵	34

在市场环境方面，用工成本上升、国内市场需求不足和融资难融资贵依然是主要影响因素，选择上述几项的企业分别为69家、57家和34家。

在政策政务环境方面，税费负担重、节能减排压力大和民间投资政策实施细则落实不到位成为企业存在的突出问题，选择上述几项的企业分别为 58 家、18 家和 11 家。

在法治环境方面，市场秩序的规范性、民营企业在司法审判中的平等地位以及对知识产权的保护依旧是企业家关注的重点，选择上述几项的企业分别为 30 家、20 家和 13 家。

在政商环境方面，企业重点关注对民营经济的负面舆论较多、政府部门和国企拖欠账款较多、较久和地方保护主义，选择上述几项的企业分别为 24 家、17 家和 15 家（见表 90）。

表 90　2022—2023 年影响三湘民营企业百强发展因素分析

类型	影响因素	2023 年企业数量（家）	2022 年企业数量（家）
市场环境	用工成本上升	69	76
	国内市场需求不足	57	59
	融资难融资贵	34	34
	能源供应紧张	20	32
	出口订单减少	9	9
	人民币汇率变动	9	12
	土地供应紧缺	6	10
政策政务环境	税费负担重	58	59
	节能减排压力大	18	24
	民间投资政策实施细则落实不到位	11	11
	垄断行业开放度不高	10	13
	公共服务不到位	7	7
	垄断行业门槛过高	8	7
	“卷帘门”“玻璃门”“旋转门”	6	11
法治环境	市场秩序不够规范	30	38
	民营企业在司法审判中的平等地位不够	20	20
	对企业和企业主合法财产权保护不够	12	16
	对知识产权的保护不够	13	16
	依法行政不够规范	12	13
	对企业主人身权益保护不够	8	7

续表

类型	影响因素	2023 年企业数量（家）	2022 年企业数量（家）
政商环境	对民营经济的负面舆论较多	24	24
	地方保护主义	15	12
	政府部门和国企拖欠账款较多、较久	17	18
	政府沟通不畅	9	13
	地方政府诚信缺失	7	6
	政府官员帮扶企业意识差	6	7
	政府干预过多	5	8
	政府官员懒政、怠政	3	3
	政府官员存在吃拿卡要现象	1	1

3. 企业融资难融资贵问题得到进一步改善

在融资环境方面，有 65 家企业认为得到改善，占填报企业的 77.38%，但仍有 19 家企业觉得没有得到改善，占填报企业的 22.62%。

其中，在融资难融资贵具体改善的方面，金融机构对民营企业的信贷投放加大、贷款需求响应速度和审批时效提高、普惠金融定向降准政策进一步完善、对民营企业债券融资的支持力度加大等方面进一步提高企业的体验感，选择上述几项的企业数量分别为 44 家、29 家、29 家和 21 家（见表 91）。

表 91　2022—2023 年融资难融资贵具体改善的表现

融资难融资贵具体改善的表现	企业数量（家）
金融机构对民营企业的信贷投放加大	44
贷款需求响应速度和审批时效提高	29
金融机构服务流程优化	19
普惠金融定向降准政策进一步完善	29
对民营企业债券融资的支持力度加大	21
金融机构降低服务费用	13
同等条件下民营企业与国有企业贷款利率和贷款条件达到一致	7
支持民营企业上市融资和再融资	13
鼓励符合条件的民营企业发行科技创新公司债券	4
推动民营企业债券融资专项支持计划扩大覆盖面、提升增信力度	4

在获得银行等金融机构融资方面，其中认为贷款利率高的企业数量最多，为 34 家，较上年减少 1 家；仍有 33 家企业认为银行更愿意贷款给国有企业而不是民营企业，较上年增加 6 家；认为银行信贷审核趋紧的企业为 25 家，较上年增加 1 家；另外，企业缺乏足够的抵押和担保，银行服务民营企业的能力有限，贷款周期太短，需要过桥倒贷和政府性融资担保难获得，费率高或存在反担保等因素也是部分民营企业融资时面临的问题（见表 92）。

表 92　2022—2023 年三湘民营企业百强获取银行等金融机构融资面临的问题

获取银行等金融机构融资面临的问题	2023 年 企业数量（家）	2022 年 企业数量（家）
银行更愿意贷款给国有企业而不是民营企业	33	27
银行信贷审核趋紧	25	24
贷款利率高	34	35
企业缺乏足够的抵押和担保	21	20
银行服务民营企业的能力有限	17	19
贷款周期太短，需要过桥倒贷	12	13
政府性融资担保难获得，费率高或存在反担保等	11	12
银行出现不合理的抽贷、断贷现象	6	5
企业经营管理不规范	1	0
贷款中间环节存在不合理收费	3	1

在资本市场融资方面，认为受限于所处行业，资本市场投资意愿不高的企业 13 家，占填报企业的 17.57%，其中 7 家为制造业、2 家为房屋建筑业；其次认为投资者对民营企业的投资意愿不高、股票市场融资难度大、市场对民营企业债券接受度降低的企业分别为 17 家、16 家、15 家，占填报企业的 23.29%、21.92%、20.55%；认为市场对民营企业债券接受度降低的企业较上年增加 1 家；认为股票市场融资难度大——首发上市审核时间长的企业较上年增加 4 家；认为股票市场融资难度大——首发上市条件门槛高的企业较上年增加 8 家（见表 93）。

表 93　2022—2023 年三湘民营企业百强获取资本市场融资面临的问题

获取资本市场融资面临的问题	2023 年 企业数量（家）	2022 年 企业数量（家）
受限于所处行业，资本市场投资意愿不高	13	15
股票市场融资难度大	16	16
（1）首发上市审核时间长	10	6
（2）已上市企业再融资审核时间长	5	4
（3）首发上市条件门槛高	14	6
投资者对民营企业的投资意愿不高	17	19
债券市场融资难度大	9	14
（1）融资门槛高，融资条件苛刻	9	9
（2）品种较单一	3	2
（3）企业债券发行规模小	3	3
市场对民营企业债券接受度降低	15	14

在希望政府提供融资支持方面，希望加大银行对民营企业的信贷力度和信贷额度的企业最多，有 63 家，占填报企业的 71.59%；希望加大银行对民营企业的长期贷款业务的投放的企业有 51 家，占填报企业的 57.95%；希望同等条件下，实现民营企业与国有企业一视同仁的企业有 42 家；希望政府加大扶持项目资金力度的企业为 40 家；另外，希望简化融资业务流程，缩短业务办理时间，加快融资款项发放，出台针对企业不同融资需求的差异化融资政策的企业分别为 33 家、32 家（见表 94）。

表 94　2023 年三湘民营企业百强希望政府在融资方面提供的支持

希望政府在融资方面提供的支持	企业数量（家）	占填报企业比例
加大银行对民营企业的信贷力度和信贷额度	63	71.59%
加大银行对民营企业的长期贷款业务的投放	51	57.95%
同等条件下，实现民营企业与国有企业一视同仁	42	47.73%
政府加大扶持项目资金力度	40	45.45%
简化融资业务流程，缩短业务办理时间，加快融资款项发放	33	37.50%
出台针对企业不同融资需求的差异化融资政策	32	36.36%
对于暂时出现困难但经营正常的民营企业，提供如延期或展期等服务	29	32.95%

续表

希望政府在融资方面提供的支持	企业数量（家）	占填报企业比例
增加或创新民营企业贷款担保方式及抵质押物类型	24	27.27%
加快首发上市及再融资审核进度	9	10.23%
其他	10	11.36%
实际填报企业数量	88	—

4. 企业对进一步优化营商环境有更高的期待

在营商环境改善方面，认为政府服务企业力度加大的企业 44 家，占填报企业的 51.76%；认为市场监管进一步加强的企业 36 家，占填报企业的 42.35%；认为有利于民营经济发展的舆论氛围进一步加强的企业 31 家，占填报企业的 36.47%（见表 95）。

表 95　2023 年三湘民营企业百强营商环境改善情况

营商环境改善情况	企业数量（家）	占填报企业比例
政府服务企业力度加大	44	51.76%
市场监管进一步加强	36	42.35%
有利于民营经济发展的舆论氛围进一步加强	31	36.47%
亲清政商关系进一步确立	29	34.12%
税费负担有所降低	30	35.29%
融资支持	25	29.41%
有利于科技创新的氛围进一步加强	26	30.59%
市场信用体系建设	30	35.29%
政府诚信	19	22.35%
司法公正进一步加强	11	12.94%
市场准入	18	21.18%
土地、劳动力、水电气等要素支撑	17	20.00%
涉企执法更加公正	11	12.94%
产权保护	9	10.59%
企业维权难度降低	7	8.24%
清理拖欠账款工作成效显著	4	4.71%
实际填报企业数量	85	—

在纾困扶持方面，54 家百强企业享受到了相关政策，得到普惠金融产品扶持、获得政策性融资担保、享受延期缴纳税款的企业分别为 25 家、2 家、10 家；8 家企业在金融机构贷款获得展期、延期；部分企业获得政策性融资担保、纾困专项基金、国企对民企帮扶计划等；23 家企业表示未得到相关支持，较上年增加 8 家，获得纾困扶持政策的企业数量较上年有所减少（见表 96）。

表 96　2023 年三湘民营企业百强得到的具体纾困扶持情况

得到的具体纾困扶持情况	企业数量（家）	占填报企业比例
普惠金融产品	25	32.47%
政策性融资担保	12	15.58%
延期缴纳税款	10	12.99%
地方专项救助资金	9	11.69%
金融机构贷款展期、延期	8	10.39%
纾困专项基金	6	7.79%
国企对民企帮扶计划	6	7.79%
国有资本的财务投资	1	1.30%
纾困专项债	0	0
未得到相关支持	23	29.87%
实际填报企业数量	77	—

在减税降费方面，百强企业中 51 家企业享受到了不同程度的政策红利，其中享受到研发费用税前加计扣除和增值税减免的企业较多，分别为 26 家和 25 家，分别占填报企业的 50.98% 和 49.02%；19 家企业获得了社保费缴费基数、范围、费率等减免，占填报企业的 37.25%（见表 97）。

表 97　2022—2023 年三湘民营企业百强享受减税降费情况

减税降费项目	企业数量（家）	占填报企业比例
研发费用税前加计扣除	26	50.98%
增值税	25	49.02%
社保费缴费基数、范围、费率等	19	37.25%
应纳税所得额	13	25.49%
残疾人保障金	13	25.49%

续表

减税降费项目	企业数量（家）	占填报企业比例
出口退税	8	15.69%
工会经费	6	11.76%
行政事业性收费	3	5.88%
附加税	2	3.92%
经营服务性收费	2	3.92%
其他政府性基金费用	2	3.92%
其他	11	21.57%
实际填报企业数量	51	—

政府减税降费政策对企业经营产生了各方面的影响，其中 35 家企业实现了研发费用加计扣除；35 家企业实现了生产成本下降；营业利润增加和企业承担社保下降的企业分别为 28 家和 14 家（见表 98）。

表 98 2023 年三湘民营企业百强减税降费对企业经营的影响

减税降费对企业经营的影响	企业数量（家）	占填报企业比例
生产成本下降	35	43.75%
研发费用加计扣除	35	43.75%
营业利润增加	28	35.00%
企业承担社保下降	14	17.50%
出口退税增加	8	10.00%
其他	18	22.50%
实际填报企业数量	80	—

政府系列减税降费政策红利释放，助力企业发展和产业转型升级。其中 31 家企业抓住机遇提升产品和服务质量，占填报企业的 36.05%；加大研发费用投入和优化员工结构，尤其是研发队伍的企业均为 25 家，均占填报企业的 29.07%；另有 27 家企业进一步拓展市场；提升产品和服务附加值、加大新增投资的企业数量分别为 20 家、12 家（见表 99）。

表 99　2023 年三湘民营企业百强因减税降费政策作出的优化调整

项目	企业数量（家）	占填报企业比例
提升产品、服务质量	31	36.05%
加大研发费用投入	25	29.07%
优化员工结构，尤其是研发队伍	25	29.07%
进一步拓展市场	27	31.40%
提升产品和服务附加值	20	23.26%
加大新增投资	12	13.95%
其他	8	9.30%
实际填报企业数量	86	—

百强企业中希望政府进一步减免税收、降低税率和进一步降低社保缴费基数、缴存费率的企业分别为 80 家和 53 家，占填报企业的 88.89% 和 58.89%；希望加快出台鼓励企业创新的税收优惠政策的企业为 47 家；希望产业链上下游政策优惠统筹安排（做到减税降费真正到位，避免出现税收优惠的转嫁等）的企业为 36 家；希望进一步停征或取消行政事业性收费项目范围、降低收费标准的企业为 30 家；此外，希望进一步加大政策宣传、提高税务主管部门税收减免服务的主动性，进一步优化税收征管程序、优化办税服务，降低工会经费，进一步优化残疾人保障金征收政策（减免额、免征企业范围、免征年限等）等方面也是部分企业的期望（见表 100）。

表 100　三湘民营企业百强希望政府未来在减税降费方面进一步完善的地方

项目	企业数量（家）	占填报企业比例
进一步减免税收、降低税率	80	88.89%
进一步降低社保缴费基数、缴存费率	53	58.89%
加快出台鼓励企业创新的税收优惠政策	47	52.22%
产业链上下游政策优惠统筹安排（做到减税降费真正到位，避免出现税收优惠的转嫁等）	36	40.00%
进一步停征或取消行政事业性收费项目范围、降低收费标准	30	33.33%
进一步优化税收征管程序，优化办税服务	27	30.00%
降低工会经费	21	23.33%
进一步加大政策宣传，提高税务主管部门税收减免服务的主动性	28	31.11%
进一步优化残疾人保障金征收政策（减免额、免征企业范围、免征年限等）	24	26.67%
其他	8	8.89%
实际填报企业数量	90	—

附录：

表 101　2024 三湘民营企业百强榜单

排名	企业名称	总部所属市州	所属行业	营业收入（万元）
1	三一集团有限公司	长沙市	专用设备制造业	11 955 604
2	长沙市比亚迪汽车有限公司	长沙市	汽车制造业	9045 724
3	大汉控股集团有限公司	长沙市	商务服务业	6 385 064
4	湖南博长控股集团有限公司	娄底市	黑色金属冶炼和压延加工业	5 821 991
5	蓝思科技股份有限公司	长沙市	计算机、通信和其他电子设备制造业	5 449 073
6	湖南五江控股集团有限公司	娄底市	金属制品业	4 562 017
7	湖南裕能新能源电池材料股份有限公司	湘潭市	计算机、通信和其他电子设备制造业	4 135 767
8	金东投资集团有限公司	长沙市	酒、饮料和精制茶制造业	3 696 164
9	湖南中伟控股集团有限公司	长沙市	电气机械和器材制造业	3 516 910
10	唐人神集团股份有限公司	株洲市	农副食品加工业	3 223 751
11	湖南博深实业集团有限公司	长沙市	商务服务业	2 660 534
12	长沙星朝汽车有限公司	长沙市	汽车制造业	2 491 727
13	益丰大药房连锁股份有限公司	常德市	零售业	2 258 822
14	老百姓大药房连锁股份有限公司	长沙市	零售业	2 243 749
15	爱尔眼科医院集团股份有限公司	长沙市	卫生	2 036 716
16	安克创新科技股份有限公司	长沙市	软件和信息技术服务业	1 750 720
17	株洲旗滨集团股份有限公司	株洲市	非金属矿物制品业	1 568 274
18	金杯电工股份有限公司	长沙市	电气机械和器材制造业	1 529 308
19	湖南邦普循环科技有限公司	长沙市	废弃资源综合利用业	1 434 757
20	岳阳华夏一号贸易有限公司	岳阳市	批发业	1 249 090
21	湖南兰天集团有限公司	株洲市	零售业	1 224 316
22	长沙弗迪电池有限公司	长沙市	其他制造业	1 213 063
23	湖南联创控股集团有限公司	长沙市	批发业	1 158 633
24	长沙中联重科环境产业有限公司	长沙市	专用设备制造业	1 072 362
25	湖南金龙科技集团有限公司	长沙市	电气机械和器材制造业	1 066 414

续表

排名	企业名称	总部所属市州	所属行业	营业收入（万元）
26	长沙比亚迪电子有限公司	长沙市	计算机、通信和其他电子设备制造业	1 057 105
27	湖南兴旺建设有限公司	长沙市	房屋建筑业	1 009 103
28	特变电工衡阳变压器有限公司	衡阳市	电气机械和器材制造业	921 172
29	湖南百德金金属冶炼有限公司	郴州市	有色金属冶炼和压延加工业	866 024
30	长沙惠科光电有限公司	长沙市	计算机、通信和其他电子设备制造业	845 971
31	湖南省沙坪建设有限公司	长沙市	房屋建筑业	845 489
32	湖南佳惠百货有限责任公司	怀化市	零售业	834 702
33	和立东升国际物流集团有限公司	长沙市	装卸搬运和仓储业	776 958
34	湖南乔口建设有限公司	长沙市	房屋建筑业	741 200
35	澳优乳业（中国）有限公司	长沙市	食品制造业	738 201
36	绝味食品股份有限公司	长沙市	农副食品加工业	726 133
37	威胜控股有限公司	长沙市	仪器仪表制造业	725 227
38	湖南望新建设集团股份有限公司	长沙市	房屋建筑业	723 251
39	山河智能装备股份有限公司	长沙市	专用设备制造业	722 930
40	湖南海弘物流集团有限公司	娄底市	废弃资源综合利用业	707 173
41	恒飞电缆股份有限公司	衡阳市	电气机械和器材制造业	706202
42	道道全粮油股份有限公司	岳阳市	农副食品加工业	700 085
43	楚天科技股份有限公司	长沙市	专用设备制造业	685 336
44	湖南盐津铺子控股有限公司	长沙市	食品制造业	682 642
45	湖南金弘再生资源集团有限公司	长沙市	废弃资源综合利用业	682 563
46	湖南力天汽车集团有限公司	长沙市	零售业	670068
47	湖南一力股份有限公司	长沙市	装卸搬运和仓储业	660 069
48	湖南科伦制药有限公司	岳阳市	医药制造业	634 879
49	长沙格力暖通制冷设备有限公司	长沙市	其他制造业	628 159
50	湖南中科星城石墨有限公司	长沙市	非金属矿物制品业	627 292
51	湖南九鼎科技（集团）有限公司	岳阳市	农副食品加工业	627 285
52	湖南金荣企业集团有限公司	长沙市	房地产业	620 198
53	湖南高岭建设集团股份有限公司	长沙市	房屋建筑业	606 481

续表

排名	企业名称	总部所属市州	所属行业	营业收入（万元）
54	望建（集团）有限公司	长沙市	房屋建筑业	597 032
55	湖南东亿电气股份有限公司	邵阳市	其他制造业	580 740
56	湖南新长海发展集团有限公司	长沙市	综合	580 285
57	湖南长信建设集团有限公司	郴州市	房屋建筑业	579 546
58	湾田控股集团有限公司	长沙市	综合	571 028
59	湖南高诺产业集团有限公司	衡阳市	废弃资源综合利用业	546 269
60	湖南九城投资集团	湘潭市	零售业	540 621
61	湖南攀达新型材料有限公司	岳阳市	金属制品业	529 173
62	湖南温氏畜牧有限公司	永州市	畜牧业	522 854
63	陈克明食品股份有限公司	益阳市	食品制造业	518 439
64	红星实业集团有限公司	长沙市	综合	506 603
65	长沙京东厚成贸易有限公司	长沙市	零售业	495 474
66	衡阳富泰宏精密工业有限公司	衡阳市	计算机、通信和其他电子设备制造业	495 046
67	湖南中钢智能制造股份有限公司	长沙市	通用设备制造业	490 848
68	湖南中科电气股份有限公司	岳阳市	专用设备制造业	490 751
69	湖南友谊阿波罗控股股份有限公司	长沙市	零售业	479 298
70	湘林集团有限公司	邵阳市	林业	465 689
71	湖南顺丰速运有限公司	长沙市	邮政业	461 266
72	湖南申湘汽车星沙商务广场有限公司	长沙市	零售业	456 175
73	湖南省天宇建设工程有限公司	永州市	房屋建筑业	452 101
74	水羊集团股份有限公司	长沙市	化学原料和化学制品制造业	449 311
75	株洲麦格米特电气有限责任公司	株洲市	计算机、通信和其他电子设备制造业	440 648
76	奥士康科技股份有限公司	益阳市	计算机、通信和其他电子设备制造业	432 987
77	湖南省衡洲建设有限公司	衡阳市	房屋建筑业	427 981
78	湖南金煌实业集团	郴州市	综合	426 768
79	长沙京东翰民贸易有限公司	长沙市	零售业	422 421
80	湖南鹏泰控股集团有限公司	娄底市	土木工程建筑业	420 041

续表

排名	企业名称	总部所属市州	所属行业	营业收入（万元）
81	湖南恒安纸业有限公司	常德市	造纸和纸制品业	419 209
82	湖南省郴州建设集团有限公司	郴州市	房屋建筑业	417 196
83	大湖产业投资集团有限公司	常德市	综合	412 036
84	株洲联诚集团控股股份有限公司	株洲市	铁路、船舶、航空航天和其他运输设备制造业	407 719
85	湖南长峰电力集团股份有限公司	长沙市	通用设备制造业	407 697
86	湖南博宇置业发展有限公司	邵阳市	房地产业	401 254
87	株洲市云享信息技术有限公司	株洲市	商务服务业	392 599
88	湖南英捷迅供应链有限公司	长沙市	商务服务业	390 484
89	湖南达嘉维康医药产业股份有限公司	长沙市	零售业	390 350
90	湘佳牧业股份有限公司	常德市	畜牧业	389 012
91	湖南省衡科实业集团有限公司	邵阳市	房地产业	382 430
92	湖南星邦智能装备股份有限公司	长沙市	通用设备制造业	377 985
93	湖南三湘银行股份有限公司	长沙市	货币金融服务	377 087
94	湖南正和通银业有限公司	郴州市	有色金属冶炼和压延加工业	376 597
95	湖南顺天建设集团有限公司	长沙市	房屋建筑业	374 862
96	湖南和顺石油股份有限公司	长沙市	零售业	369 886
97	兴能电力建设有限公司	长沙市	建筑安装业	369 311
98	湖南长大建设集团股份有限公司	长沙市	房屋建筑业	366 299
99	岳阳建设工程集团有限公司	岳阳市	房屋建筑业	361 193
100	湖南天欣集团	岳阳市	非金属矿物制品业	361 125

注：集团企业下设多个子公司的，营业收入含子公司合并报表数据。

湖南省中小企业发展工作情况报告

湖南省工业和信息化厅

2024 年，湖南省工业和信息化厅认真贯彻落实党中央、国务院促进中小企业发展决策部署和省委、省政府工作要求，以专精特新为主线，悉心育企，全力助企，加快推动中小企业高质量发展。全年全省中小企业增加值 21 584.47 亿元，比上年增长 5.1%，增速比全省地区生产总值快 0.3 个百分点；中小企业增加值占地区生产总值的比重为 40.5%，比上年高 0.2 个百分点。

一、支持中小企业创业创新

1. 推动技术创新

强化企业创新主体地位，实施制造业关键产品“揭榜挂帅”项目、“五首”（首台套、首批次、首版次、首轮次、首套件）产品奖励政策，推动关键技术研发攻关。创新开展校企合作“双进双转”活动，推动科技成果转化应用，促成校企合作项目 371 个、合同金额 4.3 亿元。加强创新平台建设，新培育省级制造业创新中心 10 个、企业技术中心 258 家、新材料中试平台 26 家、工业设计中心 82 个、产业技术基础公共服务平台 23 家，建立覆盖主要产业领域的企业创新平台体系。

2. 促进企业双创

连续组织举办七届 “创客中国” 湖南省中小微企业创新创业大赛，搭建项目孵化、产融对接、协同创新平台，并为入围省决赛的优质项目提供一对一专家辅导。2024 年“创客中国”湖南省中小微企业创新创业大赛参赛企业突破 1505 家，进一步激发中小企业“大众创业、万众创新”的澎湃活力。

3. 打造发展载体

聚焦特色产业和细分领域，打造集群、园区等中小企业发展载体。出台《打造“4+6”先进制造业集群标志性工程实施方案》，建立协同推进机制，衡长株潭特高压输变电装备集群成为我省第5个国家先进制造业集群，长沙工程机械集群入选世界级产业集群培育样本（全国共3个），国家中小企业特色产业集群达15个。制定《湖南省园区主特产业指导目录（2024年版）》，优化园区产业布局，6家园区入选2024年度“国家先进制造业百强园区”，6家园区入选工信部2024年度产业园区推进新型工业化典型案例。

4. 培育优质企业

围绕“4×4”现代化产业体系，突出产业链供应链关键环节“补短板”“填空白”“锻长板”，加强创新型中小企业、专精特新中小企业、专精特新“小巨人”企业梯度培育。新培育创新型中小企业2 310家、专精特新中小企业1 591家、专精特新“小巨人”企业64家、省级制造业单项冠军企业179家、国家级制造业单项冠军企业24家，累计分别达9 018家、5 254家、543家、457家、72家。国家级制造业单项冠军企业数量居全国第6、中部第1。

二、推动中小企业转型升级

1. 加快数智化转型

纵深推进“智赋万企”专项行动，新培育省级“5G+工业互联网”标杆工厂10家、省级工业互联网平台29个，新增14 3650家企业上云、12 703家企业上平台，新建智能制造企业1 195家、产线车间2 069个。出台《湖南省人工智能产业发展三年行动计划（2024—2026年）》，实施21个人工智能大模型技术应用项目建设计划，打造50个省级人工智能赋能新型工业化典型应用场景、39个音视频领域人工智能创新产品和典型场景。株洲、娄底两市获批国家第二批中小企业数字化转型城市试点，5个案例入围工信部中小企业数字化转型典型案例。

2. 提升质量品牌

实施制造业卓越质量工程，组织质量管理能力评价，举办全省制造业企业质量管理能力评价贯标培训会，新培育省级制造业质量标杆企业 90 家。持续推进消费品工业“三品”专项行动，培育标杆企业 40 家；联合省卫健委、省中医药局、省药监局培育认定生物医药产业链重点品种 48 个，累计达 96 个；在全国率先出台《湖南省传统优势食品产区和特色产业培育办法》，培育认定传统优势食品产区 15 个；出台《湖南省家居产业品牌提升实施方案（2024—2026 年）》，发布产品推荐目录 87 家；制定《湖南省纺织服装行业重点品牌培育办法》，培育纺织服装重点品牌 10 个。

3. 促进绿色化发展

针对工业节能、信息化领域节能、工业节水、先进环保、资源综合利用、减污降碳 6 个方向，征集发布首批《湖南省工业领域鼓励发展的绿色低碳先进适用技术、装备和产品推荐目录（2024 年版）》。持续推进清洁生产，516 家工业企业通过自愿性清洁生产审核验收。加快构建工业绿色制造和服务体系，新培育省级绿色工厂 195 家、绿色园区 16 家、绿色供应链管理企业 15 家，新增国家级绿色工厂 58 家、绿色园区 9 家、绿色供应链管理企业 3 家，累计创建国家级绿色工厂 271 家，绿色园区 27 家，绿色供应链管理企业 30 家。

三、加强中小企业公共服务

1. 完善服务体系

建设“纵向贯通 横向联通 双线融通”的公共服务体系。线上积极响应全国中小企业服务“一张网”建设，率先实现国省市县四级平台互联互通，累计服务中小企业 131 万家，累计办理企业需求 1.6 万项，办结率超过 90%。线下统一标准建设“1+14+110+N”实体窗口，县市区覆盖率提升至 90.2%，累计服务企业 26 万家。在园区、产业集群新设立 16 个创新创业服务站，打通服务企业“最后一公里”。累计遴选 320 家中小微企业核心服务机构，建设中小企业服务“四个数据库”（基础信息库、企业数据库、服务机构库、产品案例库），提升“清单化”服务效能。

2. 加强融资服务

联合人民银行湖南省分行发布 3 640 家产融合作制造业重点企业名单，帮助企业获得贷款 2 680 亿元；开展“一月一链”投融资对接活动 10 场，撮合融资 20 亿元。建设省中小企业融资服务平台，撮合融资 1 024 亿元，帮助企业降低融资成本 15.2%，相关典型经验获《人民日报》宣传推介。促成省政府与中信集团战略合作、3 个省直部门首次与中信集团外资股东签约，招引 5 000 亿元优质金融服务支持全省经济社会发展。推进中小企业商业价值信用贷款改革试点，建立信贷风险补偿机制，推出信用类贷款产品“工信 e 贷”，将贷款审批时间缩短到 7 天，帮助企业快速低成本融资。推动 39 家专精特新“小巨人”企业 A 股上市、295 家企业在省区域性股权市场专精特新专板挂牌。

3. 加强人才服务

线上搭建全省统一的网络培训平台，面向全省中小企业经营管理者开展线上公益培训，7 门课程成功入选工信部“名师优课”优质课程库。开展园区送课行活动，深受企业好评。线下实施“湘企英才”中小企业经营管理人才培训工程，直接培训企业家和中高层经营管理人员超过 1 200 人，参训学员满意度高达 95% 以上。

4. 加强纾困服务

深入开展“送解优”“走找想促”及各类企业联系帮扶活动，帮助企业排忧解难。聚焦中小微企业创业、经营、发展全生命周期实际需求，联合 17 个省直部门开展“一起益企”服务行动，制定 78 项举措，累计为 22.29 万家中小企业送政策、送管理、送服务。针对企业订单不足问题，举办产业链精准对接活动 18 场，推动产业链上下游企业供需对接；参与举办“湖南制造进新疆 · 吐鲁番行”产业合作对接活动，达成意向合同金额 103 亿元；组织 49 家企业参加第十九届中国国际中小企业博览会，揽获意向订单 5 000 万元。

四、优化中小企业发展环境

1. 加强法治保障

贯彻落实《中华人民共和国中小企业促进法》《湖南省实施〈中华人民共和国中小企业促进法〉办法》，配合省人大开展“一法一办法”执法检查，组织 1 万余家中小企业参加执法检查问卷，牵头组织 76 个问题整改，推动“一法一办法”在湖南省深入施行见效。开展2024年“服务实体经济 律企携手同行”专项行动，编制“11+1”湘企法律服务包，涉及产业链法律问题1 000多个，帮助企业防范化解法律风险和矛盾纠纷。

2. 强化政策落实

落实落细国家“两重”“两新”政策，联合省财政厅等4部门在全国率先出台《湖南省工业企业设备更新和技术改造项目融资补贴实施办法》，先后与人民银行、财政等部门安排15场交叉政策宣讲，举办“政策益万企”政银企融资暨产业对接活动，推进政策落实。依托省政府门户网站“政企通”（政企直通车）专栏累计发布政策信息1.6万条，日浏览量最高超80万人次。

3. 保障合法权益

健全清欠工作机制，成立清欠专班，完善重点问题督办和约谈机制，联合财政、国资、省委金融办等部门推进政府欠款化解、“连环清”机制改革，完成清理拖欠中小企业账款专项行动台账内欠款清偿化解。依托湖南省落实《保障中小企业款项支付条例》投诉平台等渠道，常态高效办理拖欠中小企业账款投诉，2024年共办理投诉线索985条，切实保障中小企业利益。

下一步，湖南省工业和信息化厅将坚持以习近平新时代中国特色社会主义思想为指导，认真贯彻党的二十大和二十届二中、三中全会精神，全面落实党中央、国务院促进中小企业发展决策部署和省委、省政府工作要求，更好推动中小企业高质量发展。

湖南民营经济发展情况统计分析报告

湖南省统计局

2024年，在湖南省委、省政府的坚强领导下，全省上下深入贯彻落实推动民营经济高质量发展的各项政策措施，湖南民营经济发展量增质升，为推动全省经济社会高质量发展贡献了重要力量。

一、发展现状

2024年全省民营经济保持稳定增长，呈现增长速度加快、规模稳步扩大、产业均衡发展、运行质量向好的良好态势。

1. 规模总量稳步扩大

民营经济综合实力显著增强。一是经济支撑作用凸显。2024年，全省民营经济增加值36 640.14亿元，同比增长5.2%，增速较上年加快0.7个百分点，比地区生产总值增速快0.4个百分点。民营经济增加值占全省地区生产总值比重为68.8%，对经济发展的支撑作用凸显。二是市场主体不断扩大。全省“四上”企业中民营企业55 902家，企业数量增长4.3%，占全部“四上”企业比重达92.8%，民营企业规模逐年扩大。三是增长动能持续加强。全省民间投资增长4.0%，比上年加快3.2个百分点；民间投资占全省全部投资的比重达64.4%，投资形势逐渐向好。

2. 产业发展协调稳定

民营经济产业协同发展成效凸显。一是三次产业协调发展。2024年，全省民营经济三次产业结构为13.3：37.3：49.4。民营经济第一产业同比增长3.0%；第二产业同比增长6.9%；第三产业同比增长4.3%。二是重点行业增势稳定。全省民营经济主要行业增势良好，住宿和餐饮业、工业、批发和零售业、交通运输仓储邮政业、建筑业增加值增速高于或等于全省平均水平，分别同比增长 7.5%、7.3%、6.3%、6.2%、5.2%。

3. 运行质量持续向好

民营经济主要行业效益持续向好，营业收入平稳增长，盈利能力持续提升。工业方面，2024 年，全省民营经济规模工业企业营业收入同比增长 4.7%，企业利润总额增长 8.4%。贸易方面，限额以上民营批发和零售业企业营业收入增长 4.7%，企业利润总额增长 16.3%；限额以上民营住宿和餐饮业企业营业收入增长 10.5%，企业利润总额增长 3.9%。服务业方面，规模以上服务业营业收入增长 6.0%，企业利润总额与上年持平。

4. 市州发展态势良好

民营经济在地区经济中占据重要地位。2024 年，衡阳市、邵阳市、岳阳市、益阳市、郴州市、永州市 6 市的民营经济增加值总量占全市地区生产总值的比重在 70% 以上。全省有 9 个市州民营经济增加值增速高于或等于全省平均水平。其中，邵阳市、湘潭市、怀化市、娄底市分别增长 6.3%、6.1%、6.0%、6.0%，增速居全省前 3 位。

二、存在的主要问题

2024 年，全省民营经济总体实现了稳步发展，但从当前发展状况看，还面临发展不够均衡、产业层次不够高、资金流转竞争力不足等问题。

1. 发展不够均衡

民营经济在区域、资源、产业等方面分布不均。一方面，区域间发展不够均衡。虽然全省各市州民营经济稳步发展，但发展不均衡的局面依然存在。长沙市民营经济增加值总量占全省的比重接近 30%，呈现一市独大的局面；全省民营经济增加值总量前 4 的长沙、岳阳、衡阳和常德，占比超过 50%。资金、人才、技术等要素高度集中于长沙等经济较发达城市，重点布局了工程机械、电子信息等高端产业。而其他地区民营经济基础薄弱，企业数量少、规模小，主要以传统产业为主，技术含量低、环保压力大，加剧区域发展差距。另一方面，产业发展分化明显。民营经济内部各行业发展速度不均衡，工业、消费、服务等方面增长较快，工业、住宿和餐饮业、批发和零售业、服务业增速均快于地区生产总值增速。农林牧渔业增长 3.3%、金融业增长 2.4%，增速比地区生产总值增速慢 1.5 个和 2.4 个百分点，发展整体偏慢。特别是受房地产行业整体发展不景气影响，房地产业下降 2.7%，为九大产业中唯一增加值下降的产业。

2. 产业竞争力偏弱

民营企业数量、民营经济规模占据全省经济重要份额。但由于资金、技术、管理等方面的不足，民营企业主要分布在传统制造业、为居民生活提供服务的批发和零售业、住宿和餐饮业、社会服务业、交通运输业等领域，产业升级缓慢，内生竞争力不足。全省民营经济制造业和服务业中，代表先进生产力的装备制造业和现代服务业占比偏低，大多数民营企业仍分布在劳动密集型、中低端技术等传统行业，处于技术含量低、附加值低的产业链中下游位置。2024 年，全省民营经济规模以上工业中，装备制造业营业收入占全部营业收入的比重仅为 37.7%；民营经济规模以上服务业中，信息传输、软件和信息技术服务业营业收入占全部营业收入的比重仅为 14.4%。

3. 运行承压较大

外部经济环境的下行压力对民营企业构成较大冲击。特别是资金、人工、原材料和物流等成本攀升，民营企业的营业成本、财务费用、管理费用等综合经营成本上涨压力依然存在，民营企业运营承受较大压力。2024 年，全省民营经济规模以上工业中，亏损企业数量同比增长 8.6%、营业成本增长 4.7%、管理费用增长 4.8%，均高于地区生产总值增速。民营企业应收账款占比高，融资难现象存在，部分企业形成了以“应收账款换业务增长”的被动局面。全省规工企业应收账款总额为 6 162.7 亿元，民营企业占比达到 62.1%，占营收的比重分别为 14.9%、13.3%。企业招工难，对人才吸引力不够，熟练技术工缺口大。全省民营经济规模以上工业平均用工人数下降 4.2%，规模以上服务业企业期末用工人数下降 4.2%。

三、推动民营经济高质量发展的对策及建议

民营经济是湖南经济社会发展的重要支柱，也是推动高质量发展的强大动力。面对当前复杂多变的国内外环境，全省应采取更有力措施，帮助民营企业

克服发展障碍，实现提档升级，促进民营经济发展壮大。

1. 强化政策落实，提升服务水平

稳定精准的政策和优质高效的服务是推动民营经济茁壮成长的关键核心。一是加强学习贯彻宣传。深入学习党中央关于“两个毫不动摇”“三个没有变”的方针政策，及时、精准、高效地向民营企业传递政策动态，积极引导推动民营企业用好政府在市场准入、营商环境、减税降费、融资支持等方面出台的系列政策举措。二是扎实落实政策举措。全面贯彻落实党中央、国务院出台的促进民营经济发展壮大31条，认真执行湖南省30条具体政策措施，进一步落实好“湘商回归”工程、民营经济“六个一”工作等部署，不断完善政策执行方式，加强政策协调性，推动涉企政策更快落地见效，坚决把出台的政策落实到位。三是提升优质服务能力。不断加强民营经济工作组织领导，压实部门责任，强化协同配合，加强政策督促落实，定期听取民营经济工作、民营企业汇报，解读促进民营经济发展的政策措施，研究民营经济发展中的重大问题，切实解决民营企业急难愁盼问题，把应有的服务提供到位、把作出的承诺履行到位。

2. 加大要素支撑，筑牢发展根基

优质丰富的发展环境、金融资本、人力资源是民营经济高质量发展不可或缺的重要因素。一是打造优质营商环境。持续营造稳定、公平、透明、可预期的发展环境，积极构建亲清政商关系，优化政务环境、市场环境、法治环境，强化市场监管，维护公平竞争秩序，规范涉企执法，切实依法保护民营企业合法权益。二是建立完备资本保障体系。加强财政资金支持，扩大财政专项资金投入，重点支持民营企业科技创新、数字化转型和绿色低碳转型；继续推动税收减负，落实落细减税降费政策，对符合条件的小微企业，给予更大幅度的所得税优惠，减轻企业的税收负担；持续开展金融纾困，鼓励金融机构加大对民营企业的信贷支持，优先解决中小企业融资难甚至融不到资的问题，同时逐步降低融资成本。三是提高人力资本素质。多措并举满足民营企业用人需求，不断完善人才培养和引进机制，实施更加积极更有吸引力的人才政策，广泛吸引海内外高层次人才来湘创业就业。

3. 加快升级步伐，增强核心竞争力

转型升级、科技创新和投资带动，是不断增强民营经济竞争力的重要手段。一是壮大制造业规模实力。制造业是民营经济发展壮大的重点领域，推动和引导民营经济立足产业基础和优势，聚焦 13 条重点产业链，优化结构，加快转型升级，重点助力农产品加工、钢铁等传统产业转型升级，工程机械、轨道交通等优势产业延伸拓展，绿色智能计算、新能源等新兴产业发展壮大。加强民营企业梯队培育，着力培育科技领军企业、专精特新“小巨人”企业、制造业单项冠军企业、独角兽企业。二是鼓励科技创新。进一步强化科技创新意识，加快科技创新步伐，尽快实现从传统生产要素驱动向创新要素驱动转变，不断提升核心竞争力，实现高质量发展。三是加大民间投资。充分发挥民间投资的重要作用，鼓励和吸引更多民间资本参与基础设施、公共服务、新兴产业、传统产业转型升级等领域，支持民营企业参与电力电信、交通基础设施、市政公用事业、生态环境保护、社会事业等领域的民间投资等重大项目，促进民间资本与项目精准匹配，激发民间资本投资活力。

湖南省经营主体发展报告

湖南省市场监督管理局

2024 年，全省大力实施主体强身行动，出台提升经营主体发展质量实施意见和 14 条措施引导个体户转型升级。不断深化“一件事一次办”改革，全力推进“高效办成一件事”，持续激发经营主体活力，全省经营主体量质齐升。

一、各类经营主体发展概况

1. 全省实有经营主体保持较快增长

2024 年，全省新登记注册经营主体 106.61 万户，日均新登记注册经营主体 2 921 户；新登记注册经营主体注册资本（金）5 566.30 亿元。其中企业 36.16 万户，注册资本（金）4 844.41 亿元；个体工商户 70.09 万户，出资金额 678.78 亿元；农民专业合作社 3 583 户，出资金额 43.10 亿元（见表 1、图 1）。

截至 2024 年底，全省实有经营主体 764.11 万户，增长 7.2%；注册资本（金）136 354.32 亿元，下降 3.0%。其中企业突破 210 万户，达 210.10 万户，增长 10.6%，注册资本（金）127 239.71 亿元，下降 3.2%；个体工商户 541.83 万户，增长 6.1%，出资金额 5 848.65 亿元，增长 3.3%；农民专业合作社 12.17 万户，下降 0.4%，出资金额 3 265.96 亿元，下降 2.4%（见表 2、图 2）。

表 1　2024 年全省经营主体新登记注册情况

单位：户、亿元、%

	户数		注册资本（金）	
	绝对值	增幅	绝对值	增幅
全部经营主体	1 066 101	-13.3	5 566.30	-57.4

续表

		户数		注册资本（金）	
		绝对值	增幅	绝对值	增幅
1. 企业		361638	-16.0	4844.41	-60.3
其中	国有、集体及其控股企业	19001	-19.7	1245.17	-49.1
	私营企业	341343	-15.8	3460.74	-62.6
	外商投资企业	1294	-20.2	138.51	-71.6
2. 个体工商户		700880	-11.6	678.78	-11.3
3. 农民专业合作社		3583	-37.4	43.10	-64.1

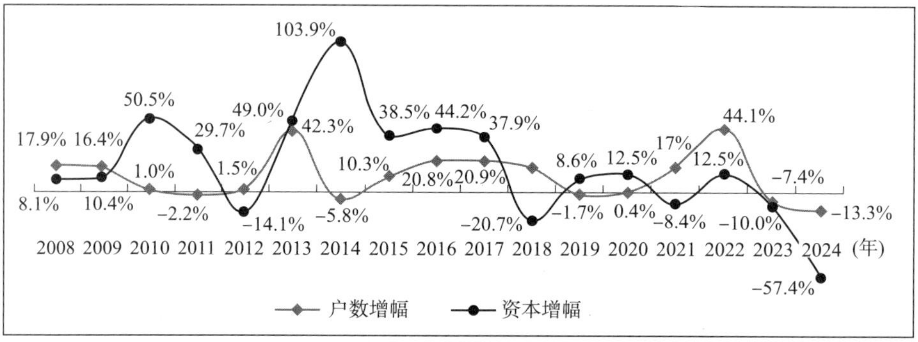

图 1　2008 年以来新登记注册经营主体发展情况

表 2　2024 年全省经营主体期末实有情况

单位：户、亿元、%

		户数		注册资本（金）	
		绝对值	增幅	绝对值	增幅
全部经营主体		7 641 050	7.2	136 354.32	-3.0
1. 企业		2 101 022	10.6	127 239.71	-3.2
其中	国有、集体及其控股企业	150 804	8.3	42 952.35	2.9
	私营企业	1 935 721	10.8	75 499.97	-6.5
	外商投资企业	14 497	5.2	8 787.39	-2.7
2. 个体工商户		5 418 285	6.1	5 848.65	3.3
3. 农民专业合作社		121 743	-0.4	3 265.96	-2.4

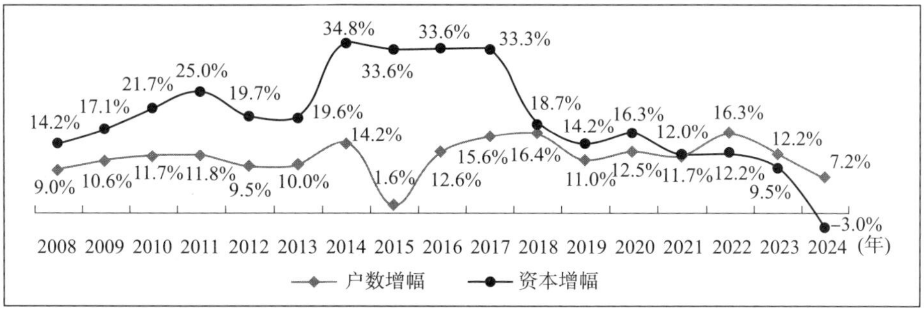

图 2　2008 年以来实有经营主体发展情况

2. 经营主体退出平稳有序

2024 年注销经营主体 59.49 万户，增长 8.9%，注销率 8.3%，较 2023 年下降 0.3 个百分点。

从经营主体类型看，企业、农民专业合作社注销数量增长较快，注销率上升。全年注销企业 16.10 万户，增长 21.8%，注销率 8.5%，较上年提高 0.1 个百分点；农民专业合作社注销 3 969 户，增长 24.1%，注销率 3.2%，较上年提高 0.5 个百分点。个体工商户注销数量最多，全年注销个体工商户 43.00 万户，占注销经营主体总量的 72.3%，注销率 8.4%，较上年下降 0.4 个百分点（见表 3、图 3）。

表 3　2024 年全省经营主体注销登记情况

单位：户 、%

		2024 年注销户数	2023 年注销户数	增幅	2024 年注销率	2023 年注销率
全部经营主体		594 933	546 307	8.9	8.3	8.6
1. 企业		161 002	132 178	21.8	8.5	8.4
其中	国有、集体及其控股企业	8 672	7 157	21.2	6.2	5.9
	私营企业	151 757	124 513	21.9	8.7	8.6
	外商投资企业	573	508	12.8	4.2	4.0
2. 个体工商户		429 962	410 930	4.6	8.4	8.8
3. 农民专业合作社		3 969	3 199	24.1	3.2	2.7

注：注销率指某年度注销经营主体（企业、个体工商户、农民专业合作社）户数占上年末实有经营主体（企业、个体工商户、农民专业合作社）户数的比例，反映办理注销手续退出市场的经营主体（企业、个体工商户、农民专业合作社）比例。

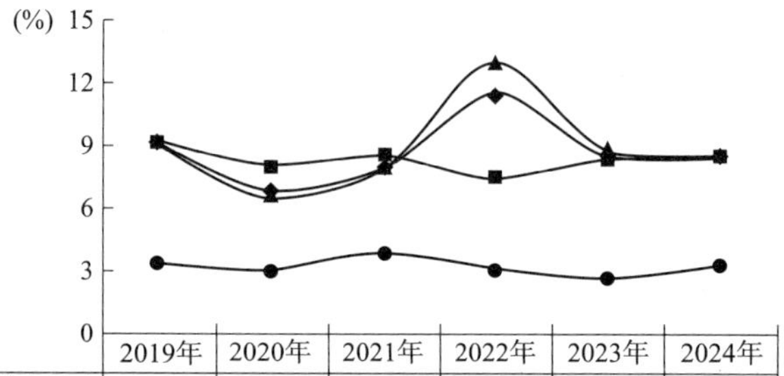

	2019年	2020年	2021年	2022年	2023年	2024年
全部经营主体注销率	9.0	6.8	8.0	11.5	8.6	8.3
企业	9.2	8.0	8.5	7.5	8.4	8.5
个体工商户	9.2	6.5	7.9	13.0	8.8	8.4
农民专业合作社	3.4	3.1	3.9	3.2	2.7	3.2

图 3　2019—2024 年经营主体注销率

3. 经营主体类型结构持续优化

企业是社会就业的主渠道、财政收入的主要来源、创新创造的生力军、经济发展的中坚力量，企业在经营主体中的比重越高，经营主体类型结构更优。截至 2024 年底，实有企业户数增长 10.6%，比个体工商户、农民专业合作社增幅高 4.5 个、11.0 个百分点。全年企业净增 20.08 万户，对全省经营主体户数增长的贡献率 39.1%。实有企业户数占经营主体总户数的 27.5%，比上年提高 0.8 个百分点，已连续 12 年持续提升，企业在经营主体中的作用进一步增强（见图 4）。

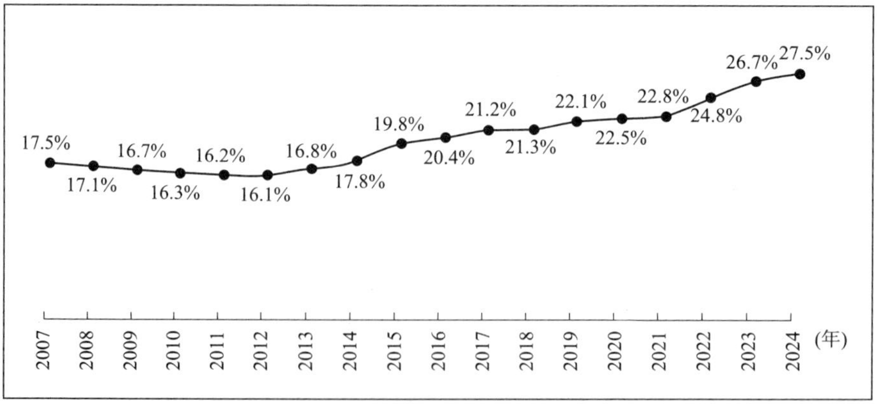

图 4　2007 年以来企业户数占经营主体比重

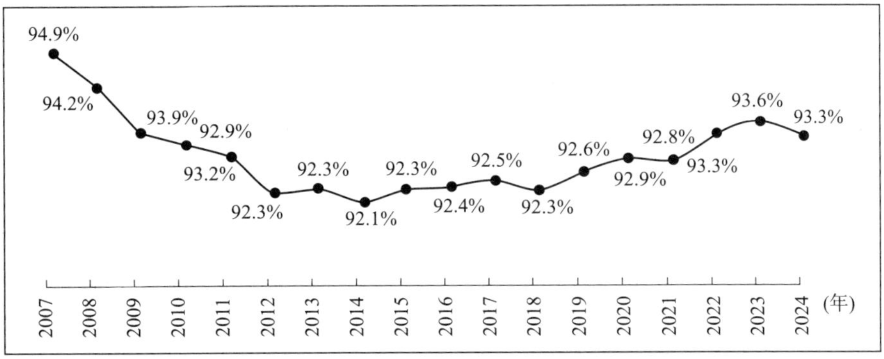

图 5　2007 年以来企业注册资本（金）占经营主体比重

二、区域发展概况

1. 长沙经营主体首位效应突出

长沙作为省会城市，是全省创新创业最活跃、经营主体最集中的地区，集中了全省四分之一的经营主体和近一半的注册资本（金）。2024 年，长沙市新登记注册经营主体 30.96 万户，占全省的 29.0%；注册资本（金）2 305.58 亿元，占全省的 41.4%。截至 2024 年底，长沙实有经营主体 191.22 万户，注册资本（金）61 147.94 亿元，分别占全省的 25.0%、44.8%（见表 4）。

从企业情况看，呈现更高的集中度，长沙集中了全省近四成的企业和近一半的注册资本（金）。全年新登记注册企业 13.11 万户，注册资本（金）2 105.49 亿元，分别占全省的 36.3%、43.5%。截至 2024 年底，长沙实有企业 75.18 万户，注册资本（金）59 834.91 亿元，分别占全省的 35.8%、47.0%（见表 5）。

2. 市州实有经营主体户数全部增长

各市州经营市场主体户数整体实现均衡增长，除常德市（3.3%）、张家界市（1.3%）外，其他 12 个市州实有经营主体户数增长 7.3%～8.7%，均高于全省增速，依次为娄底市（8.7%）、株洲市（8.4%）、益阳市（7.8%）、邵阳市（7.7%）、衡阳市（7.6%）、湘西州（7.6%）、长沙市（7.5%）、郴州市（7.5%）、怀化市（7.5%）、永州市（7.4%）、岳阳市（7.4%）、湘潭市（7.3%）。实有注册资本（金）方面，株洲市（2.4%）、怀化市（2.0%）、岳阳市（1.5%）

3 个地区实现增长，其他 11 个市州出现不同程度下降（见表 4）。

表 4　2024 年各市州经营主体发展情况

单位：户、亿元、%

	期末实有经营主体				新登记注册经营主体	
	户数		注册资本（金）		户数	注册资本（金）
	绝对值	增幅	绝对值	增幅	绝对值	绝对值
全 省	7 641 050	7.2	136 354.32	−3.0	1 066 101	5 566.30
长沙市	1 912 186	7.5	61 147.94	−4.4	309 624	2 305.58
株洲市	523 516	8.4	9 081.34	2.4	87 489	341.17
湘潭市	290 301	7.3	5 186.48	−3.8	43 294	160.08
衡阳市	640 938	7.6	7 811.37	−2.7	81 635	304.02
邵阳市	554 842	7.7	5 340.90	−4.0	74 459	214.85
岳阳市	632 446	7.4	8 707.76	1.5	84 049	468.62
常德市	537 964	3.3	7 973.06	−2.1	51 718	239.62
张家界市	167 944	1.3	2 133.61	−6.7	29 869	122.76
益阳市	450 366	7.8	5 000.27	−0.5	48 986	207.50
郴州市	407 464	7.5	5 479.45	−7.5	56 785	263.89
永州市	465 143	7.4	5 348.26	−1.6	58 060	299.90
怀化市	416 173	7.5	4 750.83	2.0	52 210	294.42
娄底市	408 485	8.7	5 596.73	−3.2	53 821	237.27
湘西州	233 282	7.6	2 796.33	−2.0	34 102	106.61

表 5　2024 年各市州企业发展情况

单位：户、亿元、%

	期末实有企业				新登记注册企业	
	户数		注册资本（金）		户数	注册资本（金）
	绝对值	增幅	绝对值	增幅	绝对值	绝对值
全 省	2 101 022	10.6	127 239.71	−3.2	361 638	4 844.41
长沙市	751 785	9.8	59 834.91	−4.7	131 110	2 105.49
株洲市	150 200	12.4	8 547.56	2.5	31 395	303.91

续表

	期末实有企业				新登记注册企业	
	户数		注册资本（金）		户数	注册资本（金）
	绝对值	增幅	绝对值	增幅	绝对值	绝对值
湘潭市	68 218	13.0	4 870.99	−4.1	14 769	130.65
衡阳市	149 517	12.9	7 070.22	−2.6	25 542	268.86
邵阳市	134 525	11.5	4 550.85	−4.7	19 659	165.54
岳阳市	149 036	14.0	7 728.22	1.5	30 546	406.04
常德市	131 877	4.0	7 228.15	−1.7	13 534	187.83
张家界市	33 307	−4.6	1 844.38	−7.3	5 303	101.51
益阳市	94 790	11.2	4 181.58	−1.1	13 004	161.03
郴州市	107 146	12.2	4 988.71	−8.1	19 872	220.85
永州市	104 089	10.6	4 675.06	−2.3	17 152	246.25
怀化市	88 383	13.3	4 238.38	2.1	15 304	263.14
娄底市	95 104	13.9	5 024.11	−3.6	17 710	205.04
湘西州	43 045	9.6	2 456.58	−2.7	6 738	78.27

3. 长株潭地区经营主体集聚，各经济区域均衡增长

长株潭地区新登记注册经营主体 44.04 万户，占全省总量的 41.3%，新登记注册资本（金）2 806.83 亿元，占全省总量的 50.4%；大湘西地区、湘南地区、环洞庭湖地区新登记注册经营主体 24.45 万户、19.65 万户、18.48 万户，分别占全省总量的 22.9%、18.4%、17.3%，新登记注册资本（金）分别为 975.92 亿元、867.81 亿元、915.74 亿元，分别占全省总量的 17.5%、15.6%、16.5%（见表 6）。

截至 2024 年底，长株潭地区、大湘西地区、环洞庭湖地区、湘南地区实有经营主体 272.60 万户、178.07 万户、162.08 万户、151.35 万户，分别占全省总量的 35.7%、23.3%、21.2%、19.8%，分别增长 7.7%、7.2%、6.1%、7.5%；实有注册资本（金）75 415.76 亿元、20 618.40 亿元、21 681.09 亿元、18 639.08 亿元，分别占全省总量的 55.3%、15.1%、15.9%、13.7%。

表 6　2024 年全省主要经济区域经营主体发展情况

单位：户、亿元、%

	期末实有				新登记注册	
	户数		注册资本（金）		户数	注册资本（金）
	绝对值	增幅	绝对值	增幅	绝对值	绝对值
长株潭地区	2 726 003	7.7	75 415.76	−3.6	440 407	2 806.83
大湘西地区	1 780 726	7.2	20 618.40	−2.5	244 461	975.92
湘南地区	1 513 545	7.5	18 639.08	−3.9	196 480	867.81
环洞庭湖地区	1 620 776	6.1	21 681.09	−0.3	184 753	915.74

表 7　2024 年全省主要经济区域企业发展情况

单位：户、亿元、%

	期末实有				新登记注册	
	户数		注册资本（金）		户数	注册资本（金）
	绝对值	增幅	绝对值	增幅	绝对值	绝对值
长株潭地区	970 203	10.4	73 253.46	−3.8	177 274	2 540.05
大湘西地区	394 364	10.7	18 114.30	−2.9	64 714	813.51
湘南地区	360 752	12.0	16 733.99	−4.3	62 566	735.96
环洞庭湖地区	375 703	9.6	19 137.95	−0.3	57 084	754.89

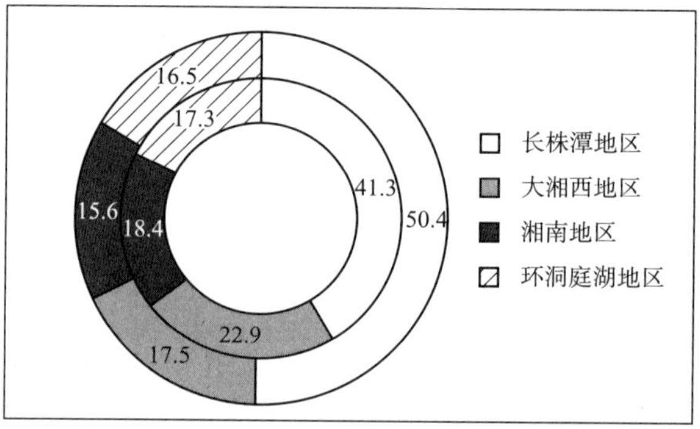

图 6　四大经济区域新登记注册经营主体分布图

注：内环：户数；外环：注册资本（金）。

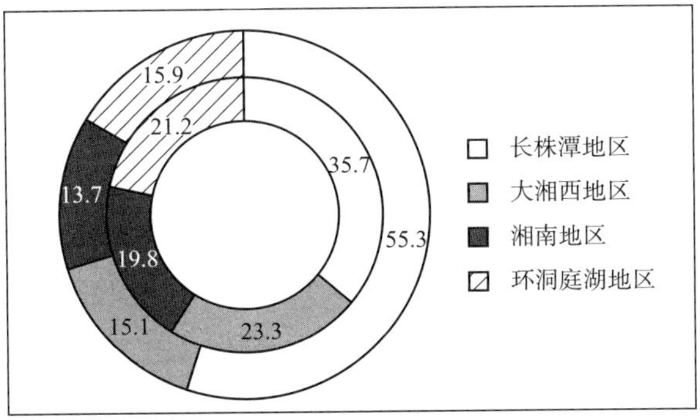

图 7　四大经济区域实有经营主体分布图

注：内环：户数；外环：注册资本（金）。

4. 各市州企业占其经营主体的比重普遍提高

2024 年，企业增长明显好于其他经营主体，企业占经营主体的比重进一步提升，各市州经营主体类型结构持续优化。户数方面，除张家界市外，其他 13 个市州企业户数占其经营主体户数的比重全部提升，长沙市占比接近四成，达 39.3%，株洲市、郴州市占比高于 25% 分别为 28.7%、26.3%。从提升幅度看，岳阳市、湘潭市、衡阳市、郴州市、怀化市、娄底市、株洲市 7 个市州实有企业户数占比提升幅度超过 1 个百分点，分别提升 1.3 个、1.2 个、1.1 个、1.1 个、1.1 个、1.1 个、1.0 个百分点（见表 8、图 8）。

注册资本（金）方面，长沙市（97.9%）、株洲市（94.1%）、湘潭市（93.9%）、郴州市（91.0%）、常德市（90.7%）、衡阳市（90.5%）6 个市州企业注册资本在全部注册资本中的占比超过 90%，其他市州占比均超过 80%（见表 8、图 9）。

表 8　市州实有企业占经营主体比重情况

单位：%

	2024 年		2023 年		2024 年比重变化	
	户数	注册资本（金）	户数	注册资本（金）	户数	注册资本（金）
全 省	27.5	93.3	26.7	93.6	0.8	–0.3
长沙市	39.3	97.9	38.5	98.1	0.8	–0.2
株洲市	28.7	94.1	27.7	94.0	1.0	0.1
湘潭市	23.5	93.9	22.3	94.2	1.2	–0.3
衡阳市	23.3	90.5	22.2	90.4	1.1	0.1

续表

	2024 年		2023 年		2024 年比重变化	
	户数	注册资本（金）	户数	注册资本（金）	户数	注册资本（金）
邵阳市	24.2	85.2	23.4	85.9	0.8	-0.6
岳阳市	23.6	88.8	22.2	88.8	1.3	0.0
常德市	24.5	90.7	24.3	90.3	0.2	0.4
张家界市	19.8	86.4	21.1	87.1	-1.2	-0.6
益阳市	21.0	83.6	20.4	84.1	0.6	-0.5
郴州市	26.3	91.0	25.2	91.7	1.1	-0.6
永州市	22.4	87.4	21.7	88.1	0.7	-0.6
怀化市	21.2	89.2	20.1	89.2	1.1	0.1
娄底市	23.3	89.8	22.2	90.2	1.1	-0.4
湘西州	18.5	87.9	18.1	88.4	0.3	-0.6

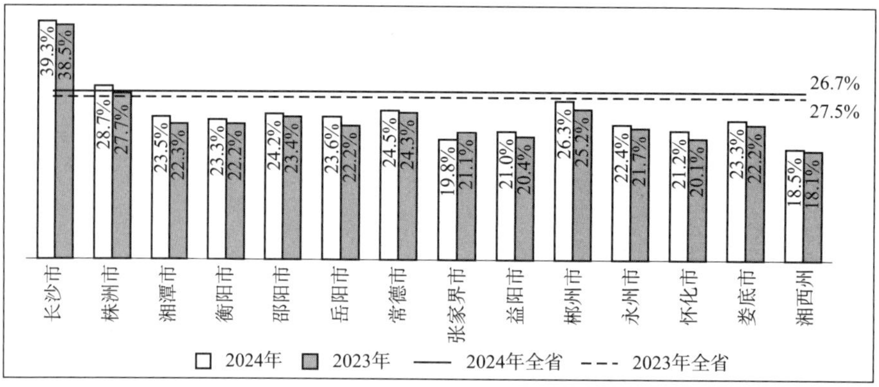

图 8　市州企业户数占其经营主体户数比重

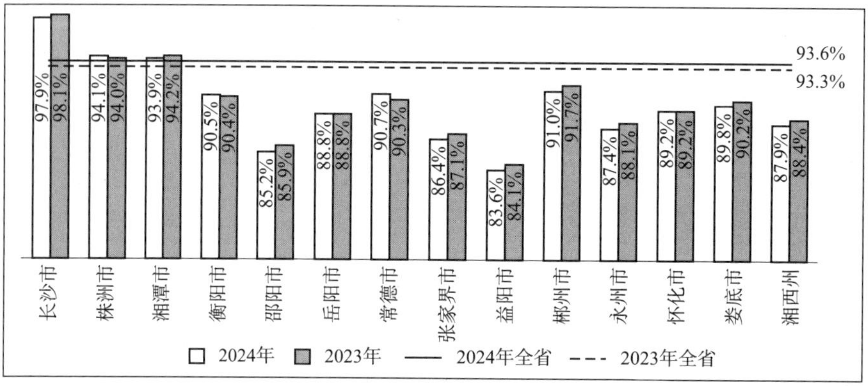

图 9　市州企业注册资本（金）占其经营主体注册资本（金）比重

5. 经营主体主要聚集在市辖区，县域新登记注册户数和注册资本（金）下滑

从地域分布看，经营主体进一步向市辖区集中，资本集聚程度更高。2024 年，全省市辖区新登记注册经营主体 52.47 万户，占全省总量的 49.2%，比上年提高 2.6 个百分点；注册资本（金）3 530.58 亿元，占全省总量的 63.4%。县级市、县域新登记注册经营主体 17.20 万户、36.94 万户，分别占全省总量的 16.1%、34.7%；注册资本（金）564.62 亿元、1471.10 亿元，分别占全省总量的 10.1%、26.4%。截至 2024 年底，全省市辖区实有经营主体 338.74 万户，占全省总量的 44.3%；注册资本（金）95 165.60 亿元，占全省总量的 69.8%。县级市、县域实有经营主体 129.62 万户、295.74 万户，分别占全省总量的 17.0%、38.7%；注册资本（金）14 075.52 亿元、27 113.20 亿元，分别占全省总量的 10.3%、19.9%（见表 9、图 10）。各市州实有经营主体、户数市辖区、县级市、县域分布如图 11 所示。各市州实有经营主体注册资本（金）市辖区、县级市、县域分布如图 12 所示。

表 9　2024 年市辖区、县级市、县域经营主体发展情况

单位：户、亿元

		期末实有			新登记注册		
		市辖区	县级市	县域	市辖区	县级市	县域
经营主体	户数	3387414	1296195	2957441	524724	171969	369408
	资本总额	95 165.60	14 075.52	27 113.20	3 530.58	564.62	1 471.10
其中：企业	户数	1172694	300374	627954	210635	53828	97175
	资本总额	92 571.03	12 318.38	22 350.30	3 199.56	471.65	1 173.20

从企业情况看，市辖区集中度更高。2024 年，全省市辖区新登记注册企业 21.06 万户，占全省的 58.2%，比上年提高 62.2 个百分点；注册资本（金）3199.56 亿元，占全省的 66.0%。县级市、县域新登记注册企业 5.38 万户、9.72 万户，分别占全省总量的 14.9%、26.9%；注册资本（金）471.65 亿元、1 173.20 亿元，分别占全省总量的 9.7%、24.2%。截至 2024 年底，全省市辖区实有企业 117.27 万户，占全省的 55.8%；注册资本（金）92 571.03 亿元，占全省的 72.8%。县级市、县域实有企业 30.04 万户、62.80 万户，分别占全省总量的 14.3%、29.9%；注册资本（金）12 318.38 亿元、22 350.30 亿元，分别占全省总量的 9.7%、17.6%（见表 9、图 10）。

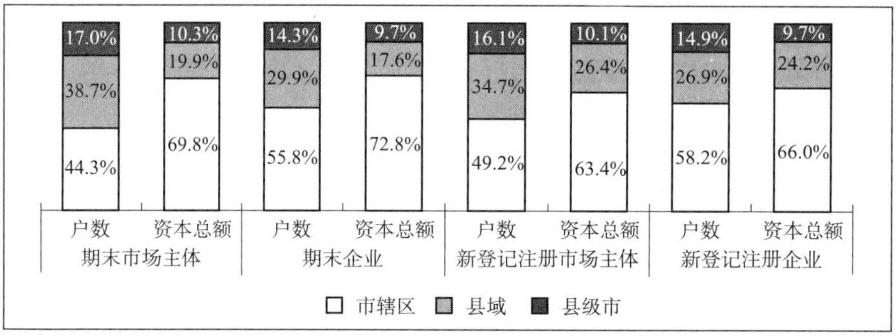

图 10　全省市辖区、县级市、县域经营主体分布

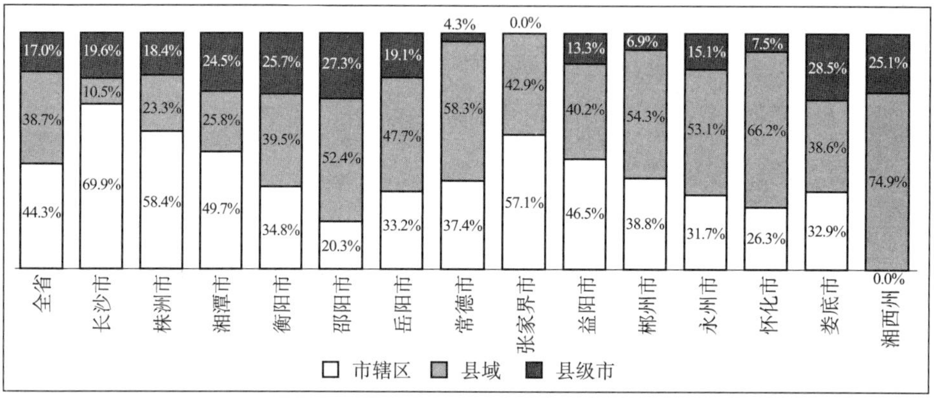

图 11　各市州实有经营主体户数市辖区、县级市、县域分布

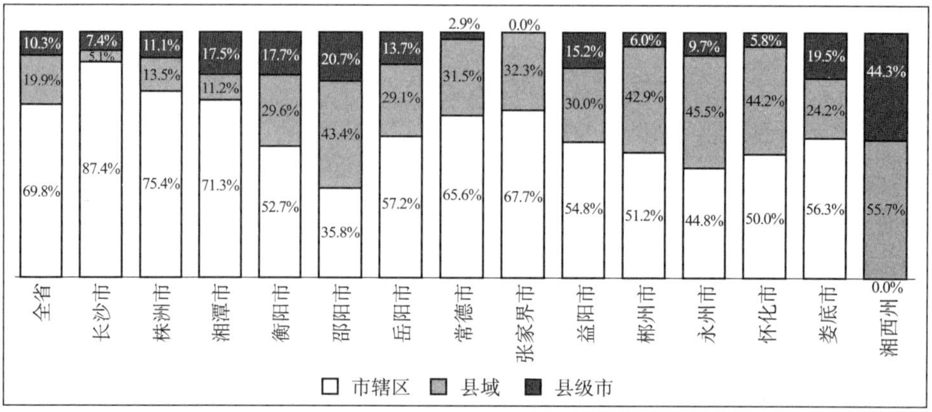

图 12　各市州实有经营主体注册资本（金）市辖区、县级市、县域分布

6. 全省每万人经营主体拥有量超过 1 000 户，市州间差距有所缩小

2023 年全省常住人口 6 568 万人，较 2021 年下降 0.55%。在经营主体数量

增长和常住人口减少双重因素影响下，全省每万人经营主体拥有量持续保持较快增长。截至2024年底，全省每万人经营主体拥有量1 163.36户，增长7.8%。各市州每万人经营主体拥有量差距有所缩小，全省排名第一位的市州是排名第二位的1.33倍、是排名最后一位的2.13倍，比上年分别缩小3.0个、4.3个百分点。全省有8个市州每万人经营主体拥有量超过1 000户，比上年增加娄底市、常德市2个地区，依次为长沙市（1 818.86户）、株洲市（1 359.08户）、岳阳市（1 267.07户）、益阳市（1 198.04户）、张家界市（1 121.87户）、娄底市（1 091.27户）、湘潭市（1 074.71户）、常德市（1 037.14户），其中长沙市、株洲市、岳阳市、益阳市4个地区高于全省平均水平；长沙市、株洲市高于全国平均水平，比上年增加株洲市（见表10、图13）。

从企业情况看，全省每万人企业拥有量突破300户，达319.88户，增长11.2%。市州每万人企业拥有量差距显著缩小，全省排名第一位的市州是排名第二位的1.8倍、是排名最后一位的4.0倍，比上年分别缩小7.0个、7.9个百分点。全省有12个市州每万人企业拥有量超过200户，比上年增加邵阳市、永州市2个地区，依次为长沙市（715.09户）、株洲市（389.93户）、岳阳市（298.59户）、常德市（254.25户）、娄底市（254.07户）、湘潭市（252.55户）、益阳市（252.15户）、郴州市（232.90户）、衡阳市（230.13户）、张家界市（222.49户）、邵阳市（211.56户）、永州市（205.05户），其中长沙市、株洲市高于全省平均水平，长沙市高于全国平均水平（见表10）。

各市州每万人经营主体和企业拥有量增长情况见图14。

表10　2024年市州每万人经营主体和企业拥有量情况

单位：户、%

	2024年						2023年			
	经营主体	排位	增幅	企业	排位	增幅	经营主体	排位	企业	排位
全国	1 339.93		2.8	434.33		5.2	1 303.55		412.73	
全省	1 163.36		7.8	319.88		11.2	1 079.32		287.73	
长沙市	1 818.86	1	6.6	715.09	1	8.8	1 706.89	1	657.30	1
株洲市	1 359.08	2	9.0	389.93	2	12.9	1 247.29	2	345.25	2

续表

	2024 年						2023 年			
	经营主体	排位	增幅	企业	排位	增幅	经营主体	排位	企业	排位
湘潭市	1 074.71	7	7.4	252.55	6	13.0	1 001.11	6	223.41	7
衡阳市	986.51	9	8.9	230.13	9	14.3	905.94	9	201.40	10
邵阳市	872.56	14	8.7	211.56	11	12.5	802.54	14	187.99	11
岳阳市	1 267.07	3	8.0	298.59	3	14.6	1 173.21	3	260.66	3
常德市	1 037.14	8	3.8	254.25	4	4.6	998.83	8	243.16	4
张家界市	1 121.87	5	1.8	222.49	10	-4.1	1 102.02	4	232.11	5
益阳市	1 198.04	4	8.8	252.15	7	12.2	1 101.21	5	224.78	6
郴州市	885.70	13	8.4	232.90	8	13.1	817.20	13	205.98	9
永州市	916.32	12	8.8	205.05	12	12.1	842.38	12	182.97	12
怀化市	930.60	11	8.6	197.63	13	14.6	856.65	11	172.51	13
娄底市	1 091.27	6	9.2	254.07	5	14.4	999.43	7	222.04	8
湘西州	959.22	10	8.9	176.99	14	10.9	880.55	10	159.58	14

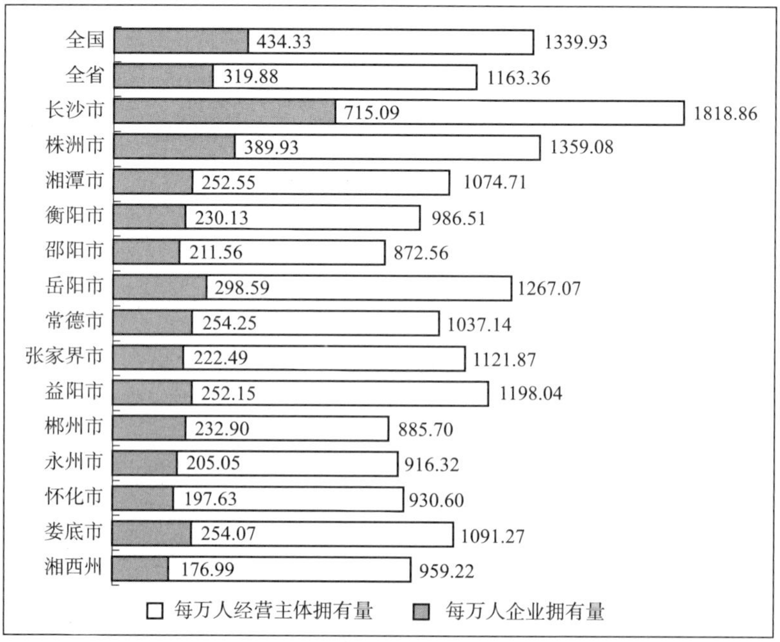

图 13　各市州每万人经营主体和企业拥有量情况

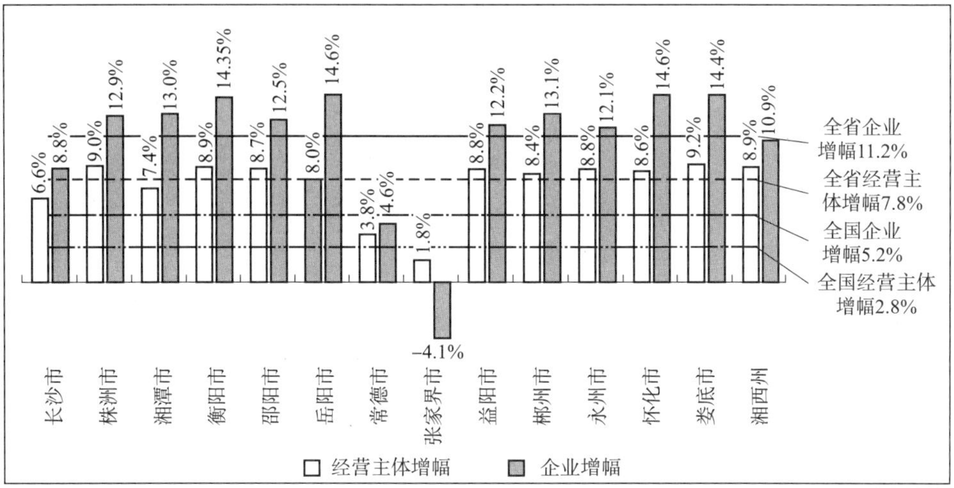

图 14　各市州每万人经营主体和企业拥有量增长情况

三、企业发展情况

（一）经济类型情况

1. 国有企业、集体企业户数持续减少

全年新登记注册国有、集体及其控股企业 1.90 万户，注册资本（金）1 245.17 亿元，分别下降 19.7%、49.1%。其中新登记注册国有企业、集体企业均不足百户。截至 2024 年底，全省实有国有、集体及其控股企业 15.08 万户，注册资本（金）42 952.35 亿元，分别增长 8.3%、2.9%。其中实有国有企业、集体企业户数进一步减少，分别为 3 235 户、6 363 户，下降 6.1%、1.6%。

行业投向方面，从新登记注册户数看，批发和零售业、租赁和商务服务业、科学研究和技术服务业、建筑业 4 个行业门类新登记注册户数占总量的比重超过 10%，共新登记注册 1.08 万户，占总量的 57.0%，分别新登记注册 3 415 户、2 796 户、2 634 户、1 977 户，占总量的 18.0%、14.7%、13.9%、10.4%。电力、热力、燃气及水生产和供应业，信息传输、计算机服务和软件业，农、林、牧、渔业，制造业 4 个行业门类新登记注册户数占总量的比重超过 5%，分别新登记注册 1 486 户、1 191 户、1 103 户、1 092 户，占总量的 7.8%、6.3%、5.8%、5.7%。从新登记注册资本（金）看，租赁和商务服务业、科学研究和技术服务业等 2 个行业门类注册资本（金）占总量的比重超过 10%，分别新登记注册资本（金）240.02 亿元、165.82 亿元，占总量的 19.3%、13.3%。制造业，批发和零售业，房地产业，电力、热力、燃气及水生产和供应业，农、林、牧、渔业，建筑业，信息传输、计算机服务和软件业 7 个行业门类新登记注册资本（金）占总量的比重超过 5%，新登记注册资本（金）分别为 119.78 亿元、116.66 亿元、108.39 亿元、97.62 亿元、78.56 亿元、76.14 亿元、63.84 亿元，分别占 9.6%、9.4%、8.7%、7.8%、6.3%、6.1%、5.1%。

2. 私营企业持续稳步增长

私营企业是湖南省投资创业的主力军，私营企业户数一般占全部企业户数的 90% 以上，私营企业注册资本（金）占全部企业注册资本（金）的 60% 左右。2024 年，全省新登记注册私营企业 34.13 万户，注册资本（金）3 460.74 亿元，分别占新登记注册企业总量的 94.4%、71.4%。截至 2024 年底，全省实有私营企业 193.57 万户，增长 10.8%，注册资本（金）75 499.97 亿元，户数、注册资本（金）占全部企业的 92.1%、59.3%（见图 15、图 16、图 17、图 18）。

行业投向方面，从新登记注册户数看，批发和零售业、租赁和商务服务业 2 个行业门类占比超过 10%，共新登记注册 19.00 万户，占总量的 55.6%。其中批发和零售业新登记注册 15.19 万户，占比达 44.5%；租赁和商务服务业新登记注册 3.81 万户，占总量的 11.1%。建筑业，科学研究和技术服务业，农、林、牧、渔业 3 个行业门类占比超过 5%，分别新登记注册 2.77 万户、2.49 万户、1.97 万户，占总量的 8.1%、7.3%、5.8%。从新登记注册资本（金）看，批发和零售业，租赁和商务服务业，建筑业，金融业，科学研究和技术服务业等 5 个行业门类新登记注册资本（金）占比超过 10%，共新登记注册资本（金）2 615.16 亿元，占总量的 75.6%，新登记注册（金）分别为 674.61 亿元、560.02 亿元、498.73 亿元、465.00 亿元、416.80 亿元，占总量的 19.5%、16.2%、14.4%、13.4%、12.0%。制造业新登记注册资本（金）占比超过 5%，新登记注册资本（金）199.38 亿元，占总量的 5.8%（见表 11、表 12）。

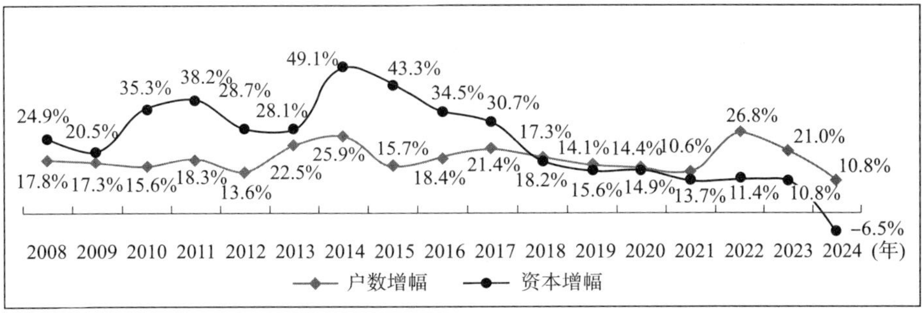

图 15 2008 以来实有私营企业发展情况

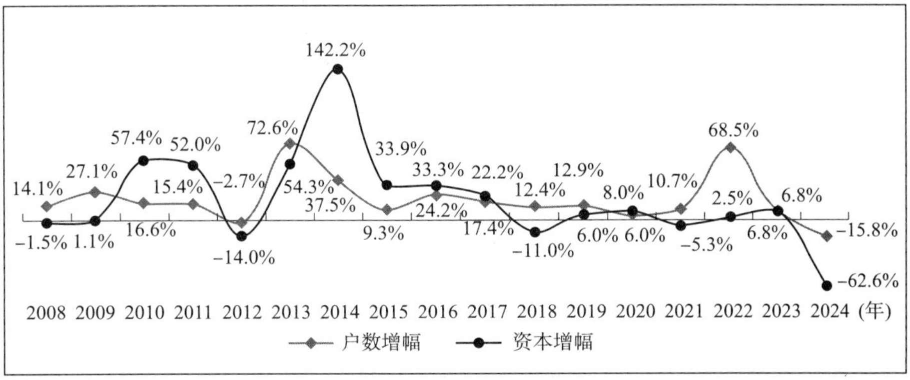

图 16 2008 年以来新登记注册私营企业发展情况

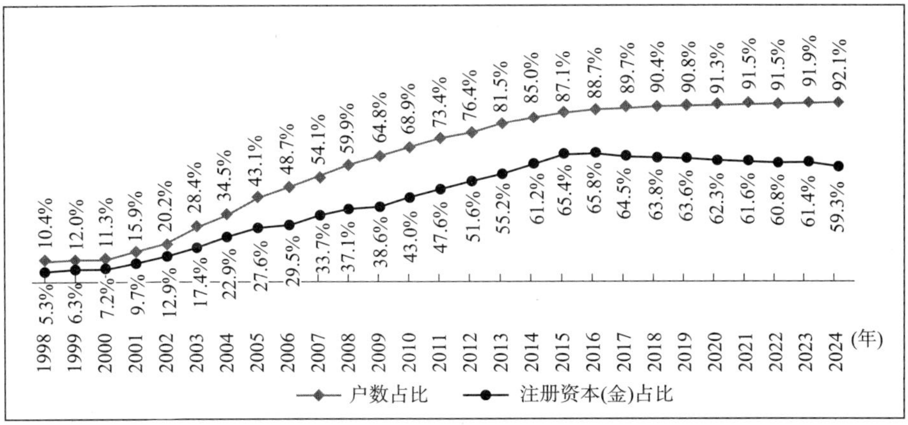

图 17 1998 年以来全省实有私营企业占企业总数比重

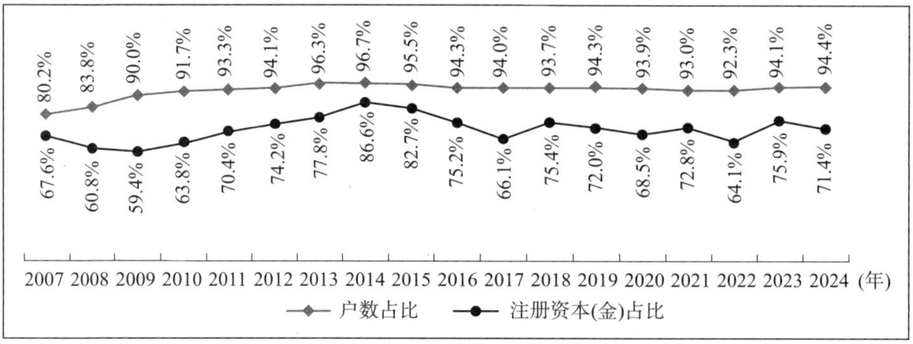

图 18　2007 年以来全省私营企业新登记注册占企业总数比重

表 11　2024 年各经济类型企业行业分布情况

单位：%

		国有、集体及其控股企业		私营企业		外资企业	
		户数分布	资本分布	户数分布	资本分布	户数分布	资本分布
合计		100.0	100.0	100.0	100.0	100.0	100.0
第一产业		6.1	2.6	8.5	5.0	1.3	1.9
A	农、林、牧、渔业	6.1	2.6	8.5	5.0	1.3	1.9
第二产业		21.4	29.2	18.9	30.7	10.3	20.7
其中：工业		11.2	17.1	7.7	10.7	9.6	19.0
B	采矿业	0.4	1.1	0.2	0.6	0.1	0.1
C	制造业	6.2	10.6	6.9	9.0	7.6	15.5
D	电力、热力、燃气及水生产和供应业	4.5	5.4	0.7	1.1	1.9	3.4
E	建筑业	10.3	12.1	11.1	20.0	0.7	1.8
第三产业		72.4	68.2	72.6	64.4	88.4	77.4
F	批发和零售业	16.7	5.0	31.8	14.7	57.5	3.0
G	交通运输、仓储和邮政业	4.2	4.5	2.0	1.6	0.9	1.2
H	住宿和餐饮业	2.5	0.3	1.8	0.8	8.8	0.2
I	信息传输、软件和信息技术服务业	5.3	1.9	5.7	4.0	6.2	11.3
J	金融业	8.7	14.1	0.4	8.7	1.5	4.1
K	房地产业	4.1	8.9	2.1	4.8	2.3	31.2

续表

		国有、集体及其控股企业		私营企业		外资企业	
		户数分布	资本分布	户数分布	资本分布	户数分布	资本分布
L	租赁和商务服务业	14.7	22.7	12.7	15.4	5.6	5.6
M	科学研究和技术服务业	9.4	6.0	8.3	10.1	3.7	18.8
N	水利、环境和公共设施管理业	1.1	2.7	0.5	0.7	0.3	0.4
O	居民服务、修理和其他服务业	2.1	0.5	3.3	0.9	0.5	0.2
P	教育	0.5	0.2	0.6	0.3	0.0	0.0
Q	卫生和社会工作	0.8	0.3	0.5	0.7	0.3	1.2
R	文化、体育和娱乐业	2.1	1.0	3.0	1.5	0.8	0.1
	其他						

表 12　2024 年新登记注册各经济类型企业行业分布情况

单位：%

		国有、集体及其控股企业		私营企业		外资企业	
		户数分布	资本分布	户数分布	资本分布	户数分布	资本分布
合 计		100.0	100.0	100.0	100.0	100.0	100.0
第一产业		5.8	6.3	5.8	3.8	0.4	0.1
A	农、林、牧、渔业	5.8	6.3	5.8	3.8	0.4	0.1
第二产业		24.2	24.8	13.7	22.1	6.3	26.2
其中：工业		13.8	18.7	5.6	7.6	5.8	25.5
B	采矿业	0.2	1.2	0.1	0.3	0.0	0.0
C	制造业	5.7	9.6	4.8	5.8	4.5	22.0
D	电力、热力、燃气及水生产和供应业	7.8	7.8	0.7	1.6	1.3	3.5
E	建筑业	10.4	6.1	8.1	14.4	0.5	0.8
第三产业		70.0	68.9	80.6	74.2	93.4	73.6
F	批发和零售业	18.0	9.4	44.5	19.5	60.0	14.4
G	交通运输、仓储和邮政业	2.0	3.1	1.3	2.0	0.4	0.0
H	住宿和餐饮业	4.3	0.5	1.6	0.9	10.0	0.1

续表

		国有、集体及其控股企业		私营企业		外资企业	
		户数分布	资本分布	户数分布	资本分布	户数分布	资本分布
I	信息传输、软件和信息技术服务业	6.3	5.1	4.9	4.2	7.0	6.4
J	金融业	1.0	1.9	0.1	13.4	0.5	25.4
K	房地产业	1.9	8.7	1.0	1.5	0.7	0.3
L	租赁和商务服务业	14.7	19.3	11.1	16.2	5.9	8.1
M	科学研究和技术服务业	13.9	13.3	7.3	12.0	6.6	11.3
N	水利、环境和公共设施管理业	0.9	3.4	0.3	0.5	0.0	0.0
O	居民服务、修理和其他服务业	2.6	0.9	4.5	1.0	0.3	0.0
P	教育	0.6	0.4	0.4	0.2	0.0	0.0
Q	卫生和社会工作	1.0	1.2	0.5	0.4	1.1	7.4
R	文化、体育和娱乐业	2.9	1.8	3.0	2.3	0.8	0.2
	其他						

3. 外商投资企业新登记注册户数保持高位，新登记注册资本（金）下降超七成

2024 年，新登记注册外商投资企业 1 294 户，连续 8 年保持 1 000 户以上，是历史第五高年份；新登记注册资本（金）延续近年来呈大起大落态势，全年新登记注册资本（金）138.51 亿元，下降 71.6%（见表 13）。

2024 年，外商投资企业发展呈现“一大一降两集中”的特点。一是企业资本规模大。外商投资企业虽然数量不多，新登记注册、期末实有企业户数仅占全部企业的 0.4%、0.7%，但企业规模大、资金实力强，新登记注册、期末实有外商投资企业注册资本（金）分别占全部企业的 2.9%、6.9%。2024 年新登记注册外商投资企业户均注册资本（金）1 070.40 万元，分别是国有、集体及其控股企业（655.32 万元）的 1.6 倍、私营企业（101.39 万元）的 10.6 倍。截至 2024 年底，实有外商投资企业户均注册资本（金）6 061.52 万元，分别是国有、集体及其控股企业（2 848.22 万元）的 2.1 倍、私营企业（390.04 万元）的 15.5 倍。二是新登记注册外方出资比重增加。新登记注册资本（金）中，外方出资 119.59 亿元，占全部新登记注册资本（金）的 86.3%，比上年提高

7.6个百分点。三是行业分布高度集中。从新登记注册户数看，外商投资企业主要集中在零售业和餐饮业2个行业，共新登记注册789户，占新登记注册总量的61.0%，2个行业分别新登记注册661户、128户，占总量的51.1%、9.9%。批发业，商务服务业新登记注册户数占比超过5%，分别新登记注册116户、74户，占总量的9.0%、5.7%%。从新登记注册资本（金）看，外商投资企业注册资本（金）投向与户数分布具有明显差异，除批发业、商务服务业外，其他几大资金投入比较集中的行业均不是户数集中的行业。注册资本（金）主要投向资本市场服务，批发业，商务服务业，计算机、通信和其他电子设备制造业，社会工作业，科技推广和应用服务业6个行业，注册资本（金）占比超过5%，共新登记注册资本（金）93.84亿元，占新登记注册资本（金）总量的67.7%，分别新登记注册资本（金）35.04亿元、17.67亿元、11.22亿元、11.16亿元、10.28亿元、8.47亿元，占总量的25.3%、12.8%、8.1%、8.1%、7.4%、6.1%，其中资本市场服务，计算机、通信和其他电子设备制造业，社会工作业3个行业新登记注册户数仅占总量的0.3%、0.4%、0.1%。四是资金来源高度集中。2024年，新登记注册外商投资企业注册资本（金）主要来自中国香港地区、美国、韩国、南非，分别为54.74亿元、11.65亿元、7.39亿元、6.37亿元，分别占总量的47.2%、10.1%、6.4%、5.5%。

表13　2007—2024年全省外商投资企业发展情况

单位：户、亿元、%

年份	期末实有				新登记注册			
	户数	增幅	注册资本（金）	增幅	户数	增幅	注册资本（金）	增幅
2007	2 964		996.62		373		26.31	
2008	2 766	−6.7	1 051.16	5.5	230	−38.3	16.59	−36.9
2009	5 220	88.7	1 079.94	2.7	486	111.3	9.73	−41.4
2010	5 410	3.6	1 066.99	−1.2	628	29.2	167.69	1 623.5
2011	5 257	−2.8	1 152.75	8.0	668	6.4	185.57	10.7
2012	4 882	−7.1	1 234.92	7.1	487	−27.1	114.52	−38.3
2013	5 020	2.8	1 272.56	3.0	479	−1.6	91.86	−19.8
2014	5 353	6.6	1 480.20	16.3	589	23.0	132.81	44.6

续表

年份	期末实有				新登记注册			
	户数	增幅	注册资本（金）	增幅	户数	增幅	注册资本（金）	增幅
2015	5 865	9.6	1 826.84	23.4	744	26.3	144.14	8.5
2016	6 677	13.8	2 142.70	17.3	848	14.0	226.43	57.1
2017	7 733	15.8	4 470.46	108.6	1 029	21.3	2 499.68	1 003.9
2018	8 765	13.3	5 557.61	24.3	1 353	31.5	568.73	–77.2
2019	9 870	12.6	5 563.63	0.1	1 097	–18.9	247.61	–56.5
2020	10 715	8.6	6 937.09	24.7	1 082	–1.4	1 355.05	447.3
2021	11 698	9.2	8 155.26	17.6	1 447	33.7	530.83	–60.8
2022	12 599	7.7	8 742.72	7.2	1 339	–7.5	1 081.33	103.7
2023	13 778	9.4	9 026.69	3.2	1 621	21.1	487.00	–55.0
2024	14 497	5.2	8 787.39	–2.7	1 294	–20.2	138.51	–71.6

（二）产业发展情况

1. 三次产业保持稳步发展

第三产业增速最快。截至2024年底，全省一、二、三产业中实有企业户数分别为17.32万户、39.95万户、152.82万户，分别增长7.6%、8.2%、11.5%，企业户数的三次产业结构占比为8.3∶19.0∶72.7；实有注册资本（金）分别为5 034.79亿元、37 519.55亿元、84 685.37亿元，企业注册资本（金）的三次产业结构占比为4.0∶29.5∶66.6（见图19、图20）。

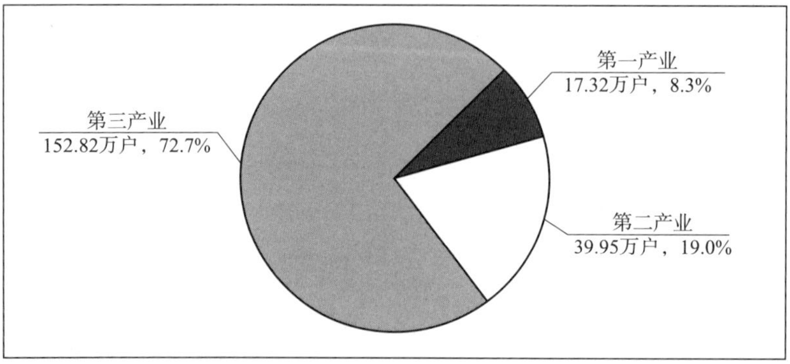

图19 实有企业户数三次产业分布

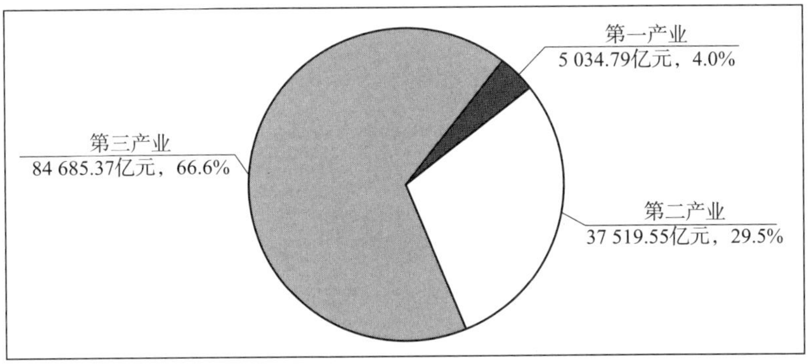

图 20 实有企业注册资本（金）三次产业分布

2. 消费性服务业引领第三产业增长

生产性、消费性、公共性三大服务业中，消费性服务业企业增长速度最快。全年新登记注册消费性服务业企业 14.27 万户，增长 8.7%，是三大服务性行业中唯一实现增长的行业，占第三产业新登记注册企业户数的 49.3%，比上年提高 7.6 个百分点；注册资本（金）611.04 亿元，下降 43.0%，是三大服务性行业中下降幅度最小的行业，占第三产业新登记注册企业注册资本（金）的 17.3%，比上年提高 4.3 个百分点。截至 2024 年底，实有消费性服务业企业 52.07 万户，增长 22.7%，比生产性服务业企业、公共性服务业企业增幅高出 16.3 个、14.5 个百分点，占第三产业实有企业户数比重超过三分之一，达 34.1%，比上年提高 3.1 个百分点；注册资本（金）15 746.13 亿元，下降 2.3%，比生产性服务业企业、公共性服务业企业降幅小 0.9 个、1.4 个百分点，占第三产业实有企业注册资本（金）的 18.6%（见表 16）。

生产性服务业企业在第三产业中比重最大。全年新登记注册生产性服务业企业 13.17 万户，下降 20.2%，占第三产业企业的 45.5%，下降 6.8 个百分点；注册资本（金）2 702.30 亿元，下降 59.6%，占第三产业企业的 76.6%，下降 4.7 个百分点。截至 2024 年底，实有生产性服务业企业 91.18 万户，增长 6.4%，占第三产业企业的 59.7%；注册资本（金）64 596.90 亿元，下降 3.2%，占第三产业企业的 76.3%（见表 16）。

公共性服务业企业在第三产业中比重最小。全年新登记注册 1.51 万户，下降 20.6%，占第三产业企业的 5.2%；注册资本（金）212.43 亿元，下降

54.3%，占第三产业企业的 6.0%。截至 2024 年底，实有公共性服务业企业 9.58 万户，增长 8.2%，占第三产业企业的 6.3%；注册资本（金）4 326.79 亿元，下降 3.7%，占第三产业企业的 5.1%（见表 16）。

3.“三高四新”相关产业户数保持增长

截至 2024 年底，全省实有制造业企业 14.31 万户，增长 8.0%；注册资本（金）12 742.79 亿元，增长 0.1%，是 18 个行业门类中注册资本（金）实现增长的 2 个行业之一。实有科学研究和技术服务业企业 17.47 万户，增长 8.7%；注册资本（金）11 826.99 亿元，下降 6.8%（见表 14）。

制造业企业中，从企业户数看，纺织服装、服饰业（2 729 户），其他制造业（1 416 户），非金属矿物制品业（1 395 户），电气机械和器材制造业（1 357 户），金属制品业（1 336 户），木材加工和木、竹、藤、棕、草制品业（1 147 户）6 个行业新登记注册户数超过 1 000 户。截至 2024 年底，非金属矿物制品业（16 785 户），金属制品业（13 529 户），纺织服装、服饰业（10 529 户），其他制造业（9 798 户），农副食品加工业（8 466 户），通用设备制造业（8 273 户）6 个行业实有户数超过 8 000 户。从注册资本（金）看，电气机械和器材制造业（41.06 亿元），其他制造业（37.74 亿元），非金属矿物制品业（33.01 亿元），汽车制造业（32.37 亿元），通用设备制造业（24.74 亿元），计算机、通信和其他电子设备制造业（21.66 亿元）6 个行业新登记注册资本（金）超过 20 亿元。截至 2024 年底，非金属矿物制品业（1 529.14 亿元），电气机械和器材制造业（954.82 亿元），计算机、通信和其他电子设备制造业（880.59 亿元），专用设备制造业（789.88 亿元），其他制造业（770.62 亿元），通用设备制造业（737.48 亿元），金属制品业（667.95 亿元），汽车制造业（657.03 亿元）8 个行业新登记注册资本（金）超过 600 亿元。从增长幅度看，制造业中 31 个行业大类，新登记注册企业方面，汽车制造业，铁路、船舶、航空航天和其他运输设备制造业，电气机械和器材制造业，化学纤维制造业，文教、工美、体育和娱乐用品制造业 5 个行业新登记注册户数实现增长，分别增长 35.7%、34.2%、24.3%、11.1%、3.5%；新登记注册资本（金）仅印刷和记录媒介复制业实现增长，增长 31.6%。期末实有企业方面，31 个行业实有企业户数全部实现增长，15 个行业实有注册资本（金）实现增长。其中纺织服装、服饰业（22.6%），电气机械和器材制造业（18.3%），文教、工美、体育和娱乐用品制造业（14.7%），家具制造业（12.9%），汽车制造业（12.3%），其他制造业（10.9%），木材加工和木、竹、藤、棕、草制品业（10.8%），铁路、船舶、航空航天和其他运输设备制造业（10.1%）8 个行业增长 10% 以上；石油、煤炭及其他燃料加工业（56.5%），医药制造业（14.9%），计算机、通信和其他电子设备制造业（5.9%），汽车制造业（3.9%），电气机械和器材制造业（3.6%）5 个行业实有注册资本（金）增长 3.0% 以上。

科学研究和技术服务业企业中 3 个行业大类，科技推广和应用服务业企业增长最快，研究与试验发展业企业占比最高。截至 2024 年底，实有科技推广和应用服务业企业 6.43 万户，增长 12.8%，占实有科学研究和技术服务业企业户数的 36.8%；注册资本（金）4 508.91 亿元，下降 7.9%，占总量的 38.1%。实有研究与试验发展业企业 6.73 万户，增长 5.0%，占总量的 38.5%；注册资本（金）5 246.87 亿元，下降 6.6%，占总量的 44.4%。实有专业技术服务业企业 4.30 万户，增长 8.9%，占总量的 24.6%；注册资本（金）2 071.21 亿元，下降 4.9%，占总量的 17.5%。

表 14　2024 年全省期末实有企业分行业发展情况

单位：户、%、亿元

		户数		注册资本（金）	
		数量	增幅	数量	增幅
合计		2 101 022	10.6	127 239.71	–3.2
第一产业		173 246	7.6	5 034.79	–2.7
A	农、林、牧、渔业	173 246	7.6	5 034.79	–2.7
第二产业		39 9527	8.2	37 519.55	–3.8
其中：工业		168 192	8.7	17 091.11	–0.5
B	采矿业	5 384	–1.8	941.40	–2.1
C	制造业	143 110	8.0	12 742.79	0.1
D	电力、热力、燃气及水生产和供应业	19 698	16.9	3 406.92	–2.4

续表

		户数		注册资本（金）	
		数量	增幅	数量	增幅
E	建筑业	231 335	7.9	20 428.44	-6.3
第三产业		1 528 249	11.5	84 685.37	-3.0
F	批发和零售业	649 303	17.7	13 485.19	-7.3
G	交通运输、仓储和邮政业	44 706	4.6	3 285.10	-1.3
H	住宿和餐饮业	40 512	8.4	808.81	-8.0
I	信息传输、软件和信息技术服务业	119 069	5.1	4 854.79	-6.5
G	金融业	20 984	-0.7	13 022.52	2.7
K	房地产业	47 679	0.2	10 206.02	-2.9
L	租赁和商务服务业	269 320	6.9	21 917.81	-0.5
M	科学研究和技术服务业	174 719	8.7	11 826.99	-6.8
N	水利、环境和公共设施管理业	10 892	5.0	1 712.76	-1.6
O	居民服务、修理和其他服务业	66 156	19.9	935.80	-3.0
P	教育	13 332	5.1	275.40	-3.7
Q	卫生和社会工作	10 310	11.1	758.72	-1.7
R	文化、体育和娱乐业	61 221	9.0	1 579.91	-6.8
S	其他	46	-9.8	15.55	-24.3

表 15　2024 年全省新登记注册企业分行业发展情况

单位：户、%、亿元

		户数		注册资本（金）	
		数量	增幅	数量	增幅
合计		361 638	-16.0	4 844.41	-60.3
第一产业		20 792	-56.4	209.89	-59.9
A	农、林、牧、渔业	20 792	-56.4	209.89	-59.9
第二产业		51 336	-24.0	1 108.74	-67.8
工业		216 98	-17.0	532.78	-63.7
B	采矿业	260	-38.8	26.13	-9.1
C	制造业	17 584	-19.5	349.61	-56.4
D	电力、热力、燃气及水生产和供应业	3 854	-0.4	157.04	-75.4
E	建筑业	29 638	-28.5	575.96	-70.8
第三产业		289 510	-8.2	3 525.78	-57.1

续表

		户数		注册资本（金）	
		数量	增幅	数量	增幅
F	批发和零售业	156 132	4.1	811.26	-56.8
G	交通运输、仓储和邮政业	4 837	-36.0	106.90	-64.5
H	住宿和餐饮业	6 584	-38.0	38.34	-65.9
I	信息传输、软件和信息技术服务业	17 958	-23.9	218.45	-46.5
G	金融业	482	-23.9	523.27	-68.7
K	房地产业	3 902	-21.8	159.66	-39.0
L	租赁和商务服务业	40 927	-18.6	811.26	-48.5
M	科学研究和技术服务业	27 661	-10.7	598.24	-58.8
N	水利、环境和公共设施管理业	1 204	-24.9	59.13	-35.4
O	居民服务、修理和其他服务业	15 935	-9.7	45.96	-54.8
P	教育	1 303	-4.5	10.22	-50.7
Q	卫生和社会工作	1 846	-21.9	39.10	-66.0
R	文化、体育和娱乐业	10 739	-21.5	103.99	-56.2
S	其他	361 638	-16.0	4 844.41	-60.3

表 16　2024 年全省企业第三产业发展情况

单位：户、亿元、%

		期末实有				本年新登记			
		户数	增幅	注册资本	增幅	户数	增幅	注册资本	增幅
第三产业		1 528 249	11.5	84 685.72	-3.0	289 510	-8.2	3 525.77	-57.1
其中	生产性服务业	911 752	6.4	64 596.90	-3.2	131 694	-20.2	2 702.30	-59.6
	消费性服务业	520 696	22.7	15 746.13	-2.3	142 724	8.7	611.04	-43.0
	公共性服务业	95 755	8.2	4 326.79	-3.7	15 092	-20.6	212.43	-54.3

注：生产性服务业，指批发业，交通运输、仓储和邮政业，信息传输、软件和信息技术服务业，金融业，租赁和商务服务业，科学研究和技术服务业；消费性服务业，指零售业，住宿和餐饮业，房地产业，居民服务、修理和其他服务业；公共性服务业，指教育，水利、环境和公共设施管理业，卫生和社会工作，文化、体育和娱乐业。

4. 企业注销率保持稳定

2024 年，全省注销企业 16.10 万户，增长 21.8%，比上年提高 20.5 个百分点；注销率为 8.5%，比上年提高 0.1 个百分点。从经济性质看，全年注销国有、集体及其控股企业，私营企业和外商投资企业 8 672 户、15.18 万户、573 户，分别增长 21.2%、21.9%、12.8%，注销率为 6.2%、8.7%、4.2%。从行业注销增幅看，18 个行业门类，除教育业企业注销数量下降外，其他 17 个行业注销企业数量增长，其中电力、热力、燃气及水生产和供应业（101.8%），卫生和社会工作业（76.8%），建筑业（43.0%），科学研究和技术服务业（40.3%），水利、环境和公共设施管理业（35.0%），文化、体育和娱乐业（30.6%）6 个行业注销户数增幅超过 30%。从行业注销率看，信息传输、计算机服务和软件业（11.1%），文化、体育和娱乐业（10.6%）2 个行业企业注销率高于 10%；批发和零售业（9.9%），居民服务、修理和其他服务业（9.7%），住宿和餐饮业（9.8%），卫生和社会工作业（9.5%），租赁和商务服务业（9.4%），科学研究和技术服务业（8.7%）6 个行业门类注销率高于企业平均注销率（见图 21、图 22）。

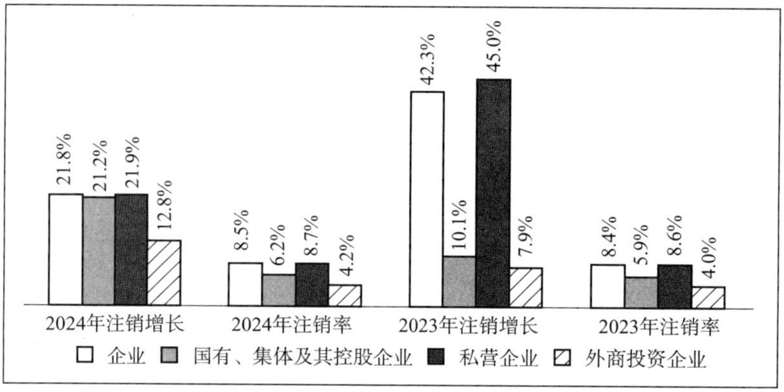

图 21　按经济类型分企业注销情况

（三）组织形式情况

1. 公司制是最普遍采用的企业组织形式

公司制是现代企业制度最具优势，投资者普遍采用的组织形式。全年新登记注册公司制企业 22.81 万户，占新登记注册企业总数的 63.1%，注册资本（金）2 858.65 亿元，占企业总数的 59.0%。截至 2024 年底，全省实有公司制企业 169.92 万户，增长 7.5%，占企业总数的 80.9%；注册资本 116 505.64 亿元，下降 3.9%，占企业总数的 91.6%。

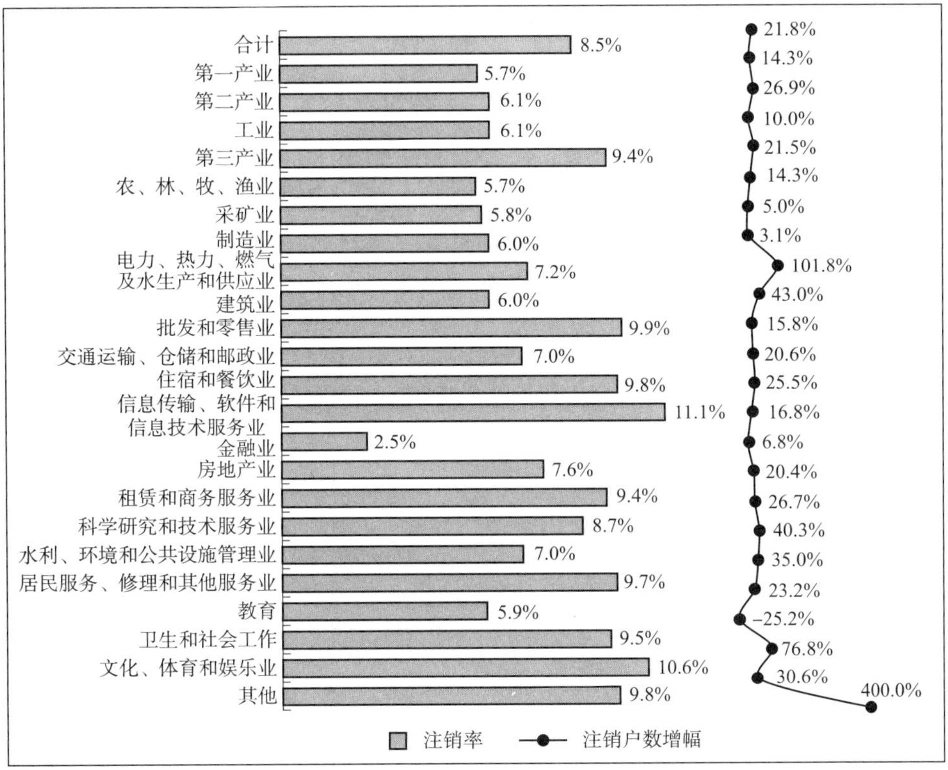

图 22 2024 年行业注销率和行业注销增幅

2. 私营独资企业大幅增长

独资企业因出资形式灵活、内部结构简单、管理形式便利等，近年来呈现较快增长态势。2024 年，全年新登记注册私营独资企业 11.26 万户，增长 4.2%，是唯一实现增长企业组织形式；新登记注册资本（金）89.83 亿元，下降 55.9%。截至 2024 年底，实有私营独资企业 36.74 亿元，增长 28.7%，是增长最快的企业组织形式；实有注册资本（金）1 126.35 亿元，增长 2.4%（见表 17）。

3. 合伙企业新登记注册继续减少，实有企业数保持增长

合伙制企业近年来受到投资者的欢迎，但 2024 年以来新登记注册合伙企业户数出现持续下降。全年新登记注册合伙企业 1 921 户，下降 31.0%，认缴出资金额 628.18 亿元，下降 55.5%。截至 2024 年底，全省实有合伙企业 2.41 万户，认缴出资金额 8 508.83 亿元，分别增长 2.4%、5.4%（见表 17）。

表 17 2024 年各登记注册类型企业发展情况

单位：户、亿元、%

		期末实有				新登记注册			
		户数	增长	资本	增长	户数	增长	资本	增长
企业合计		2 101 022	10.6	127 239.71	-3.2	361638	-16.0	4 844.41	-60.3
（一）国有、集体及其控股企业		150 804	8.3	42 952.35	2.9	19001	-19.7	1 245.17	-49.1
其中	国有企业	3 235	-6.1	105.71	-3.7	24	118.2	0.02	656.5
	集体企业	6 363	-1.6	82.46	-0.3	61	-44.5	0.17	-50.3
	公司	140 677	9.2	42 752.21	2.9	18915	-19.7	1 244.98	-49.1
	其他	529	-1.5	11.98	-6.4	1	-50.0	—	—
（二）私营企业		193 5721	10.8	75 499.97	-6.5	341343	-15.8	3 460.74	-62.6
其中	独资企业	367 391	28.7	1 126.35	2.4	112 578	4.2	89.83	-55.9
	合伙企业	24 137	2.4	8 508.83	5.4	1921	-31.0	628.18	-55.5
	有限责任公司	1 536 933	7.4	63 937.58	-8.1	226 558	-23.0	2 741.71	-64.1
	股份有限公司	7 260	-1.4	1 927.22	-2.2	286	-4.3	1.02	-89.9
（三）外商投资企业		14 497	5.2	8 787.39	-2.7	1 294	-20.2	138.51	-71.6

四、个体工商户发展情况

1. 新登记注册户数和出资额双双下降，期末实有规模持续增长

全年新登记注册个体工商户 70.09 万户，资金数额 678.78 亿元。截至 2024 年底，实有个体工商户 541.83 万户，增长 6.1%；资金数额 5 848.65 亿元，增长 3.3%（见图 23、图 24）。

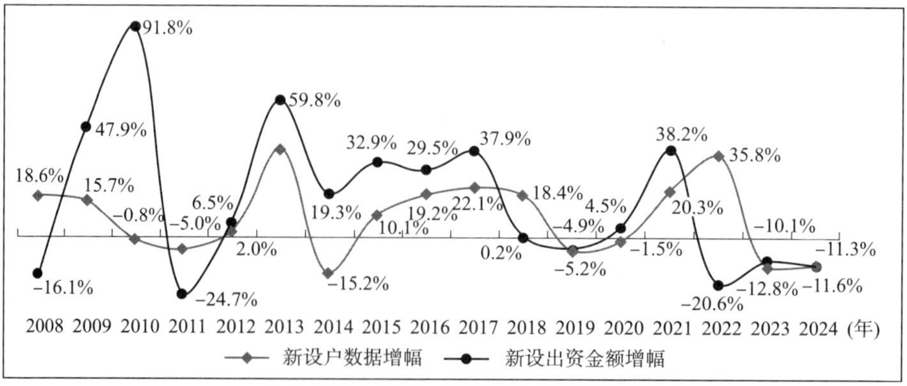

图 23 2008 年以来新登记注册个体工商户发展情况

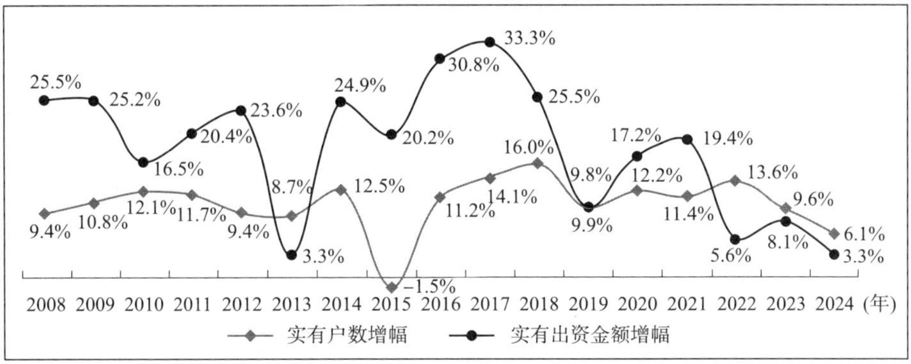

图 24　2008 年以来实有个体工商户发展情况

2. 行业分布高度集中

零售业集中了一半以上的个体工商户数量和近一半的资金。2024 年，新登记注册零售业个体工商户 37.91 万户、资金数额 312.87 亿元，分别占总量的 54.2%、46.1%。餐饮业、居民服务业、批发业 3 个行业新登记注册户数占比超过 5%，分别新登记注册 8.33 万户、4.84 万户、3.67 万户，占总量的 11.9%、6.9%、5.2%；资金数额 71.95 亿元、42.18 亿元、27.15 亿元，占总量的 10.6%、6.2%、4.0%。渔业虽然新登记注册户数只占总量的 0.7%，但资金数额占总量的 5.4%。截至 2024 年底，餐饮业、居民服务业、批发业 3 个行业实有 64.50 万户、33.76 万户、26.36 万户，分别占总量的 11.9%、6.2%、4.9%；资金数额 668.16 亿元、331.20 亿元、342.23 亿元，分别占总量的 11.4%、5.7%、5.9%。

3. 注销数量保持高位，注销率保持稳定

全年注销个体工商户 43.00 万户，注销量居历史第二高年份，注销率 8.4%，比上年降低 0.4 个百分点（见图 25）。

2024 年注销数量超过 1 000 户的行业中，专业技术服务业（32.4%）、软件和信息技术服务业（25.4%）、文化艺术业（16.6%）、互联网和相关服务（15.7%）、商务服务业（13.6%）、娱乐业（11.5%）、建筑装饰装修和其他建筑业（10.8%）、餐饮业（10.6%）、租赁业（10.5%）9 个行业注销率超过 10%。

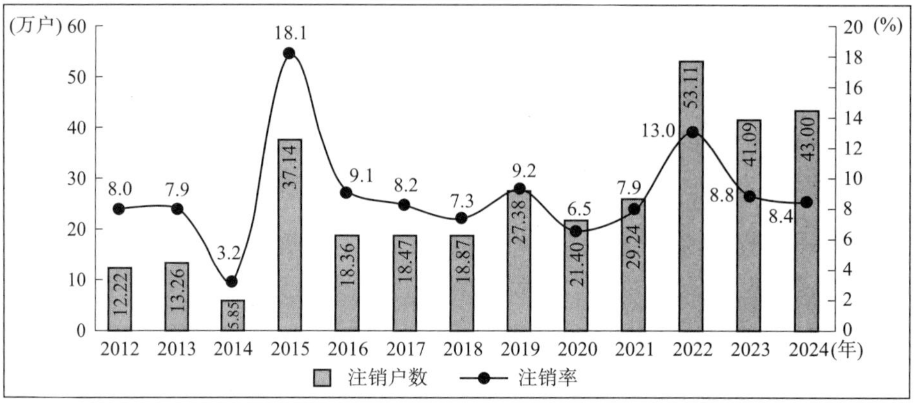

图 25　2012 年以来个体工商户注销情况

五、农民专业合作社发展情况

1. 实有户数首次出现下降

农民专业合作社新登记注册户数于 2017 年达到峰值后已连续 7 年下降。全年新登记注册农民专业合作社 3 583 户，下降 37.4%；出资金额 43.10 亿元，下降 64.1%；注销 3 969 户，增长 24.1%。在新登记注册户数下降和注销户数增长的情况下，期末实有户数出现净减少。截至 2024 年底，农民专业合作社 12.17 万户，净减少 437 户，下降 0.4%；出资金额 3 265.96 亿元，下降 2.4%（如图 26、图 27、图 28）。

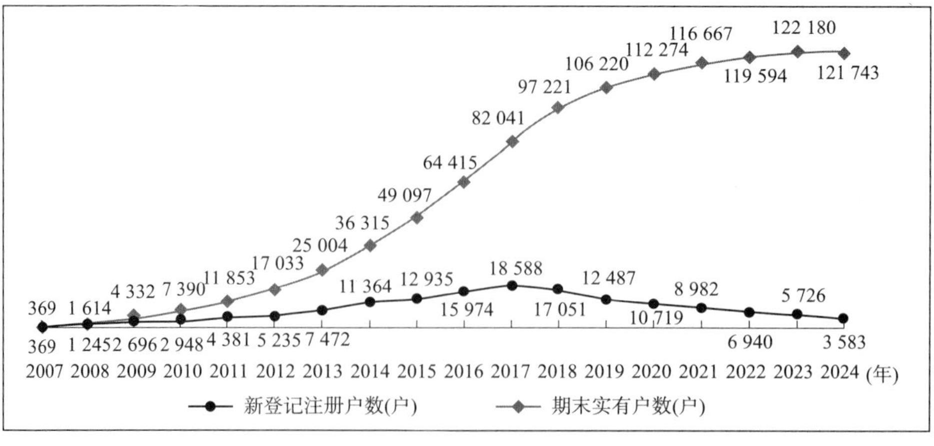

图 26　2007 年以来农民专业合作社发展情况

	2008年	2009年	2010年	2011年	2012年	2013年	2014年	2015年	2016年	2017年	2018年	2019年	2020年	2021年	2022年	2023年	2024年
实有户数	337.4%	168.4%	70.6%	60.4%	43.7%	46.8%	45.2%	35.2%	31.2%	27.4%	18.5%	9.3%	5.7%	3.9%	2.5%	2.2%	-0.4%
实有资金额	361.9%	277.5%	102.1%	72.4%	55.1%	59.9%	63.4%	42.6%	34.8%	29.2%	16.9%	8.8%	6.2%	3.9%	1.9%	1.3%	-2.4%
新登记注册户数	237.4%	116.5%	9.3%	48.6%	19.5%	42.7%	52.1%	23.8%	23.5%	16.4%	-8.3%	-26.8%	-14.2%	-16.2%	-22.7%	-17.5%	-37.4%
新登记注册资金额	261.9%	231.0%	25.7%	54.4%	35.8%	55.5%	71.9%	17.1%	19.3%	15.7%	-19.3%	-26.0%	-7.1%	-20.0%	-33.7%	-20.8%	-64.1%

图 27　2008 年以来农民专业合作社增长情况

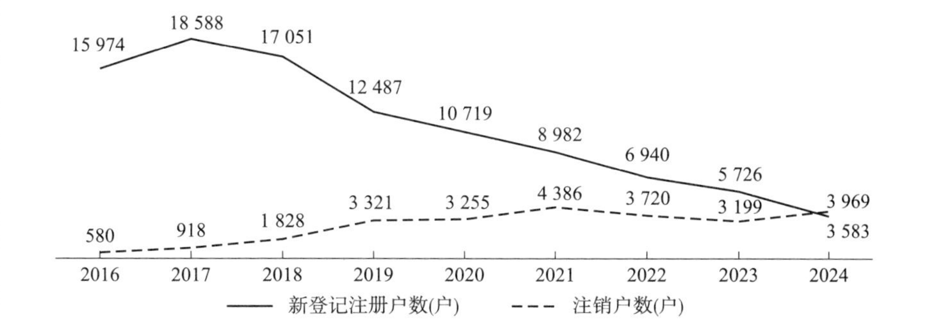

图 28　2016 年以来农民专业合作社新登记注册和注销对比

2. 业务范围高度集中

农民专业合作社从事的业务主要集中于农村民间工艺及制品、休闲农业和乡村旅游资源的开发经营领域，该领域全年新登记注册 2 800 户，占新登记注册农民专业合作社户的 77.1%；截至 2024 年底，实有 9.54 万户，占总量的 78.3%。其他业务领域，从事农产品的生产、销售、加工、运输、贮藏及其他相关服务新登记注册 562 户，占总量的 15.7%，截至 2024 年底，实有 1.50 万户，占总量的 12.3%；从事与农业生产经营有关的技术、信息、设施建设运营等服务新登记注册 150 户，占总量的 4.2%，截至 2024 年底，实有 7 816 户，占总量的 6.4%；从事农业生产资料的购买、使用的新登记注册 71 户，占总量的 2.0%，截至 2024 年底，实有 3 586 户，占总量的 2.9%。

3. 注销户数增长幅度较大

全年注销 3 969 户，增长 24.1%，注销率 3.2%，比上年提高 0.5 个百分点。从四大业务领域看，注销户数增长由高到低依次为与农业生产经营有关的技术、信息、设施建设运营等服务领域注销 218 户，增长 37.1%；农村民间工艺及制品、休闲农业和乡村旅游资源的开发经营领域注销 3 119 户，增长 27.6%；农业生产资料的购买、使用领域注销 118 户，增长 13.5%；农产品的生产、销售、加工、运输、贮藏及其他相关服务领域注销 514 户，增长 4.5%。

4. 规模趋小型发展

2024 年，新登记注册农民专业合作社户均出资额 120.29 万元 / 户，比上年减少 42.6%；户均成员 529.36 个 / 户，比上年减少 2.7%。截至 2024 年底，实有农民专业合作社户均出资额 268.27 万元 / 户，减少 2.0%； 户均成员 1 000.64 个 / 户，比上年减少 1.8%。从出资总额看，出资额 100 万元以下农民专业合作社实现增长，100 万以上的均出现较大幅度下降。全年新登记注册出资额 100 万元以下农民专业合作社 1 929 户，增长 31.0%，占新登记注册户数的 53.8%，比上年提高 28.1 个百分点；截至年底，实有 3.36 万户，增长 3.2%。新登记注册出资额 100 万 ~ 500 万元、500 万 ~ 1 000 万元、1 000 万元以上的农民专业合作社 1 469 户、156 户、29 户，下降 57.8%、75.5%、79.3%，占新登记注册总量的 41.0%、4.4%、0.8%。截至 2024 年底，分别实有 6.59 万户、1.65 万户、5 733 户，分别下降 1.2%、2.9%、3.4%。

六、湖南省经营主体在全国和中部六省排位情况

（一）湖南省经营主体在全国排位情况

1. 经营主体在全国排位情况

全省新登记注册经营主体 106.61 万户，占全国总量的 3.9%，比上年提高 0.1 个百分点。户数居全国第 11 位，前移 3 位；户数增幅居第 18 位，前移 10 位。

截至 2024 年底，全省实有经营主体 764.11 万户，占全国总量的 4.0%，比上年提高 0.1 个百分点。户数居全国第 10 位，前移 1 位；户数增幅居第 4 位，前移 1 位。

2. 企业在全国排位情况

全省新登记注册企业 36.16 万户，占全国总量的 4.1%。户数居全国第 9 位，前移 2 位；户数增幅居第 20 位，前移 6 位。

截至 2024 年底，全省实有企业 210.10 万户，占全国总量的 3.4%，比上年提高 0.1 个百分点。户数居全国第 12 位，前移 1 位；户数增幅居第 3 位，与上年持平。

3. 个体工商户在全国排位情况

全省新登记注册个体工商户 70.09 万户，占全国总量的 3.8%，比上年提高 0.3 个百分点。户数居全国第 12 位，前移 2 位；户数增幅居第 15 位，前移 13 位。

截至 2024 年底，全省实有个体工商户 541.83 万户，占全国总量的 4.3%，比上年提高 0.2 个百分点。户数居全国第 10 位，前移 1 位；户数增幅居第 5 位，前移 3 位。

4. 农民专业合作社在全国排位情况

全省新登记注册农民专业合作社 0.36 万户，占全国总量的 5.5%，比上年提高 0.6 个百分点。户数居全国第 4 位，前移 2 位；户数增幅居第 17 位，前移 2 位。

截至 2024 年底，全省实有农民专业合作社 12.17 万户，占全国总量的 5.7%，比上年提高 0.2 个百分点。户数居全国第 3 位，与上年持平；户数增幅居第 2 位，前移 2 位。

5. 每万人经营主体拥有量在全国排位情况

全省每万人经营主体拥有量与全国平均水平的差距继续缩小，但发展不充分依然较为突出。2024 年，湖南省每万人经营主体拥有量 1 163.38 户，居全国第 21 位，前移 3 位，相当于全国平均水平的 86.8%，差距比上年缩小 6.0 个百分点。其中每万人企业拥有量 319.89 户，居全国第 24 位，前移 1 位，相当于全国平均水平的 73.7%，差距比上年缩小 4.0 个百分点；每万人个体工商户拥有量 824.95 户，居全国第 17 位，前移 5 位，相当于全国平均水平的 92.7%，差距比上年缩小 4.3 个百分点；每万人农民专业合作社拥有量 18.54 户，居全国第 13 位，与上年持平，比全国平均水平高 21.7%，优势比上年扩大 4.7 个百分点（见表 18）。

表 18　2024 年各省（直辖市、自治区）每万人经营主体拥有量情况

单位：户

地区	每万人经营主体	排位	每万人企业	排位	每万人个体工商户	排位	每万人农合	排位
全 国	1 339.93		434.33		890.37		15.23	
北 京	1 228.80	16	1 018.65	2	206.79	30	3.36	31
天 津	1 326.91	13	582.98	5	736.54	25	7.39	26
河 北	1 203.81	18	368.18	15	820.57	18	15.06	19
山 西	1 162.80	22	356.87	16	781.83	22	24.09	7
内蒙古	1 208.79	17	294.85	26	884.84	13	29.09	4
辽 宁	1 272.32	15	320.77	23	936.19	10	15.37	18
吉 林	1 297.09	14	331.81	20	934.26	12	31.02	3
黑龙江	1 084.35	26	232.45	30	826.78	16	25.11	6
上 海	1 374.88	11	1 165.84	1	205.47	31	3.57	30
江 苏	1 716.02	3	545.17	7	1 164.73	3	6.13	28
浙 江	1 652.17	4	575.01	6	1 070.79	7	6.37	27
安 徽	1 358.52	12	405.26	12	934.51	11	18.75	12
福 建	1 778.90	2	487.11	8	1 282.13	2	9.67	25
江 西	1 046.88	27	333.56	18	696.61	27	16.71	16
山 东	1 437.76	10	460.23	9	955.96	9	21.58	8
河 南	1 149.03	24	324.21	21	804.43	20	20.39	10
湖 北	1 577.08	5	449.46	10	1 106.95	5	20.67	9
湖 南	1 163.38	21	319.89	24	824.95	17	18.54	13
广 东	1 499.20	7	657.73	4	836.91	15	4.56	29
广 西	887.64	31	244.83	29	630.80	29	12.01	23
海 南	3 716.41	1	975.26	3	2 727.21	1	13.94	21
重 庆	1 176.69	20	374.16	14	792.06	21	10.46	24
四 川	1 099.39	25	333.09	19	754.06	24	12.25	22
贵 州	1 201.17	19	304.84	25	880.09	14	16.24	17
云 南	1 455.76	9	336.54	17	1 104.52	6	14.70	20
西 藏	1 526.01	6	385.96	13	1 108.09	4	31.96	2

续表

地区	每万人经营主体	排位	每万人企业	排位	每万人个体工商户	排位	每万人农合	排位
陕 西	1 498.64	8	412.37	11	1 067.48	8	18.79	11
甘 肃	987.54	30	273.24	27	674.99	28	39.32	1
青 海	998.64	28	272.04	28	698.66	26	27.94	5
宁 夏	1 150.25	23	321.05	22	812.27	19	16.93	15
新 疆	998.13	29	224.72	31	756.35	23	17.06	14

（二）湖南省经营主体在中部六省排位情况

从新登记注册经营主体户数看，湖南省新登记注册经营主体、企业、个体工商户户数均只高于江西、山西，居第 4 位；农民专业合作社户数低于河南、湖北，居第 3 位。新登记注册经营主体、企业、个体工商户户数增幅低于湖北、河南，居第 3 位；农民专业合作社户数增幅仅低于湖北，居第 2 位（见表 19）。

表 19　2024 年中部六省新登记注册经营主体户数情况

单位：万户、亿元、%

	经营主体		企业		个体工商户		农民专业合作社	
	数值	增幅	数值	增幅	数值	增幅	数值	增幅
全 国	2 736.56	−16.4	886.83	−11.6	1843.20	−18.4	6.54	−43.5
湖 南	106.61	−13.3	36.16	−16.0	70.09	−11.6	0.36	−37.4
山 西	57.17	−36.7	20.30	−23.9	36.71	−42.1	0.17	−42.7
安 徽	121.31	−14.0	36.30	−17.8	84.68	−12.1	0.32	−42.5
江 西	73.09	−40.9	21.31	−28.2	51.59	−44.9	0.19	−50.3
河 南	206.71	−5.5	51.94	−5.1	154.22	−5.4	0.54	−46.3
湖 北	178.47	11.0	61.39	13.7	116.56	10.0	0.52	−33.7

从实有经营主体户数看，湖南省实有经营主体、企业、个体工商户户数均只高于江西、山西，居第 4 位；农民专业合作社户数仅低于河南，居第 2 位。实有经营主体、企业、个体工商户、农民专业合作社户数增幅均只低于湖北，居第 2 位（见表 20）。

表 20　2024 年中部六省期末实有经营主体户数情况

单位：万户、亿元、%

	经营主体		企业		个体工商户		农民专业合作社	
	数值	增幅	数值	增幅	数值	增幅	数值	增幅
全 国	18 888.57	2.6	6 122.55	5.1	12 551.33	1.6	214.69	-3.8
湖 南	764.11	7.2	210.10	10.6	541.83	6.1	12.17	-0.4
山 西	403.03	-6.2	123.69	-0.7	270.98	-8.3	8.35	-12.1
安 徽	831.55	3.7	248.06	3.6	572.01	3.9	11.48	-1.3
江 西	472.67	-2.1	150.60	2.6	314.52	-4.1	7.54	-4.3
河 南	1 127.77	3.1	318.21	6.1	789.55	2.0	20.01	-1.8
湖 北	920.70	10.6	262.39	16.2	646.24	8.6	12.07	0.8

附表

表 21　湖南省各县（市、区）经营主体情况

单位：户、亿元

		期末经营主体		其中：企业		新登记注册经营主体		其中：企业	
		户数	注册资本（金）	户数	注册资本（金）	户数	注册资本（金）	户数	注册资本（金）
合计		7 641 050	136 354.32	2 101 022	127 239.71	1 066 101	5 566.30	361 638	4 844.41
长沙市	市辖区	43 403	25 609.87	43 399	25 609.86	4 394	304.92	4 394	304.92
	芙蓉区	175 525	2 880.55	80 410	2 816.00	22 025	119.90	9 994	114.54
	天心区	174 954	2 706.99	82 934	2 639.10	34 599	131.72	17 711	116.14
	岳麓区	287 205	12 027.89	156 208	11 770.43	46 580	859.77	26 729	741.77
	开福区	177 881	3 601.40	82 893	3 552.02	28 040	175.92	13 862	170.12
	雨花区	303 541	4 341.90	120 501	4 189.17	59 141	356.96	25 496	342.69
	望城区	173 209	2 288.71	34 616	2 194.79	30 813	91.93	6 403	83.94
	长沙县	201 459	3 135.64	61 072	2 954.42	30 515	127.61	9 851	115.14
	宁乡市	190 257	2 243.65	41 506	2 069.29	24 985	53.19	7 920	44.89
	浏阳市	184 752	2 311.35	48 246	2 039.83	28 532	83.66	8 750	71.34

续表

		期末经营主体		其中：企业		新登记注册经营主体		其中：企业	
		户数	注册资本（金）	户数	注册资本（金）	户数	注册资本（金）	户数	注册资本（金）
株洲市	市辖区	5 345	3 750.85	5 343	3 750.82	57	15.63	57	15.63
	荷塘区	59 222	345.25	16 284	312.21	10 222	21.34	3 617	18.67
	芦淞区	89 338	375.54	17 802	320.94	15 574	36.51	3 970	31.46
	石峰区	48 793	779.10	17 275	754.84	11 862	58.44	3 550	55.27
	天元区	70 290	1 177.85	27 026	1 128.42	11 989	90.00	6 103	85.30
	渌口区	32 638	422.62	9 218	370.24	7 000	23.38	2 709	21.33
	攸县	59 939	691.35	16 211	599.14	8 309	27.04	3 613	22.69
	茶陵县	43 602	370.78	11 335	315.56	5 806	13.72	1 909	10.04
	炎陵县	18 217	159.56	3 925	133.11	3 364	8.80	922	6.82
	醴陵市	96 132	1 008.43	25 781	862.28	13 306	46.31	4 945	36.71
湘潭市	市辖区	45 849	3 276.22	23 253	3 252.10	8 359	60.56	4 557	58.24
	雨湖区	51 598	165.20	7 712	124.45	6 403	15.01	1 783	11.61
	岳塘区	46 839	257.53	9 204	214.42	7 355	27.57	2 294	15.45
	湘潭县	75 023	579.04	11 792	463.99	10 149	24.03	2 192	18.35
	湘乡市	56 815	687.46	12 535	621.22	9 016	20.85	3 213	16.13
	韶山市	14 177	221.03	3 722	194.80	2 012	12.08	730	10.85
衡阳市	市辖区	42 685	3 194.68	24 386	3 177.18	5 410	122.32	2 954	120.68
	珠晖区	41 068	95.59	7 041	72.89	5 745	8.61	1 380	6.95
	雁峰区	31 597	311.71	6 597	294.69	5 056	6.22	1 469	4.94
	石鼓区	42 395	266.07	9 291	237.91	6 346	13.82	1 898	11.65
	蒸湘区	48 427	151.44	10 601	119.20	6 426	12.75	2 045	10.26
	南岳区	17 095	100.71	2 201	86.46	2 959	3.81	559	2.57
	衡阳县	57 659	428.41	10 725	373.96	7 120	18.84	1 951	15.60
	衡南县	51 947	560.06	12 258	447.99	6 343	14.95	2 205	11.70
	衡山县	27 409	258.85	6 407	223.93	3 198	14.72	1 098	12.51
	衡东县	45 781	529.30	10 166	413.39	5 082	19.47	1 686	15.29
	祁东县	70 403	533.64	13 635	443.31	7 551	16.86	2 283	12.89
	耒阳市	91 503	708.66	21 195	597.90	11 819	34.92	3 664	30.30
	常宁市	72 969	672.26	15 014	581.42	8 580	16.73	2 350	13.53

续表

		期末经营主体		其中：企业		新登记注册经营主体		其中：企业	
		户数	注册资本（金）	户数	注册资本（金）	户数	注册资本（金）	户数	注册资本（金）
邵阳市	市辖区	11 620	1 382.03	6 469	1 377.75	699	23.51	444	23.32
	双清区	34 105	204.12	9 427	179.60	4 217	12.50	1 406	10.21
	大祥区	43 516	215.89	10 914	176.22	5 769	15.26	1 830	12.22
	北塔区	23 406	111.43	5 131	97.25	7 443	7.13	906	5.16
	邵东市	108 154	763.57	25 602	632.40	17 302	34.93	4 853	26.48
	新邵县	46 974	414.33	10 148	330.81	7 262	21.73	1 589	17.49
	邵阳县	41 682	496.34	8 911	383.47	4 263	19.63	1 167	15.34
	隆回县	77 585	458.14	16 769	352.79	7 272	28.55	1 828	19.17
	洞口县	45 899	260.08	11 248	198.65	5 087	14.53	1 634	10.51
	绥宁县	25 558	197.14	5 473	145.89	4 300	8.63	759	5.37
	新宁县	37 466	364.68	9 457	289.76	5 806	12.62	1 712	9.27
	城步县	15 354	128.64	3 757	96.84	1 456	4.50	556	2.92
	武冈市	43 523	344.50	11 219	289.42	3 583	11.32	975	8.07
岳阳市	市辖区	31 341	3 248.30	16 826	3 215.06	5 108	60.64	3 310	58.34
	岳阳楼区	136 363	1 210.54	40 951	1 077.30	23 758	60.50	11 473	49.70
	云溪区	22 850	335.63	3 685	311.09	3 744	21.13	375	19.38
	君山区	19 487	187.42	4 335	135.66	2 436	17.04	1 340	14.94
	岳阳县	94 933	543.20	14 068	417.68	8 840	25.95	1 089	17.82
	华容县	44 124	355.64	9 037	278.83	4 934	26.61	1 867	21.98
	湘阴县	75 505	797.27	13 980	576.66	11 623	41.04	2 718	23.62
	平江县	87 072	836.63	15 928	694.66	10 837	136.06	2 785	129.36
	汨罗市	77 474	788.45	20 952	688.06	8 571	44.53	4 010	39.04
	临湘市	43 297	404.67	9 274	333.24	4 198	35.12	1 579	31.85
常德市	市辖区	38 533	4 257.40	16 119	4 222.27	4 856	36.50	1 642	33.87
	武陵区	100 372	476.08	20 489	400.34	8 317	24.66	2 107	19.08
	鼎城区	62 190	495.96	12 915	405.55	5 608	35.51	948	27.00
	安乡县	39 276	299.33	6 234	245.35	4 041	16.80	941	13.94

续表

		期末经营主体		其中：企业		新登记注册经营主体		其中：企业	
		户数	注册资本（金）	户数	注册资本（金）	户数	注册资本（金）	户数	注册资本（金）
常德市	汉寿县	59 891	647.70	17 847	514.02	6 260	32.61	2 110	19.77
	澧县	67 168	457.53	16 902	364.50	6 740	42.30	2 288	36.08
	临澧县	34 988	265.65	9 523	222.28	3 501	10.65	1 129	8.21
	桃源县	63 436	420.96	17 352	339.16	6 071	17.60	968	12.73
	石门县	48 985	421.68	8 999	341.59	4 221	13.66	932	9.57
	津市市	23 125	230.77	5 497	173.09	2 103	9.35	469	7.57
张家界市	市辖区	11 388	1 039.54	11 217	1 039.21	1 329	53.81	1 277	53.75
	永定区	51 072	296.75	8 706	191.56	7 734	20.98	2 123	15.11
	武陵源区	33 438	108.83	1 787	71.22	9 147	11.37	364	4.58
	慈利县	39 233	387.00	6 454	302.51	6 648	21.26	838	17.38
	桑植县	32 813	301.49	5 143	239.88	5 011	15.35	701	10.69
益阳市	市辖区	13 226	1 277.97	6 040	1 261.44	1 487	17.23	387	15.91
	资阳区	43 587	272.39	8 920	186.07	4 589	25.14	1 325	12.51
	赫山区	152 631	1 190.76	33 589	975.88	16 400	50.91	5 032	43.02
	南县	42 543	318.67	8 017	233.11	4 573	17.77	1 205	13.82
	桃江县	74 673	572.34	14 280	461.54	8 992	24.51	1 736	17.63
	安化县	63 902	608.14	12 415	437.87	6 198	24.08	1 519	17.39
	沅江市	59 804	759.99	11 529	625.66	6 747	47.86	1 800	40.74
郴州市	市辖区	26 312	2 069.51	26 307	2 069.51	7 064	69.55	7 064	69.55
	北湖区	89 684	473.02	18 475	406.90	12 616	39.77	3 963	33.11
	苏仙区	41 926	260.90	9 862	217.00	6 019	22.07	1 809	18.46
	桂阳县	50 578	435.71	9 797	381.51	6 810	28.30	1 286	21.98
	宜章县	35 773	355.27	6 915	287.90	4 559	19.28	952	14.19
	永兴县	33 410	384.53	6 858	329.85	3 488	19.97	901	15.68
	嘉禾县	22 391	248.13	5 488	215.86	2 972	17.10	818	12.65
	临武县	18 807	336.60	4 537	302.62	2 475	14.29	615	11.97
	汝城县	23 632	216.76	4 917	187.31	2 854	9.66	639	6.83
	桂东县	12 176	102.41	2 717	82.29	1 169	2.48	307	1.22
	安仁县	24 687	268.60	5 387	217.12	2 684	10.00	721	6.53
	资兴市	28 088	328.02	5 886	290.84	4 075	11.43	797	8.69

续表

		期末经营主体		其中：企业		新登记注册经营主体		其中：企业	
		户数	注册资本（金）	户数	注册资本（金）	户数	注册资本（金）	户数	注册资本（金）
永州市	市辖区	5 941	919.97	4 584	913.30	545	39.66	413	39.34
	零陵区	47 645	501.81	10 016	436.28	6 035	21.10	1 965	16.67
	冷水滩区	94 050	972.04	22 979	883.89	12 270	49.24	4 415	36.31
	回龙圩	724	11.54	203	9.74	55	0.41	25	0.35
	祁阳市	70 370	518.95	15 315	433.72	8 714	31.96	2 394	25.63
	东安县	36 098	306.89	6 054	250.86	4 189	10.85	982	7.68
	双牌县	15 148	189.59	4 193	160.41	1 690	6.81	502	5.84
	道县	38 879	379.48	6 778	305.01	4 541	24.53	1 104	18.72
	江永县	21 861	203.56	3 299	159.17	4 463	15.68	505	11.58
	宁远县	45 733	523.54	11 506	446.99	5 028	41.76	1 391	37.65
	蓝山县	22 753	222.31	6 174	188.17	3 454	17.81	1 411	14.90
	新田县	32 192	229.11	4 654	180.31	2 942	20.18	697	17.12
	江华县	33 749	369.47	8 334	307.22	4 134	19.92	1 348	14.45
怀化市	市辖区	37 658	2 133.82	18 034	2 110.54	4 157	91.94	2 023	89.57
	鹤城区	71 639	242.37	12 255	184.97	8 239	23.24	2 351	18.67
	中方县	21 123	216.62	4 045	185.77	4 227	15.31	837	13.30
	沅陵县	31 932	283.37	6 207	243.99	3 893	30.53	1 305	28.31
	辰溪县	29 284	269.52	7 288	207.41	3 802	11.96	1 290	10.08
	溆浦县	51 633	288.11	10 553	233.98	5 772	36.98	1 502	33.75
	会同县	25 585	106.25	3 847	82.28	3 197	11.46	831	9.57
	麻阳县	27 073	249.26	4 983	195.16	2 539	14.83	750	12.04
	新晃县	20 655	127.85	3 382	107.70	2 510	9.95	747	8.44
	芷江县	25 764	179.08	3 911	147.18	4 070	12.59	659	10.25
	靖州县	24 116	242.33	4 913	205.38	3 434	12.09	1 381	10.37
	通道县	18 540	136.03	3 311	110.30	2 348	7.02	531	5.19
	洪江市	31 171	276.23	5 654	223.71	4 022	16.53	1 097	13.61

续表

		期末经营主体		其中：企业		新登记注册经营主体		其中：企业	
		户数	注册资本（金）	户数	注册资本（金）	户数	注册资本（金）	户数	注册资本（金）
娄底市	市辖区	30 956	2 743.05	19 986	2 725.61	2 306	88.12	1 450	87.53
	娄星区	103 581	410.38	18 481	311.44	16 477	35.01	5 359	28.09
	双峰县	65 635	536.83	13 264	408.90	7 933	23.08	2 259	16.97
	新化县	91 999	817.55	20 353	656.93	13 934	41.46	4 089	31.10
	冷水江市	36 895	408.36	8 691	360.13	4 028	16.64	1 612	14.61
	涟源市	79 419	680.56	14 329	561.09	9 143	32.97	2 941	26.74
湘西州	吉首市	58 640	1 237.56	13 742	1 173.99	9 947	36.20	2 123	30.50
	泸溪县	17 858	168.95	3 447	142.21	2 102	7.53	549	5.57
	凤凰县	29 482	272.73	4 441	231.14	3 410	9.42	661	6.08
	花垣县	25 044	316.87	4 053	282.65	2 759	18.21	519	16.23
	保靖县	15 339	180.69	2 950	142.07	1 982	9.87	443	6.09
	古丈县	10 325	115.94	2 527	92.42	1 581	2.98	372	1.91
	永顺县	31 768	229.94	6 409	177.77	4 912	8.68	1 191	4.45
	龙山县	44 826	273.65	5 476	214.33	7 409	13.72	880	7.44

表 22 湖南省实有经营主体户数和注册资本（金）排名前 30 的县（市、区）

单位：户、亿元

排位	县（市、区）	期末实有经营主体户数	县（市、区）	期末实有经营主体注册资本（金）
1	雨花区	303 541	岳麓区	12 027.89
2	岳麓区	287 205	雨花区	4 341.90
3	长沙县	201 459	开福区	3 601.40
4	宁乡市	190 257	长沙县	3 135.64
5	浏阳市	184 752	芙蓉区	2 880.55
6	开福区	177 881	天心区	2 706.99
7	芙蓉区	175 525	浏阳市	2 311.35
8	天心区	174 954	望城区	2 288.71

续表

排位	县（市、区）	期末实有 经营主体户数	县（市、区）	期末实有经营主体 注册资本（金）
9	望城区	173 209	宁乡市	2 243.65
10	赫山区	152 631	吉首市	1 237.56
11	岳阳楼区	136 363	岳阳楼区	1 210.54
12	邵东市	108 154	赫山区	1 190.76
13	娄星区	103 581	天元区	1 177.85
14	武陵区	100 372	醴陵市	1 008.43
15	醴陵市	96 132	冷水滩区	972.04
16	岳阳县	94 933	平江县	836.63
17	冷水滩区	94 050	新化县	817.55
18	新化县	91 999	湘阴县	797.27
19	耒阳市	91 503	汨罗市	788.45
20	北湖区	89 684	石峰区	779.10
21	芦淞区	89 338	邵东市	763.57
22	平江县	87 072	沅江市	759.99
23	涟源市	79 419	耒阳市	708.66
24	隆回县	77 585	攸县	691.35
25	汨罗市	77 474	湘乡市	687.46
26	湘阴县	75 505	涟源市	680.56
27	湘潭县	75 023	常宁市	672.26
28	桃江县	74 673	汉寿县	647.70
29	常宁市	72 969	安化县	608.14
30	鹤城区	71 639	湘潭县	579.04

表 23　湖南省实有企业户数和注册资本（金）排名前 30 的县（市、区）

单位：户、亿元

排位	县（市、区）	期末实有 企业户数	县（市、区）	期末实有企业 注册资本（金）
1	岳麓区	156 208	岳麓区	11 770.43
2	雨花区	120 501	雨花区	4 189.17

续表

排位	县（市、区）	期末实有企业户数	县（市、区）	期末实有企业注册资本（金）
3	天心区	82 934	开福区	3 552.02
4	开福区	82 893	长沙县	2 954.42
5	芙蓉区	80 410	芙蓉区	2 816.00
6	长沙县	61 072	天心区	2 639.10
7	浏阳市	48 246	望城区	2 194.79
8	宁乡市	41 506	宁乡市	2 069.29
9	岳阳楼区	40 951	浏阳市	2 039.83
10	望城区	34 616	吉首市	1 173.99
11	赫山区	33 589	天元区	1 128.42
12	天元区	27 026	岳阳楼区	1 077.30
13	醴陵市	25 781	赫山区	975.88
14	邵东市	25 602	冷水滩区	883.89
15	冷水滩区	22 979	醴陵市	862.28
16	耒阳市	21 195	石峰区	754.84
17	汨罗市	20 952	平江县	694.66
18	武陵区	20 489	汨罗市	688.06
19	新化县	20 353	新化县	656.93
20	娄星区	18 481	邵东市	632.40
21	北湖区	18 475	沅江市	625.66
22	汉寿县	17 847	湘乡市	621.22
23	芦淞区	17 802	攸县	599.14
24	桃源县	17 352	耒阳市	597.90
25	石峰区	17 275	常宁市	581.42
26	澧县	16 902	湘阴县	576.66
27	隆回县	16 769	涟源市	561.09
28	荷塘区	16 284	汉寿县	514.02
29	攸县	16 211	湘潭县	463.99
30	平江县	15 928	桃江县	461.54

表 24 湖南省新登记注册经营主体户数和注册资本（金）排名前 30 的县（市、区）

单位：户、亿元

排位	县（市、区）	新登记注册经营主体户数	县（市、区）	新登记注册经营主体注册资本（金）
1	雨花区	59 141	岳麓区	859.77
2	岳麓区	46 580	雨花区	356.96
3	天心区	34 599	开福区	175.92
4	望城区	30 813	平江县	136.06
5	长沙县	30 515	天心区	131.72
6	浏阳市	28 532	长沙县	127.61
7	开福区	28 040	芙蓉区	119.90
8	宁乡市	24 985	望城区	91.93
9	岳阳楼区	23 758	天元区	90.00
10	芙蓉区	22 025	浏阳市	83.66
11	邵东市	17 302	岳阳楼区	60.50
12	娄星区	16 477	石峰区	58.44
13	赫山区	16 400	宁乡市	53.19
14	芦淞区	15 574	赫山区	50.91
15	新化县	13 934	冷水滩区	49.24
16	醴陵市	13 306	沅江市	47.86
17	北湖区	12 616	醴陵市	46.31
18	冷水滩区	12 270	汨罗市	44.53
19	天元区	11 989	澧县	42.30
20	石峰区	11 862	宁远县	41.76
21	耒阳市	11 819	新化县	41.46
22	湘阴县	11 623	湘阴县	41.04
23	平江县	10 837	北湖区	39.77
24	荷塘区	10 222	溆浦县	36.98
25	湘潭县	10 149	芦淞区	36.51
26	吉首市	9 947	吉首市	36.20
27	武陵源区	9 147	鼎城区	35.51
28	涟源市	9 143	临湘市	35.12
29	湘乡市	9 016	娄星区	35.01
30	桃江县	8 992	邵东市	34.93

表 25 湖南省新登记注册企业户数和注册资本（金）排名前 30 的县（市、区）

单位：户、亿元

排位	县（市、区）	新登记注册企业户数	县（市、区）	新登记注册企业注册资本（金）
1	岳麓区	26 729	岳麓区	741.77
2	雨花区	25 496	雨花区	342.69
3	天心区	17 711	开福区	170.12
4	开福区	13 862	平江县	129.36
5	岳阳楼区	11 473	天心区	116.14
6	芙蓉区	9 994	长沙县	115.14
7	长沙县	9 851	芙蓉区	114.54
8	浏阳市	8 750	天元区	85.30
9	宁乡市	7 920	望城区	83.94
10	望城区	6 403	浏阳市	71.34
11	天元区	6 103	石峰区	55.27
12	娄星区	5 359	岳阳楼区	49.70
13	赫山区	5 032	宁乡市	44.89
14	醴陵市	4 945	赫山区	43.02
15	邵东市	4 853	沅江市	40.74
16	冷水滩区	4 415	汨罗市	39.04
17	新化县	4 089	宁远县	37.65
18	汨罗市	4 010	醴陵市	36.71
19	芦淞区	3 970	冷水滩区	36.31
20	北湖区	3 963	澧县	36.08
21	耒阳市	3 664	溆浦县	33.75
22	荷塘区	3 617	北湖区	33.11
23	攸县	3 613	临湘市	31.85
24	石峰区	3 550	芦淞区	31.46
25	湘乡市	3 213	新化县	31.10
26	涟源市	2 941	吉首市	30.50
27	平江县	2 785	耒阳市	30.30
28	湘阴县	2 718	沅陵县	28.31
29	渌口区	2 709	娄星区	28.09
30	祁阳市	2 394	鼎城区	27.00

湖南省民间投资发展情况

湖南省发展和改革委员会

2024 年，全省民营经济增加值 36 640.14 亿元，同比增长 5.2%，增速较上年加快 0.7 个百分点，比地区生产总值增速快 0.4 个百分点，占全省地区生产总值的比重为 68.8%。湖南省民间投资同比增长 4.0%，占全部投资的比重达 64.4%，比全国平均水平高 14.3 个百分点，民间投资工作获得国家发展改革委通报表扬。民营经济经营主体 747.57 万户，同比增长 7.18%，民营企业达 193.57 万户，同比增长 10.79%。

一、落实工作机制，激发民间投资活力

一是持续开展向民间资本推介项目工作，通过全国投资项目在线审批监管平台向民间资本推介项目 460 个，总投资 2 027 亿元，借助在线平台的便捷性与广泛性，打破地域和信息壁垒，拓宽项目与民间资本的对接渠道。二是推动建立重点民间投资项目库。2024 年湖南省两批次 11 个项目纳入全国重点民间投资项目库，获得用地保障、融资推介等支持。同时，对标出台省级重点民间投资项目库管理办法，印发申报通知，推动建立各级重点民间投资项目库，对入库项目加强协调服务和要素保障。三是规范推进政府和社会资本合作新机制，出台关于规范实施 PPP 新机制和建立 PPP 项目审核机制的通知文件，运用 PPP 项目信息系统加强项目跟踪监测服务，最大程度地鼓励民营企业参与。四是有效发挥基础设施 REITs 作用。2024 年 3 月，长沙金茂览秀城、常德至益阳高速公路 2 个底层资产在湘的基础设施 REITs 项目发行上市，极大鼓舞了全省上下特别是民营企业加力推进基础设施 REITs 申报发行工作的信心。五是深化“投

贷联动”，通过投资项目在线审批监管平台与“湘信贷”平台的数据交互，为超 1 万家企业授信 1 233.8 亿元、放款 963.5 亿元。

二、突出解难纾困，强化民营企业投资服务

以解决民营企业困难问题为切入点，破解民营企业投资发展的堵点难点。在全国率先成立省促进民营经济发展壮大领导小组，加强统筹协调，为民营企业和民间投资项目提供服务保障。在全省开展“两重”“两新”送解优专项行动，全覆盖走访园区、规上企业、重点消费单元，推动政策效应加力释放。推动省市县三级建立与民营企业常态化沟通交流与问题解决机制，逐步形成“一站式”问题解决模式和“解决、反馈、跟踪”的全链条工作闭环。推动各级办理民营企业及民间投资项目问题线索 8 582 例，推动协调解决 7 828 件。全省落实支持科技创新和制造业发展主要政策减免税费 564.24 亿元；降低工商业用电成本约 58 亿元，降低用气成本约 33.8 亿元；减征失业保险费 37.09 亿元，发放稳岗返还资金 10.39 亿元。实施“机器管招投标”改革，推动机器管范本、机器管评标、机器管监管组织，完善机器管配套制度，建立排除人为干扰的交易模式，有效破解民营企业“中标难”问题。

三、突出金融支持，推动项目落地实施

多形式开展投融资对接活动，进一步拓展项目融资渠道，保障企业金融服务支持。联合政策性开发性金融机构设立 2024 年“三高四新”融资专项，为重大项目融资服务提供保障，授信项目超 130 个，授信金额超 2 300 亿元。持续每年举办重大项目政银企投融资对接活动，发布向民间资本推介项目等多张项目清单，搭建政银企合作平台。推动全省政府性融资担保体系建设，纳入再担保体系的担保机构达到 55 家，在保余额 718 亿元，在保户数 7.3 万户，平均担保费率降至 0.84%。组织世界计算大会、北斗规模应用国际峰会、全球湘商大会、中非经贸博览会、中部农博会等重大活动，加强项目推介和投资对接，推动项目签约落地。通过各项政策的协同联动，2024 年湘商回湘投资新注册企业数 1 670 家，到位资金 6 000 亿元，分别增长 22.8%、1.5%。

四、突出优化环境，提振民营企业投资信心

聚焦让民营企业有感可及，提振投资发展信心，制定落实关于持续打造“三化”一流营商环境的实施意见，出台《湖南省优化营商环境条例》，践行“无事不扰、有求必应”的服务理念，在全国率先提出“执法检查，扫码留痕”等 12 个方面的制度创新和突出亮点。坚持“无计划不检、无违规免检、有举报立检”的“三检”理念，实行全流程闭环管理，打造良好发展环境，让民营企业轻装上阵、积极投资、大胆发展。随着营商环境的极大优化，民营企业参与重大项目建设的积极性不断激发，2025 年省重点建设项目共 289 个，总投资 1.78 万亿元，其中 122 个项目有民营投资参与，116 个项目以民营投资为主，涉及产业发展、基础设施、社会民生、生态环保等多个行业领域。

下一步，我们将持续营造民营企业发展良好生态，不断拓宽民营企业参与重大项目渠道，落实《中华人民共和国民营经济促进法》等相关政策措施，出台《湖南省民营经济发展促进条例》（草案），规范推进政府和社会资本合作，进一步激发民间投资活力。

湖南省高新技术产业民营经济发展情况分析报告

湖南省科技厅

2024年，在湖南省委、省政府的坚强领导下，全省科技战线始终坚持强化企业创新主体地位，着力引导和服务科技型中小企业创新发展。面对外部环境复杂多变，全球产业链遭受冲击，经济陷入低迷状态的不利形势，我们坚定信心，克服困难，迎难而上，通过政策聚焦、工作聚力、服务聚心，实现民营企业量质齐升。

2024年，全省高新技术产业实现增加值8 616.77亿元，同比增长6.3%。全省高新技术企业数量突破17 500家，较上年净增超1 000家，全省高新技术企业数量在全国排第10位，在中部排第3位，其中95%以上为民营企业。入库科技型中小企业超30 000家。科技型中小企业数量居全国第6位、中部第3位，其中95%以上为民营企业。全省技术合同成交额近5 000亿元，同比增长33.2%，全省高校技术合同成交额56.8亿元，同比增长56.09%。全年累计为7 874家企业发放知识价值信用贷款210.49亿元，带动13家战略合作银行为科技型企业发放全口径科技贷款近4 400亿元。

一、总体工作情况

（一）壮大优化民营科技型企业队伍

加快科技领军企业培育。通过十大技术攻关、重点研发项目等省科技计划项目，支持民营科技领军企业承担更多省重大科技任务和关键核心技术攻关。2024年，立项的十大技术攻关项目中，民营科技领军企业牵头的达到8项。立项支持 15 家科技领军企业组建体系化、任务型创新联合体，提升科技领军企业及上下游企业的研发能力，其中民营企业牵头的 11 家。与 8 家科技领军民营企业设立省自然科学基金企业联合基金，投入 2 000 万元引导科技领军企业和有关部门、高校、医院、科研院所合作，加大基础研究投入。加快上市企业培育。对科创板、主板、创业板、北交所拟上市后备企业给予重点关注，“一企一策”制订上市辅导方案。2024 年，指导 522 家企业申报科创板上市后备企业，遴选后备企业 268 家。加快高新技术企业和科技型中小企业培育。全面落实研发费用加计扣除、高新技术企业税收优惠等政策，加快推进省级高新技术企业和科技型中小企业库建设，分层分类、梯度培育国家高新技术企业和科技型中小企业。2024 年，全省高新技术企业突破 1.75 万家（其中民营企业占 90% 以上），科技型中小企业突破 3 万家（其中民营企业占 95% 以上）。

（二）提升企业创新能力

建强企业科技人才队伍。大力实施“三尖”创新人才工程，支持企业从省外引进高层次科技创新人才（团队），建设院士专家工作站、设立博士后科研工作站。针对引进人才的类别和层次，给予不同形式、不同经费额度的支持。对企业引进两院院士、国家级科技领军人才，实行“一人一策”。2024 年，省“三尖”创新人才工程支持企业人才 147 人（民营企业人才 140 人，占比 95%）。推动仪器设备向企业开放共享。加快开展湖南省科研设施和科研仪器开放共享，开展湖南省重大科研基础设施和大型科研仪器开发共享考核，2023 年奖补长沙都正生物科技股份有限公司等 15 家民营企业经费 130.86 万元。推动高校院所全方位支持融入企业创新。制定出台《湖南省加快高等院校科技成果转化的若干措施》，推动高校院所服务全省高质量发展，面向经济社会发展主战场，形成产学研用深度融合的创新体系。

（三）构建开放创新生态

强化政策支撑。制定出台《精准服务企业科技政策》《关于营造更好环境支持研发 促进科技型企业增量提质的实施方案（2022—2025 年）》《湖南省财政支持企业科技创新若干政策措施》等一系列政策措施，支持企业在更大范围、更深程度参与科技创新决策，充分发挥企业家在科技决策咨询体系中的作用，提高企业在创新活动中的“话语权”。做好科技金融大文章。全面推动科技型企业知识价值信用贷款风险补偿“增量、提质、扩面”，为科技型中小企业引入更多“金融活水”，2024 年，累计为 7 874 家企业发放知识价值信用贷款 210.49 亿元（民营企业占 80% 以上），有效缓解科技型企业融资难问题。实施企业研发奖补政策。精准引导建立研发投入稳定增长机制，强化企业研发投入的主体地位。2024 年，奖补企业 1 629 家（民营企业占 80% 以上），兑现奖补资金 4.45 亿元。11 月，湖南省将研发奖补最低补助额“门槛”由 20 万元下调到 1 万元，进一步扩宽政策覆盖面。推动实施潇湘科技要素市场体系创新工程。构建起由省级大市场、市州分市场、县市区及行业工作站组成覆盖全省的技术市场体系。2024 年，在线发布科技成果供需对接信息 2 万余项，举办潇湘科技要素大市场工作站建设及运营能力提升培训等各类活动 100 余场，服务企业超 1 万家，实现了政策、技术、人才、资金、信息等资源有效整合。

二、存在的问题

一系列政策措施的出台，改善了民营企业创新环境，提振了民营企业发展信心，但仍存在一定的问题，比如，科技金融给予民营企业科技创新支撑作用不足，近年来，虽然湖南省积极推行科技型企业知识价值信用贷款风险补偿改革，缓解了民营科技型中小企业融资难融资贵的问题，但科技金融有效供给不足、科技金融服务体系有待完善等问题依然存在。民营科技领军企业数量较少。2024 年，虽然湖南省高新技术企业数量突破了 1.75 万家，科技型中小企业达到 3 万家，但发展速度逐渐趋缓，群体规模总体不大，核心竞争力有待进一步提升。

三、下一步建议

（一）加快完善科技金融体制

完善金融赋能科技创新的支持政策。配合出台《湖南省金融促进科技型中小企业创新发展若干规定》，修订出台知识价值信用贷款风险补偿政策，稳步铺开“创新积分制”等科技金融基础工作，加强对国家重大科技任务和科技型中小企业的金融支持。建立重大技术攻关风险分散机制。推动科技保险和科技担保发展，鼓励开发适合科技型企业需求的科技保险、担保产品，为重大科技项目和核心技术攻关提供风险保障和风险分担。深化知识价值信用贷款风险补偿改革。将政策实施期限延长，优化贷款备案和风险补偿程序，强化与科技创新再贷款及专项担保的联动，扩大政策覆盖面。创新混合融资模式。开展财政资金“先投后股”试点。鼓励金融机构探索“贷款＋孪生投资公司”“贷款＋认股期权”等投贷联动模式。

（二）加快完善梯次培育体系

建立培育壮大科技领军企业机制。出台湖南省科技领军企业认定实施方案，建立科技领军企业培育库，培育招引一批技术核心突出、产业链带动能力强、具备全球竞争力的科技领军企业。实施科技型企业上市培育建设行动。遴选扶持一批创新能力强、成长速度快、发展潜力大、上市意愿强的科技型企业，“一企一策”制订上市辅导方案，提升企业科创属性。开展创新主体增量提质行动。全面落实研发费用加计扣除、高新技术企业税收优惠等政策，加快建立省高新技术企业和科技型中小企业库，梯次培育国家高新技术企业和科技型中小企业。

湖南省行业协会商会发展情况分析报告

湖南省民政厅

湖南民政系统深入贯彻党的二十大和二十届三中全会精神，围绕高质量发展目标，认真组织开展行业协会商会服务高质量发展专项行动，多措并举、开拓创新，引导行业协会商会在推动经济社会发展、参与社会治理、助力乡村振兴等方面发挥积极作用，现将有关情况报告如下。

一、推动行业协会商会服务高质量发展的创新做法

一是强化制度建设。以省政府令形式出台《湖南省行业协会管理办法》，明确行业协会商会 12 项经济社会职能，引导行业协会商会服务高质量发展。深度参与民政部《行业协会商会法》起草工作，提供湖南省建议稿、问题清单、政策措施清单等资料。修订规范性文件《湖南省行业协会商会负责人任职管理办法》，为脱钩后行业协会商会发展和监管提供法治保障。出台规范性文件《湖南省民政厅关于规范社会组织退出机制的指导意见（试行）》，明确社会团体简易注销程序，全省简易注销社会团体 394 家，推动"僵尸型"行业协会商会出清，净化行业协会商会发展生态。

二是强化党建引领。理顺党建工作体制，会同省委社会工作部梳理明确 435 家行业协会商会与业务主管单位（行业管理部门）一一对应关系。举办"学习贯彻党的二十届三中全会精神专题辅导暨行业协会商会服务高质量发展培训班"，260 余名党支部书记、党建指导员参加培训。印发关于深入开展党纪学习教育实施方案、任务清单，200 多个社会组织党支部深入学习《中国共产党纪律处分条例》。深入推进行业协会商会党组织覆盖，全面推进"六同步""两

纳入”，督促 12 家社会组织将坚持党的全面领导、践行社会主义核心价值观载入章程。印发《中共湖南省社会组织综合委员会关于开展社会组织党建质量提升专项行动的通知》，督促 95 家行业协会党支部完成换届，批复成立 12 家社会组织党组织，选派 10 名党建指导员对 62 家社会组织提供党建辅导。

三是聚焦服务新质生产力。支持湖南省低空经济协会、湖南省个体防护装备协会等 7 家科技类社会组织依法登记。举办“助力发展新质生产力培训班”，培训社会组织 260 家。举办科技类社会组织座谈会、交流会等 4 场次，4 家科技类社会组织做经验介绍。长沙市聚焦建设全球研发城市，开展“政社益企·新质共建 工信科技类社会组织服务高质量发展‘湘聚’活动”，引导工信科技类社会组织助推全市经济社会高质量发展。湖南省总商会曾万辉“打造人工智能‘湖南高地’”入选省委“献策湖南 100 个优秀金点子”。

四是打造先进典型。省级 90 家、全省 360 家行业协会商会被列为行业协会商会服务高质量发展专项行动重点推进单位。发布 3 期《湖南省行业协会商会服务高质量发展典型案例》，收录 20 家省级行业协会商会、14 家市县级行业协会商会优秀经验，全覆盖发放各级登记管理机关和省直相关部门。省本级 23 家行业协会商会被评为 3A 以上社会组织，12 家行业协会商会被评为“先进基层党组织”，6 家行业协会商会入选民政部行业协会商会服务高质量发展典型案例。63 家行业协会商会与 15 个乡村振兴重点帮扶县建立结对帮扶关系。

五是打造交流合作平台。举办 5 场“湘社兴湘”行业协会商会服务高质量发展等经验交流会，16 家行业协会商会负责人围绕党建引领、科技创新、乡村振兴、基层治理等特定主题进行经验交流和成果展示。促成 7 家行业协会商会签订《湖南省社会组织高质量发展战略合作协议》，就党组织共建、信息共享、培训交流、项目合作、资源整合五个方面达成战略合作共识。

二、行业协会商会在服务新发展格局、推动高质量发展方面作用发挥情况

认真落实《湖南省行业协会商会服务高质量发展专项行动实施方案》，以“十个一批”工作任务为抓手，力争取得实际成效。

一是形成一批高质量的调研报告和政策建议。向政府部门提交调研报告316篇，提交意见建议1 127条，提交人大代表建议、政协委员提案23件，湖南省餐饮行业协会、湖南省预制菜产业协会等参与由各级党委政府组织的座谈会69次。4家行业协会商会建议入选省委“献策湖南100个优秀金点子”。

二是推动一批行业发展支持性政策落地见效。全省行业协会商会累计参与政策法规起草86件，推动出台《湖南省茶产业发展促进条例》《湖南省社会信用条例》等法规规章6部，推动省工信厅出台《湖南省产业集群发展促进组织管理办法（试行）》等政策文件。

三是壮大一批行业发展必需的人才人力队伍。12家行业协会被省人社厅认定为职业技能等级认定社会培训评价组织，组织3 000余人通过技能考试。23家行业协会举办各类职业技能竞赛，参赛人员6 000余人。各地行业协会商会举办各类行业考试91场，培训行业人才4.7万人。

四是发布一批科学准确有效的经济发展指数。湖南省上市公司协会、湖南省银行业协会等20家行业协会商会发布行业发展白皮书，向会员单位提供本地区本行业的经济运行发展信息，为政府和企业进行经济决策提供有益参考。

五是建设一批推动行业产业发展的服务平台。省级行业协会商会搭建交流合作平台和供需对接平台数140余个，举办交易会、展览会、博览会、洽谈会数299场。“中非经贸博览会”“北斗规模应用峰会”已经成为全国业内闪亮的名片。

六是推出一批引领行业产业发展的先进标准。围绕工程机械、轨道交通、水稻种植等品牌产业，牵头或参与制定国家标准、地方标准、行业标准、团体标准1 232个。

七是培育一批服务行业产业发展的品牌项目。围绕服务“4×4”现代化产业体系，倾力打造“湘商回归”“校友回湘”等招商引资品牌项目，积极引进三类500强企业、链主企业、高精特新企业和战略性新兴产业来湘投资兴业。据统计，2024年全省湘商回湘投资新注册企业1 360家、增长42.7%，项目累计到位资金达5 915.2亿元、增长32.2%。

八是完善一批维护行业发展秩序的自律规约。发布行业自律规约、职业道德准则900余个，协调行业内外纠纷数4 900次，推动形成行业协会商会自律自治。衡阳市各行业管理部门履行行业监管职责，支持、指导112家行业协会商会制定行业自律公约。

九是服务一批促进经济布局优化的产业集群。由对应领域的省级行业协会商会牵头，组建环保、化妆品等6个产业园区。全省行业协会商会累计推动建立产业集群46个。36家行业协会商会实现100多项科研成果转化和运用。

十是谋划一批服务高水平对外开放的新举措。促成6家行业协会商会与湖南省报关协会签订《湖南省社会组织高质量发展战略合作协议》，推动关务合作、国际贸易信息共享，帮助更多会员企业“走出去”、拓市场。湖南省矿业协会为会员企业组织产销对接会12场，新增出口贸易订单4.5亿美元。长沙市工程机械行业协会组织会员企业参与9个海外工程机械展会，与16家国际机构达成战略合作。

三、常态化开展行业协会商会乱收费治理工作情况

一是强化部署推动。将行业协会商会乱收费治理工作列入省民政厅2024工作要点、对市州民政部门平安建设考评和重点工作综合评估内容，对市县民政部门加大监管查处力度进行部署，压实责任。建立定期调度和月报制度，举办社会组织登记管理工作业务培训班。长沙市社会组织工作连续2年被列入市委常委会议议题。

二是强化制度建设。以省政府令形式出台《湖南省行业协会管理办法》，将乱收费清理整治列入规范范围。出台规范性文件《湖南省行业协会商会负责人任职管理办法》，对行业协会商会负责人的任职条件、禁止情形、审核程序等进行了明确规定，从制度上有效规避行业协会商会通过任免负责人违规敛财。

三是加强日常监管。联合省委社会工作部印发《关于清理规范社会组织评比达标表彰的通知》，印发《湖南省民政厅关于开展优化营商环境专项监督工作的通知》，联合市场监管、网信、文旅等部门对违规收费行为进行检查，开展厅管社会组织监督检查审计工作，强化网络舆情监测，将发现的问题线索及时进行处理或移交市县登记管理机关。

四是规范内部建设。先后举办行业协会商会服务高质量发展、助力新质生产力等专题培训14场，将行业协会收费行为规范作为重要培训内容，累计

培训行业协会商会负责人 3 000 余人次。举办行业协会商会服务高质量发展典型经验交流及推介会，邀请在内部治理、优化营商环境方面取得明显成效的 16 家行业协会商会作主题交流和经验介绍，发挥典型示范引领作用。

五是强化诚信建设。出台《湖南省社会组织信用信息管理办法》，在民政厅官网公布省市县三级民政部门举报投诉电话。督促指导 331 家省级行业协会商会在“信用中国（湖南）”公示收费信息，开展信用承诺。全省行业协会商会发布行业自律规约、职业道德准则 900 余个，倡导诚信经营、合规收费。推送《行业协会商会收费合规指南》等政策法规至 460 余家省本级行业协会商会。

四、行业协会商会减轻企业负担金额情况

一是清理评比表彰减负担。联合省委社会工作部印发《关于清理规范社会组织评比达标表彰的通知》，对社会组织违规开展的评比表彰活动进行摸底排查和全面清理。向市州社管局印发了《关于对社会组织评比达标表彰线索进行核实处理的通知》，将前期摸排发现的社会组织评比达标表彰活动疑似线索移交给市州，督促市州进行线索核查。共收集到 85 家社会组织 196 个评比达标表彰项目，其中涉嫌违规开展评比达标表彰线索，无借评选收费情况。

二是治理违规收费减负担。深入贯彻落实《湖南省民政厅关于持续强化行业协会商会乱收费治理切实帮助市场主体减负纾困的通知》要求，将行业协会商会乱收费治理工作列入对市州民政部门平安建设考评和重点工作综合评估内容，持续帮助企业减负纾困。全年共计抽查检查行业协会商会 663 家，发现违规收费问题 32 个，涉及金额 126.3 万元，全部整改到位。

三是减免收费减负担。全省行业协会商会通过“减免一批会费、降低一批会费、调整一批会费”等方式，全省共 240 个行业协会商会降低了收费项目标准，110 个行业协会商会规范了收费标准和程序，526 个行业协会商会推出减免收费举措，惠及 1.2 万家企业，共减轻企业负担 1 925.56 万元。

服务民营经济高质量发展工作报告

湖南省人力资源和社会保障厅

2024年，湖南省人力资源和社会保障厅深入贯彻落实党的二十届三中全会精神和湖南省委、省政府关于促进民营经济发展壮大的决策部署，紧扣“稳增长、优环境、强动能、惠民生”主线，以“服务民营企业提质增效”为核心，锚定服务民营经济“主力军”定位，持续深化援企纾困、用工保障、人才引育、权益维护等关键举措，为全省民营经济高质量发展注入强劲动能。

一、2024年民营经济发展领域人社工作取得积极进展

（一）搭建就业供需桥梁，强化企业用工支撑

一是“一对一”专员服务。印发《关于加强企业用工保障支持高质量发展的通知》（湘人社办发〔2024〕10号），持续健全完善重点企业用工保障联系服务机制，将“专精特新”、先进制造业集群企业、外贸企业等相关企业纳入重点用工保障服务范围，“一对一”明确人社服务专员536人，深入辖区企业，了解掌握企业用工需求，提供线上线下招聘、劳务协作对接等针对性用工保障服务，为重点企业高质量发展保驾护航。2024年，全省共帮扶重点企业招用员工24.7万人。二是积极促进供需匹配。线上，充分发挥“湘就业”平台岗位发布主渠道作用，广泛发布企业用工需求；开设“湘就业”视频号支持企业通过“湘就业”平台开展直播带岗活动。12月底，“湘就业”平台共有招聘企业14万家，共有招聘岗位49万个。线下，部署开展就业援助月、春风行动、民营企业服务月等公共就业专项活动，为求职群众和用工企业提供有质量、有力度、有温度的就业帮扶。2024年春风行动期间，全省共举办劳务协作专场招

聘会 150 余场，组织 23 支小分队赴重点县援企招工 1.8 万余人，岗位超市发布农民工就业岗位超 30 万个。三是广泛开展劳务协作。制定推动劳务协作发展七条措施，依托省际、省内劳务协作机制，切实加强劳务协作双方联系对接，开展联合招聘、驻点招聘、组团招工等对接活动，不断强化有组织劳务输出。承办 2024 全国劳务协作暨劳务品牌发展大会和全国劳务协作对接洽谈，湖南省与江苏省、浙江省等省进行劳务协作协议签约，在去年湘、沪、苏、浙、鲁、赣、闽、琼八省劳务协作联盟基础上，进一步扩大协作范围和深化协作内容，共同建设“区域劳务协作信息平台”，建立就业需求、岗位供给、稳工稳岗“三张清单”协作机制，推进联盟省市间传统劳务输出向劳务协作、技能培训、劳务品牌、返乡创业四轮驱动转变。截至 2024 年 12 月底，全省共建立劳务协作对接机制 1 578 个。

（二）拓宽人才供给通道，注入持续发展势能

一是加强技能人才培养。出台《湖南省职业技能培训补贴实施办法》，实施与就业挂钩的奖补机制和基于职业紧缺程度的差异化补贴机制，以就业转化率、评价取证率或薪酬兑现率等多元评价检验培训效果。聚焦先进制造、康养服务、数字技能等重点领域，紧密联系产业园区和湖南吉利汽车、中联重科等重点企业，试点 17 个省级重点培训项目，有力支持企业转型、产业升级、县域发展。推行“企业新型学徒制”培训，通过企校合作、工学交替方式，对技能岗位新招用和转岗等人员共同培养学徒。2024 年共开展企业新型学徒培训 3 000 余人次。推行企业及劳动者点单、政府派单、培训机构接单、企业提供优质岗位订单的“四单”培训模式，2024 年全省共开展补贴性职业技能培训 28.22 万人次，完成目标任务的 121%。二是深化人才评价改革。完善职称评价标准，出台人力资源管理、实验技术、自然科研、工程、播音等系列职称评价办法。强化为产业人才服务，在硬质合金、黑茶等 16 个产业开展专场职称评审。制定《关于做好职称认定工作的通知》，明确大中专毕业生等六类人才群体的职称认定办法，减少重复评价。加强博士后站点建设，开展全省博士后工作评估，搭建博士后岗位招聘需求发布平台，集中发布招聘计划 3 000 个。推荐 10 家企业获批国家级博士后科研工作站，批准 15 家单位设立省级博士后创新创业实践基地。2024 年湖南省博士后站点达到 376 个，在站博士后 2 882 人，均创历史新高。三是多措并举服务人才。牵头出台《鼓励高层次人才服务企业十条支持措施》，从启动经费、人才评价、退休待遇等方面拿出 10 条“硬举措”，为高层次人才服务企业发展“保驾护航”。高质量开展享受政府特殊津贴专家选拔，推荐 81 人享受国务院政府特殊津贴，绝大多数来自湖南省“4×4”现代化产业体系、先进计算等领域，形成领军人才来自产业一线的鲜明导向。推进高技能人才振兴计划，建成国家级高技能人才培训基地 40 个和国家级技能大师工作室 40 个，省级高技能人才培训基地 88 个，省级技能大师工作室 110 个，省重点产业技能人才培训基地 40 个。聚焦先进制造业等重点产业龙头企业，从生产一线评选首批 66 名“特级技师”和 7 名“首席技师”。激发创业创新活力，落实支持大学生创新创业“七个一”行动部署，推动设立大学生创业投资资金，出台《湖南省省级大学生创业孵化基地认定和管理办法》《湖南省大学生创业项目库管理办法》，为推动大学生创新创业提供重要支撑。持续擦亮“创响三湘”服务品牌，强化创业培训、创业贷款、创业孵化、创业补贴、创业活动“五创联动”。全年全省开展创业培训 11.27 万人次，新发放创业担保贷款 48.28 亿元，扶持创业 1.33 万人，新增带动就业 10.15 万人。

（三）夯实社会保障基础，提振民营主体信心

一是多层次建设养老保险体系。出台企业职工病残津贴、合同制工人补缴、机关事业单位新退休人员待遇平稳衔接、企业年金发展指导意见、职业年金基金管理、职业年金基金新增资金分配等实施细则或办法，科学制订调待方案，2024 年为 552.39 万企业和机关事业退休人员月人均增加基本养老金 94.86 元，养老保险制度体系更加健全。二是多方位完善工伤保险体系。积极应对人口老龄化，维护超龄人员等特定人员工伤权益，促进超龄人员等特定人员就业创业，分散用人单位工伤风险，出台《湖南省超龄人员等特定人员参加工伤保险办法（试行）》，扩大了工伤保险覆盖面。印发《关于做好 2025 年湖南省工伤预防项目申报工作的通知》，指导全省制定工伤预防费预算和项目申报；积极探索工伤预防标准体系建设，指导长沙市人社局联合第三方制定了《企业工伤预防管理工作基本要求》，引导企业实施积极的工伤预防措施。三是多举措健全失业保险体系。

修订完善失业保险业务经办规程，印发失业保险稳岗返还经办、一次性扩岗补助经办工作的通知，明确延续实施阶段性降费率、稳岗返还等援企稳岗政策。全年全省减征失业保险费 40.82 亿元，发放稳岗返还资金 11.15 亿元、一次性扩岗补助 6 047.95 万元。按月发放失业保险金、一次性生活补助金等失业保险待遇。全年全省共为 24.46 万名失业人员发放失业保险金 21.75 亿元。

（四）构建和谐劳动关系，巩固主体合法权益

一是合理调控收入分配。根据湖南实际情况调整最低工资标准，将湖南省月最低工资标准档次由 2022 年的 1 930 元 / 月、1 740 元 / 月、1 550 元 / 月调整为：2 100 元 / 月、1 900 元 / 月、1 700 元 / 月，最高档增幅 8.8%。发布湖南省 2024 年企业工资指导线：职工货币平均工资增长基准线 6%、上线 9%、下线 3%。二是加大力度根治欠薪。扎实开展“用心用情 · 湘薪湘护”根治欠薪冬季专项行动，加强日常监督执法，强化“数字治欠”，全省各级劳动保障监察部门共立案查处或协调处置欠薪线索 5 406 件，为 5.72 万名劳动者追发工资待遇 5.42 亿元。三是调解仲裁提质增效。积极践行新时代“枫桥经验”，坚持完善机制、预防为先、调解为主、依法处置、强化基础，多元化调处劳动人事争议。2024 年全省劳动人事争议调解组织和仲裁机构共审结案件总数 59 625 件，仲裁结案率 97.96%，调解成功率 69.66%，均超过部、省目标。

二、2025 年民营经济发展领域人社工作发展思路

2025 年，湖南省人力资源和社会保障厅将以习近平新时代中国特色社会主义思想为指导，全面贯彻落实党的二十大和二十届二中、三中全会，省委七次、八次全会及全省“两会”精神，认真贯彻人社部工作部署，以加强人力资源开发利用为主线，进一步全面深化改革，稳就业、强技能、促增收、防风险，统筹推进各项工作，高质量完成“十四五”规划目标任务，为实现“十五五”良好开局打牢基础，为实现“三高四新”美好蓝图贡献人社力量。

（一）强化就业优先导向，迈向高质量就业创业新征程

一是健全完善岗位归集机制。推动财政、税收、产业、区域等政策与就业

政策协调联动、同向发力，及时归集并向社会发布重大政策、重大项目、重大生产力布局创造的就业岗位，积极构建就业友好型发展方式。二是推动落地各类计划。实施帮扶车间培育壮大计划、青年就业创业计划，以先进制造业、专精特新企业、生活服务业、外贸行业、新型经营主体为重点，用好用足稳岗返还、税费减免、担保贷款、资金补贴等政策工具。出台巩固壮大就业帮扶车间促进就近就业的相关文件，支持建设一批省级就业帮扶基地，稳定脱贫人口务工规模。三是深化创业带动就业。深入落实支持大学生创业“七个一”行动，建设 10 家左右高水平、示范性、引领性省级大学生创业孵化基地，培育 10 个左右具有潜力的基地，集中开展创业服务活动，落实大学生创业培训不少于 1.5 万人次，鼓励支持以高校毕业生为主体的青年群体就业创业。

（二）深化机制改革，健全社会保障与收入分配新格局

一是平稳实施延迟退休改革。落实特殊工种提前退休、灵活就业人员参加企业职工基本养老保险等相关配套政策。持续优化完善改革相关业务系统、经办流程，做好政策解释、宣传培训和应急维稳工作。组织开展企业年金发展大会和企业年金扩面推广活动，全面促进湖南省企业年金发展。制定实施湖南省个人养老金制度政策措施，努力提升个人养老金制度覆盖率和缴费水平。二是开展参保扩面攻坚行动。力争至 2025 年底，基本养老保险参保率维持在 95% 以上，工伤保险、失业保险参保人数分别达到部定任务指标，努力提高社会保障待遇，推动高质量参保扩面。三是加强企业工资宏观指导调控。进一步提高最低工资标准，推进技能人才最低工资区域性行业性工资集体协商。深化国企薪酬管理改革，落实重大科技创新薪酬分配激励政策，加大对不合理过高收入调控力度，进一步规范国有企业薪酬分配秩序。

（三）创新人才开发模式，构建人力资源服务新生态

一是加强职业技能培训。以组织实施“技能照亮前程”专项行动为统领，大力开展 2025 年“技兴三湘”职业培训计划，聚焦“高校毕业生、农民工、登记失业人员、就业困难人员”4 大群体，围绕“先进制造业、康养、托育、新职业”4 大产业，构建多部门合作的“大培训”工作格局，落实补贴性职业

技能培训 24 万人次以上。二是加强继续教育培训。深入实施专业技术人才知识更新工程，围绕湖南省重大战略及新兴优势产业，举办专技人才专题研修班不少于 25 期。围绕人工智能、物联网等数字专业领域，培养数字技术工程师不少于 2 000 名。三是加强人才队伍评价。制定出台管理办法，加强职称评审监管，压实人社部门、行业主管部门、评审单位各自的监管职责，强化责任追究，形成机制约束。落实“新八级工”职业技能等级制度，开展首席技师、特级技师聘任，打破技能人才评价“天花板”，畅通技能人才发展通道。

（四）优化运行机制，完善劳动关系治理服务新体系

一是加强劳动关系协商协调。充分发挥协调劳动关系三方机制作用，进一步健全工作格局，强化新就业形态劳动者权益推进机制，加强部门沟通联系，推动形成共治工作新格局。二是持续开展工资集体协商“春季要约行动”。充分发挥集体协商制度在协调劳动关系中的基础性作用，联合开展 2025 年工资集体协商“春季要约行动”，推动工资集体协商工作扩面增效，进一步推动在非公有制企业、新就业形态劳动者集中的头部企业建立协商协调机制。三是加强源头预防。强化争议源头预防化解。发挥工会、企业代表组织、行业商（协）会、中小企业服务机构等作用，指导推动用人单位建立健全沟通对话机制，完善内部申诉、协商回应制度，提高争议内部预防化解能力。会同团组织落实青年仲裁员志愿者联系企业活动常态化长效化机制，助力企业依法规范用工、劳动者依法维权。

湖南省民营经济对外贸易发展情况分析报告

湖南省商务厅

2024年，湖南省商务厅积极应对复杂严峻国际贸易形势压力，坚定高质量发展导向不动摇，不断优化结构、提升质量，围绕促进民营经济对外贸易发展壮大，出台落地了一系列重磅政策，民营经济对外贸易恢复向好发展因素持续累积。

一、民营经济对外贸易基本情况

（一）外贸主体逐步壮大

积极开展外贸市场主体培育工作，2024年，全省有进出口记录的经营主体8 315家，与2022年、2023年基本相当。其中，民营外贸企业数量7 825家，占全省外贸实绩企业数的94.1%；民营外贸企业进出口4 380.2亿元，占全省进出口总额的77.7%，依然保持“主力军”地位。

（二）新兴市场加快拓展

2024年，湖南对全球几乎所有国家和地区都有进出口记录，贸易伙伴数量连续两年创历史新高，其中进口伙伴比2023年多16个。对其他金砖国家出口额增长1.2%，对共建“一带一路”国家进口额增长4.4%，对RCEP其他成员国贸易占比稳定在三成。对非洲国家贸易额连续3年突破500亿元，继续稳居中西部第1位。对俄罗斯、拉美进出口分别增长16.7%、5.4%。新兴市场逐渐成为湖南外贸增长的重要力量。

（三）进口持续快速增长

充分发挥进口口岸和供应链企业作用，积极扩大大宗商品和消费品进口。2024 年，全省实现进口 2 291.8 亿元、同比增长 5.9%，连续 8 年保持增长，连续两年突破 2 000 亿元。其中，大宗商品、机电产品进口 747.1 亿元、632.7 亿元，分别增长 9.2%、8.7%。省内市场主体利用和参与国际分工程度进一步加深，全省贸易结构显著优化。

（四）优势产业势头强劲

工程机械、株洲轨道交通 2 个产业链相继获商务部、财政部支持开展国家外经贸提质增效工作，为湖南省优势产业链外向发展注入强劲动力。2024 年，湖南省工程机械出口 316.3 亿元，首破“300 亿元”，增长 20.3%；电动汽车、锂电池、光伏“新三样”产品出口 104.7 亿元，首破“百亿元”，增长 39.7%；轨道交通装备出口 11.4 亿元，同比增长 24.7%；蔬菜出口 129.6 亿元，连续两年突破“百亿元”，增长 4.6%。

二、工作进展及成效

（一）支持开拓国际市场

联合省财政厅、省贸促会发布《2024 年湖南省重点境外展会目录》《2024 年湖南省重点境外展会增补目录》，共包含 156 个境外综合性或专业性展会，通过对企业参展的展位费、展品运输费以及人员费给予一定支持，进一步鼓励民营企业拓市场、拿订单。成功服务湖南省 460 多家企业参加第 135 届、第 136 届广交会，两届现场意向成交 10.5 亿美元，同比增长 4.4%。

（二）加强企业走访服务

印发《2024 年稳外贸百日攻坚行动实施方案》，对重点市州、重点平台、重点企业实行“周调度、旬推进、月总结”，进一步强化稳外贸督导。同时联合省财政厅制定并实施《外贸提质增效专题调研方案》，实地走访民营企业了解困难诉求，进一步强化稳外贸政策输送。指导重点市州积极稳妥推进政策清理规范工作，进一步强化问题整改和健全长效动态监督体系。

（三）提升部门联动质效

与省税务局签订《推动外贸稳规模优结构战略合作协议》，着力推进党建共促、工作共进、业务共融、信息共享，同时与长沙海关启动新一轮外贸形势分析联席会议机制，推动签署贸易统计数据服务协议，进一步强化数据共享、趋势共研，强化湖南省稳外贸发展合力。

（四）强化外贸金融支撑

联合省财政厅、省外汇管理局印发《湖南省中小微外贸企业汇率避险产品政府风险补偿资金支持工作方案》，积极引导外贸企业树立汇率风险中性理念，助力中小微民营外贸企业开展汇率避险。

（五）提升外贸服务水平

举办 2024 年度全省外贸业务实操培训班、2024 年全省外贸政策宣讲培训班，同时发布进出口企业基本资证常见问题解答，进一步提升民营外贸企业服务能力。

三、下一步工作打算

（一）全力实现开门稳开门红

延续稳外贸百日攻坚行动机制，继续开展“周调度、旬推进、月总结”，会同各市州加强项目储备，用早用好用足提前下达的第一批外贸稳增长资金和各类进出口配额，推动民营企业加快履约交付、应出尽出。

（二）大力实施主体培育行动

鼓励市州培育和引进外贸供应链企业，提升外贸供应链服务能力，打造新的百亿级增长点。面向特色外向型产业挖掘梳理各细分行业潜力企业名单，积极帮助民营企业提升国际竞争力，打造更多十亿级、百亿级行业龙头。会同市州深入挖掘业绩流失情况，联动外贸供应链企业、外贸综合服务中共同推动外贸业绩回流。

（三）聚力开展产业提质增效

开展省级优势产业外贸提质增效工作，聚焦高新技术、先进制造、节能环保、绿色生态等领域重点外向型产业，选择一批园区型、平台型、链主型载体具体实施，通过项目申报的方式，加大专项资金、政策支持，培育一批具有国际竞争力的品牌和市场主体，提升产业开放度和产贸融合发展水平。

（四）着力推动外贸业态创新

积极推动外贸综合服务、市场采购等新业态新模式优化升级，发挥辐射带动作用。大力拓展中间品贸易，丰富支持方式，加大支持力度。稳妥有序探索开展新型易货贸易，积极缓解企业收付汇困难。推动组建省级进出口行业协会，充分发挥行业协会商会在规范行业秩序、开拓国际市场、分析研判形势等方面的积极作用。

（五）努力提升服务水平合力

持续强化与海关、税务、外汇、金融等部门协作机制，进一步提升通关、收结汇、出口退税便利化水平，加大信贷信保支持，加强包容审慎监管，更好服务省内民营企业降本增效，增强企业持续经营能力，营造更加浓厚的开放发展氛围。

湖南省金融支持民营经济发展壮大工作情况

中国人民银行湖南省分行

2024年，人民银行湖南省分行深入贯彻党中央、国务院和湖南省委、省政府决策部署，聚焦聚力民营经济发展，出台专项金融支持措施，用好用足各项货币政策工具，引导金融机构持续加大民营经济信贷投入，不断提升民营经济金融服务水平。截至2024年末，全省民营企业贷款同比增长8.44%，普惠小微贷款同比增长14.35%。

一、湖南省金融支持民营经济情况

（一）完善金融支持民营经济政策体系

一是出台金融支持民营经济“10条措施”。联合湖南金融监管局、湖南证监局、省委金融办、省发改委等九个部门出台扩大民营经济金融供给、提升民营经济金融服务能力等“10条措施”。二是出台个体工商户精准帮扶措施。联合省市场监管局等部门印发《湖南省个体工商户分型分类精准帮扶实施意见》，积极开展“个体工商户服务月”活动，推动金融机构精准聚焦个体工商户全生命周期发展特点和融资需求，强化金融产品创新，加大信贷投放力度。截至2024年末，全省个体工商户经营性贷款同比增长12.18%，高出各项贷款增速4个百分点。三是做好创业就业金融服务。联合省财政厅、省人社厅等部门完善创业担保贷款政策，推动加大创业担保贷款投放。设立规模5.05亿元的大学生创业投资基金，最高给予100万元股权投资，对成长性好的主体可追加投资。

（二）用好用足结构性货币政策工具

充分发挥货币政策工具正向激励作用，为民营经济发展提供央行低成本资金，引导金融机构加大对民营小微企业信贷投放。一是用好再贷款、再贴现等货币政策工具。2024 年，全省人民银行累计发放支农支小再贷款、再贴现 1 596.3 亿元，同比多放 250.86 亿元。二是按地方法人银行机构普惠小微贷款季度新增额的一定比例，提供激励资金 15.1 亿元，撬动全省普惠小微贷款净增 1 058.7 亿元。三是用好用足碳减排支持工具。组织金融机构根据风电、集中式光伏发电等重点项目清单，加大碳减排相关企业贷款投放。截至 2024 年末，全省金融机构获得碳减排支持工具 180.6 亿元，累计支持企业 240 家。四是推动科技创新和技术改造再贷款在湖南落地见效，支持科技型民营企业发展壮大。2024 年完成科技创新和技术改造贷款发放 86.1 亿元，签约发放率 36%。五是股票回购增持再贷款政策取得初步成效。截至 2024 年末，全省 10 家银行机构为 16 家上市公司及其股东授信 109 亿元，为 4 家上市公司出具贷款承诺函，贷款签约 10.9 亿元。在货币政策工具带动下，2024 年 12 月，全省新发放普惠小微贷款利率为 4.02%，较上年同期下降 65 个基点。

（三）充分运用金融科技创新民营经济金融产品和服务

一是指导银行机构运用企业收支流水征信平台，创新“流水贷”等民营中小微企业线上化纯信用信贷产品。截至 2024 年末，全省金融系统累计为 4.9 万户企业授信 459.3 亿元，为 2.9 万户企业发放信用贷款 420.6 亿元，户均放款 144.1 万元，其中首贷户数占比 24%。二是指导银行机构充分运用科技赋能，通过云计算、大数据等金融科技手段，挖掘和分析民营经济经营主体信息，进行精准画像，推出“经营快贷”“惠农 e 贷”“投联贷”等 412 款民营经济创新金融产品，为民营经济经营主体提供智能精准、高效便捷的金融服务。

（四）深入开展“百地千行进万企”融资对接行动

组织全省金融系统积极开展“百地千行进万企”“行长走市县 · 金融稳增长”专项行动，2024 年省市县三级组织银企融资对接活动，银企签约金额达 1 170 亿元。组织全省 1 000 余家银行分支行和基层网点深入园区、商圈、市场、创业孵化基地等开展走访，主动对接民营金融服务需求。2024 年，全省累计走访对接民营经济经营主体 91.5 万户，解决融资问题 15.5 万个。

（五）支持民营企业拓宽融资渠道

一是加强民营企业发债辅导、培育，引导民营企业充分运用债务融资工具，并对银行机构非金融企业债务融资工具主承销业务进行评价。2024 年，全省新发行债务融资工具 2 070 亿元，其中，民营企业债务融资工具 80 亿元。二是建立健全民营企业应收账款融资模式。一方面，推广中征应收账款融资服务平台，全省通过中征应收账款融资服务平台累计开展应收账款融资 5 671 笔，金额达 3 093.1 亿元。另一方面，在全省各市州开展供应链应收账款池融资试点。筛选近 4 000 户与供应链核心企业具有稳定交易关系的供应商，形成优质上游企业名单，并推送至金融机构，指导金融机构开展应收账款池融资。截至 2024 年末，金融机构累计为 64 户企业授信 3.6 亿元，发放应收账款池融资 3.1 亿元。

（六）推动跨境融资便利化试点扩面增量

积极推动试点政策落地见效，通过实地宣讲、发放宣传册、“外汇政策直通车”微信小程序等线下线上多种方式，推动外汇指定银行对在本行开立基本户的相关民营企业，实施全覆盖、无间断的宣传培育，宣传培训覆盖率 100%。加强与地方政府有关部门的政策联动，成功将试点业务纳入本省知识价值信用贷款风险补偿实施方案。

二、金融支持民营经济面临的问题和困难

（一）金融机构信息搜集成本仍然较高

目前，民营经济市场主体以中小微企业和个体工商户为主，相较于大型企业，信息披露渠道较少，加之工商、税务等部门涉企信息共享机制不健全，银行可查询民营企业税务、社保等信息渠道有限，征信数据尚不能满足贷款尽职调查需要，信息搜集成本较高。

（二）民营企业融资支持政策需进一步形成合力

2024 年，全省推出了民营企业融资风险补偿、财政贴息等一系列惠企政策，但政策宣传还不到位、政策执行力度有待加强，且未与人民银行再贷款等货币

政策工具配套，融资增信和撬动作用需进一步加强。

（三）外部经济环境影响民营企业有效信贷需求

受国内外经济形势影响，民营企业仍面临较为严峻的市场环境，供应链不够稳定导致交通、交易成本上涨，甚至时常停摆，有效需求不足导致市场低迷，受供需两端同时制约，部分民营企业经营状况尚不明朗，生产经营行为相对保守，缺乏追加投资扩大经营规模的动力。辖内银行反映，部分大中型民营企业对信贷资金的需求不高，部分民营小微企业融资需求旺盛，但经营状况不够稳定且缺乏有效的抵质押物，银行在扩大普惠小微首贷、信用贷款供给的同时，不良贷款比率也有所上升。

三、下一步工作打算

一是持续加大民营企业贷款投放。继续用好用足支农支小再贷款、普惠小微贷款支持工具等结构性货币政策工具，充分发挥金融服务民营经济相关评估激励约束作用，引导银行机构加大民营企业首贷、续贷、信用贷、中长期贷款投放力度，降低融资成本。支持民营企业通过银行间市场发债融资，拓宽直接融资渠道。二是提升政银企对接质效。深入推进“行长走市县·金融送解优”专项行动，指导金融机构持续开展“百地千行进万企”等银企融资对接活动，分层级、分领域、分行业开展形式多样的走访帮扶，提高融资对接精度，提升民营企业融资获得率、满意率。三是持续加大金融产品和服务创新。统筹用好省级征信平台和收支流水平台，引导金融机构持续创新线上化纯信用贷款产品，满足民营企业需求。推广产业链供应链融资模式，提升链上民营企业融资便利度。四是深化与政府部门的协调联动。加强与发改、工信、财政、工商联等方面的协调配合，强化信息共享，推动进一步完善融资担保、风险补偿、贷款贴息等配套政策，探索健全民营中小企业融资增信制度，引导金融资源向优质民营中小企业倾斜。

湖南省民营经济纳税情况分析报告

国家税务总局湖南省税务局

2024年，湖南省税务部门积极贯彻落实税务总局和省委、省政府关于民营经济的相关工作部署，深化拓展税收职能作用，落实落细税费优惠政策，持续优化税收营商环境，积极赋能湖南民营经济高质量发展。

一、民营经济纳税情况分析

（一）民营税收规模、占比下降，外贸出口表现较好

从增长看，受经济恢复基础不稳、有效需求不足等因素影响，2024年全省民营经济税收增长受阻，全年缴纳各项税收2 002亿元、同比下降6.7%，较税收整体增速慢4.6个百分点。民营经济税收占全省税收总量的45.5%，虽较上年度下降2.3个百分点，但仍高于国有经济税收（占比42.2%），是湖南省税收的最主要来源。在出口方面，民营经济全年办理出口退税191.2亿元，同比增长9.4%，占全省全部出口退税的比重达到74.8%，反映民营经济“出海”向好，是湖南省外向型经济的主力军。

（二）岳阳实现正增长，七市州降幅达到两位数

从地区来看，岳阳（入库168.8亿元、增长7.4%）实现正增长，多数市州民营经济税收出现下滑。其中，湘西（入库29.1亿元、下降24.0%）降幅最大，永州（入库71.2亿元、下降18.7%）、邵阳（入库74.4亿元、下降16.2%）、常德（入库88.8亿元、下降14.4%）、株洲（入库137.1亿元、下降11.7%）、怀化（入库56.1亿元、下降10.9%）、衡阳（入库110.5亿元、下降10.5%）等地出现两位数降幅。省会长沙入库879.2亿元、下降4.3%，受体量大、

降幅小影响，占全省民营经济税收比重由上年度的 42.8% 提升至 43.9%，核心地位稳固。

（三）共享税种占比提高，土地增值税、契税减收较多

从税种看，2024 年全省民营经济前三大税种均为共享税种，其中增值税入库 967.9 亿元、下降 10.0%，企业所得税入库 358.1 亿元、增长 2.7%，个人所得税入库 118.9 亿元、下降 3.0%，三大税种合计入库 1 444.9 亿元，占民营经济税收的比重达到 72.2%，较上年提升 0.2 个百分点。湖南省民营经济以共享税种为主的税收结构稳固，反映发展成效较好、税收质量较优。受房地产业持续低迷影响，与之高度关联的土地增值税、契税出现较大下滑，分别入库 89.4 亿元、49.8 亿元，下降 33.0%、27.8%。

（四）二产比重持续提高，三产房地产业拖累明显

从产业看，2024 年全省民营经济第二产业税收入库 893.3 亿元，同比下降 3.3%，占民营经济税收比重为 44.6%，较 2023 年提升了 1.6 个百分点。其中，酒饮茶制造、石油煤炭燃料加工、食品制造、汽车制造分别增长 357.1%、93.0%、11.6%、9.1%，实现逆势增长。民营经济第三产业入库税收 1 102.2 亿元，同比下降 9.5%，占民营经济的 55.1%，较上年度下降 1.7 个百分点，其中房地产业入库 213.0 亿元、下降 34.4%，减收规模达到 111.9 亿元，是本年度民营经济税收下滑的主要拖累点。

二、支持民营经济发展的主要举措

（一）持之以恒精准落实政策促发展

拓展运用“快退税款、狠打骗退、严查内错、欢迎外督、持续宣传”五措并举工作策略，有力有效抓好减税降费政策落实。创新实施“政策找人”机制，依托税收大数据，针对企业法人、财务主管和办税人员分时点、分内容精准推送政策，累计推送政策 348 批次、覆盖纳税人 1 255 万户次，为民营经济减负担、增动能提供了积极支持。

（二）持之以恒助企纾困解难促发展

联合湖南省委统战部、省发改委、省工商联举办优化税收营商环境专题服务活动，出台助力民营企业高质量发展十条措施。常态化开展“三送三解三优”行动，开通线上“办不成事”反映窗口，累计解决企业涉税诉求 4 281 件。第一时间响应和解决“促进民营经济发展壮大政策落实情况”政协民主监督涉税问题，赴省工商联及部分政协委员企业调研走访，建立问题清单台账，组织研究、答复解决问题 16 个，得到了省政协、省工商联和政协委员的一致好评。深化“银税互动”，与 36 家银行签订“线上银税互动合作协议”，其中 27 家银行实现“银税直连模式”，共向 44.5 万户次企业提供税收信用贷款 1 215.4 亿元，贷款金额同比增长 8.4%。

（三）持之以恒优化税费服务促发展

持续深化税收征管改革，有序完成“数电票”全覆盖、“新电局”平稳切换，税费业务“一网通办”覆盖面达 96% 以上，“非接触式”办理率达 95%。制定《税收营商环境优化行动方案》，着力打造“身在湖南、办税不难”税收服务品牌。连续第 11 年开展“便民办税春风行动”，落实落细 4 大类 11 项 45 条惠民利企服务举措，政务服务好评率达 99.99%。推进“一件事一次办”，在减时间、减资料、减流程上持续发力，企业开办时长由 1 个工作日压缩至 30 分钟以内，纳税人办理即办注销、简易注销达 90%。

（四）持之以恒优化执法方式促发展

持续推进依法依规征税缴费，加强税务执法区域协调，提升税务执法精确度。畅通 12366 服务热线等投诉举报渠道，对征收“过头税费”行为、骗享优惠和退税等发现一起严肃查处一起，维护企业合法权益。联合广东等“五省一市”发布《中南区域税务行政处罚裁量基准》，规范税务行政处罚裁量权，统一税务执法尺度。推行税务柔性执法，实施“首违不罚”、税务证明事项告知承诺制，分别适用办理案件 4.93 万件、事项 16.82 万件。

三、下一步工作措施

下一步，我们将认真学习贯彻习近平总书记在民营企业座谈会上的重要讲话精神，落实湖南省委、省政府《关于支持民营经济发展壮大的若干政策措施》，突出问题导向、注重实际成效，以更高站位、更严标准、更实举措助力民营经济发展，为加快实现“三高四新”美好蓝图贡献更大税务力量。

（一）进一步落实惠企政策，助力民营经济纾困解难

千方百计为民营企业和个体工商户解决实际困难和问题，精准高效落实科技创新、绿色转型等税费支持政策，充分释放“政策找人”红利。深化拓展纳税信用管理，在引导纳税人合规经营的同时提升“银税互动”质效，有力缓解民营企业融资难题。

（二）进一步提升服务质效，减轻民营经济办税压力

围绕“高效办成一件事”，持续推进“便民办税春风行动”，更好满足纳税人缴费人“随时办”“就近办”“跨域办”需求。深化“税路通·湘连企”跨境税费服务品牌建设，为“走出去”“引进来”纳税人提供最大化税务便利。

（三）进一步优化税务执法，激发民营经济发展活力

加强税务检查的执法监督，推动跨部门案源共研、执法同步、结果互认，全面降低入企检查频次。全面提升执法精确度，全力维护公平有序市场环境，进一步降低民营企业制度性成本，更好激发民营市场主体活力。

湖南省民营企业产品质量情况分析报告

湖南省市场监督管理局

2024年湖南省市场监管部门认真贯彻习近平总书记重要指示批示精神，全面落实党中央、国务院、省委、省政府决策部署，围绕“严守安全底线、服务高质量发展”目标要求，持续深化产品准入制度改革，扎实推进产品质量监管，着力促进经营主体健康发展，深入抓好全国统一大市场建设的公平竞争治理，有力有序地推进质量强国建设和标准化发展两个纲要落地，推动了民营企业建立健全重点工业产品安全责任落实，促进了质量提升。在经济下行压力下，全省民营企业产品质量总体向好，没有发生系统性的质量安全问题，有力地维护了全省经济和社会稳定，为助力全省经济社会高质量发展作出了积极贡献。

一、产品质量状况

2024年，湖南省市场监管局对全省重点工业产品质量组织开展了监督抽查，共抽查产品12 160批次，涵盖产品种类219种，共分为日用消费品、工业生产资料、建筑装饰材料、食品相关产品、农业生产资料五大类。抽查领域涉及生产、流通、电商领域，覆盖全省14个市州，涉及民营企业受检单位7 115家。各类产品质量状况如下。

（一）日用消费品质量较为稳定

日用消费品直接关系民生健康安全，涉及儿童、老人等特殊群体，是消费者权益保护的重点领域。2024年日用消费品抽查4 980次，不合格309批次，问题发现率6.2%。家用日化用品、老人鞋、信息技术设备、空调、冰箱等家电产品合格率较高，生产工艺稳定；家具、儿童和学生用品、燃气器具等问题发现率较高。不合格问题集中在产品的耐用性、安全性和标识规范上。如部分纺织品耐磨性差，服装的甲醛含量超标，鞋类的鞋底防滑性能不足，烟花爆竹的药量和引燃装置存在隐患，儿童学生用品的锐利边缘和小零件易造成儿童伤害等。另外电商平台质量主体责任落实不到位，溯源机制不健全，“三无产品”、以次充好现象较突出，需要重点监管。

（二）工业生产资料质量稳中有升

工业生产资料涉及基础设施安全、工业生产稳定，影响产业链供应链质量，也是长期以来质量监管的重点。近年来，省局立足监督抽查，同时创新开展了质量体检、规范产品合格证等多项质量提升活动，有力地保障了工业生产资料质量安全。2024 年工业生产资料共抽查 3 524 批次，不合格 228 批次，问题发现率 6.5%。危化品、车用油品、工程机械、输电设备合格率超 95%，质量管控严格；井盖产品、消防产品、安全帽产品问题发现率较高，部分产品存在安全隐患和性能不达标问题。如井盖承载能力未达到标准、尺寸偏差较大，因生产工艺模具压制存在尺寸偏差，企业存在偷工减料的行为；安全帽、头盔部分产品的冲击吸收性能和耐穿透等关键指标不合格，暴露企业为降低成本使用劣质材料，威胁使用者生命安全；而消防产品流通领域问题发现率高，流通领域问题发现率（12.9%）是生产领域（4.1%）的 3 倍。主要原因为企业技术研发投入不够，需及时更新技术和设备，提高产品竞争力。

（三）部分建筑装饰材料质量有待提高

建筑装饰材料质量直接关系建筑工程的质量、安全和使用寿命，关乎居民健康和生态环境，是“双碳”目标实现的关键领域。2024 年共抽查建筑装饰材料 2 248 批次，不合格 366 批次，问题发现率为 16.3%。水泥、防水涂料、胶合板抽查合格率超 95%，行业集中度高，质量稳定；问题发现率较高的产品主要是塑料管材管件、树脂瓦、板材、胶粘剂、陶瓷砖等。不合格问题主要集中在材料的物理性能和有害物质含量上。如部分钢材的重量偏差不合格，主要是企业为追求利润造成；建筑用钢化玻璃的碎片状态不符合安全标准；装饰装修材料的甲醛、苯等有害物质超标等。主要原因是建筑材料生产企业规模小，工艺和设备落后，盲目压低生产成本，无法保证产品质量的稳定性；部分企业为追求利润，使用劣质原材料，以次充好，原材料质量存在缺陷。需加强对建筑材料生产企业的源头监管，严格审查生产资质，提高行业准入门槛。同时加大市场巡查力度，严厉打击销售不合格建筑材料的行为。

（四）食品相关产品需加强风险监测

食品相关产品直接接触食品，其质量安全关系食品安全和消费者的身体健康，是“舌尖安全”的重要防线。2024 年共抽查食品相关产品 980 批次，不合 47 批次，问题发现率为 4.8%。一次性纸杯、食品用纸包装、玻璃制品、食品机械未检出不合格；食品接触用竹木制品合格率超 98%，大部分产品生产工艺成熟，在卫生指标、物理性能等方面符合标准要求。主要发现的问题有食品接触用塑料制品负重性能不合格，食品接触用纸制品的感官指标不合格，食品接触用金属制品材质和标志不合格等。主要原因是企业为追求利润，减少原材料使用量，原材料把关不严，生产质量管理缺失，对产品标准理解有偏差。同时在风险监测中发现部分产品存在潜在质量安全风险，例如，个别食品接触用塑料制品总迁移量超标，可能对人体发育造成伤害。对于食品相关产品，企业要建立健全原材料追溯体系，加强对原材料供应商的管理，确保原材料质量；加强对食品相关产品生产企业的培训和指导，提高企业对食品安全标准的认识和执行能力。

（五）农资产品质量安全可靠

农资产品是农业生产的重要物资，其质量直接影响到农作物的生长、产量和质量，关系粮食安全、农民增收和洞庭湖生态保护，是乡村振兴的基础保障。2024 年共抽查农业生产资料 428 批次，不合格 16 批次，问题发现率为 3.7%。农用机械（脱粒机、微耕机）合格率 100%；水溶肥料、有机肥料合格率超 95%，绿色农业推进成效显著。大部分化肥产品的养分含量、酸碱度等指标符合标准要求，能够满足农作物生长的基本需求。主要存在问题的产品为农用肥料、农膜。磷肥有效磷质量分数不达标；肥料包装标识不规范；农膜厚度不合格。主要原因是部分生产企业为降低成本，在生产过程中偷工减料，减少有效养分的添加；农民对农资产品的质量鉴别能力有限，容易受到虚假宣传的误导。下一步，省局除了加大对农资产品生产企业的监管力度，严厉打击制假售假行为，还要开展农业技术培训，提高农民对农资产品质量的鉴别能力和科学使用水平。

二、主要做法

（一）科学制订监管目录与抽查方案

湖南省市场监管局结合2024年财政专项经费规模、湖南省产业和产品质量实际等情况，通过“你点我查”、书面征求等方式，充分征求了各方意见，科学精准制订了《湖南省重点工业产品质量安全监管目录（2024年版）》（以下简称《目录》）、《2024年湖南省重点工业产品质量监督抽查计划》。明确对286种“三涉两高”产品实施重点监管，将五大类、219种产品纳入省级监督抽查计划，制定373个产品质量监督抽查实施细则，印发5批监督抽查方案和专项抽查工作方案，对生产企业实现全覆盖专项抽查。提高了产品质量监督抽查工作的针对性、有效性和协同性，切实打击了产品质量违法行为，营造了公平竞争的市场环境和安全放心的消费环境，确保了《目录》内产品全面监管到位，为有序推动监督抽查工作落实夯实了基础。

（二）聚焦民生关切与高风险领域

2024年，省级监督抽查坚持“监管为民、问题导向、服务大局、守正创新”的基本原则，重点围绕“三涉两高”，关注强制性标准要求安全指标、产品关键性能指标，精准高效分类。组织联动抽查、季度抽查、专项抽查。依据重点产品质量监控目录，结合监督抽查、行政处罚、投诉举报、产品召回等监管信息，强化产品质量安全风险信息研判评估，科学制订监督抽查计划，将抽查对象聚焦在风险程度高、老百姓关注度高的产品上，重点突出电动自行车、安防产品、老人儿童用品、烟花爆竹、农资产品、危险化学品等产品；加大了团购类、特卖类网售网红产品和直播带货产品抽查比例。通过多维度监管措施有效提升了监管效能，兼顾了高风险领域和民生需求，为保障质量安全和维护消费者权益提供了有力支撑。

（三）开展重点产品隐患排查治理

开展高质量风险产品开展专项治理，突出危险化学品、电线电缆、防火玻璃等23类重点工业产品，采取企业自查、现场检查、监督抽查、执法查处、质量帮扶等措施；推动产品质量安全“十大行动”，涵盖燃气器具专项行动、电动自行车全链条治理、消防产品重点整治、儿童学生关爱守护、烟花爆竹突出监管、农资产品严查源头等。坚持“即抽即检”“即检即处置”原则，快速处置问题产品，督促企业及时整改，有效防范了产品质量风险，监督抽查震慑效能显著。通过一系列隐患整治，守住了质量安全底线，切实消除了风险隐患，杜绝了因产品质量引发的重大安全事故。

（四）创新监管方式提升效能

建立了由检验机构、行业协会、监管部门组成的风险监测信息监控体系。通过广泛搜集投诉举报、媒体报道、消费者投诉等产品质量安全风险信息，对社会反映强烈的、媒体报道的及其他部门通报的，对产品标准没有明确要求但有可能影响人体健康和财产安全的项目，或有可能影响人体健康和财产安全的新型材料、新型产品开展了质量安全风险监测。加强风险信息和风险监测结果评估，及时发布风险预警，督促风险企业采取预防措施，做好风险处置。以质量技术帮扶为抓手，以“风险监测进企业”活动为主体，全力推进各项惠企助企政策落实落地，服务企业解决质量顽疾、突破质量发展瓶颈。开展“质量体检进企业”活动，“质量体检找病根，一企一策提质量”帮扶案例被总局评为优秀典型案例，在《中国质量报》专刊推广。

（五）推进工业产品质量追溯

将“湖南省数字合格证云平台”调整升级成为国家“数字身份码”质量追溯平台，规范合格证管理企业已全部为产品赋上“数字身份码”。我省全面贯彻落实《市场监管总局关于推进重点工业产品质量安全追溯的实施意见》工作要求，目前已有2.8万余家规范合格证管理民营企业，全面开展“数字身份码”质量追溯工作，已制发“数字身份码”约2亿余张。对电线电缆、燃气器具、电动自行车、冷轧带肋钢筋等9类实施生产许可证、强制性认证管理的重点工业产品开展质量追溯，建立了来向可查、去向可追、责任可究质量追溯机制，质量追溯工作成效明显。

三、工作成效

2024 年，全省工业产品民营企业积极落实产品质量主体责任，不断提升质量水平，以高度的政治意识和强烈的责任担当，为湖南省营造安全稳定的质量环境做出了一定贡献。一是保障重点任务。在第九届亚冬会、第三届湖南旅游发展大会专供焰火质量保障任务中，湖南烟花爆竹企业担当作为，加强质量管理，全力保障了重大活动成功召开。二是助力农民粮食增收。全省化肥、农用薄膜等农资产品企业，全面落实产品质量主体责任，抽查合格率比 2023 年大幅提升。保障农资产品质量安全，助力湖南省农民粮食增收。三是助力生态环境保护。全省涂料、洗涤剂、塑料购物袋、危险化学品包装物等民营企业，落实“禁磷限磷”要求和“淘汰落后产能”工作要求，以优质的产品，助力生态环境保护。四是保障质量安全。全省民营企业积极开展质量安全隐患自查工作，及时发现和解决产品质量安全隐患，全省没有发生较大以上产品质量安全事故，民营企业做出了重要贡献。五是促进经济社会发展。全省民营企业紧贴经济社会发展大局，纤维制品、家用电器、卫生用品等消费品民营企业，围绕社会需求，落实产品质量主体责任，假冒伪劣、有毒有害产品逐步减少，省级产品质量监督抽查中，休闲服装等 84 种产品的不合格率下降，全省消费品合格率首次突破 94%。广大民营企业积极担当，主动作为，保障了消费安全和民生安全，为促进湖南经济社会发展发挥了重要作用。

市州篇

长沙市民营经济发展报告

长沙市工商业联合会

2024 年，在长沙市委、市政府的坚强领导下，全市各级各部门坚持以习近平新时代中国特色社会主义思想为指导，深入贯彻落实党的二十大、二十届二中、二十届三中全会精神，认真贯彻实施习近平总书记考察湖南重要讲话与指示精神，始终坚持“两个毫不动摇”，积极推进系列促进民营经济发展壮大的政策措施落地见效，持续优化营商环境，提振民营企业发展信心，大力推动长沙民营经济高质量发展。

一、长沙民营经济发展整体情况

（一）整体规模持续扩大

2024 年，长沙民营经济实现增加值 9 961.45 亿元，比 2023 年增长 5.2%，高于全市地区生产总值增速 0.2 个百分点；占地区生产总值的比重为 65.2%，比 2023 年提高 0.3 个百分点。从民营经济三次产业结构看，第一产业增加值为 482.94 亿元，占比为 4.8%；第二产业增加值为 3 580.86 亿元，占比为 36.0%；第三产业增加值为 5 897.65 亿元，占比为 59.2%。从行业发展看，民营工业总量最大、增速最快。工业、其他服务业、批发和零售业民营增加值总量位列前三，均超过千亿元，占长沙市民营经济增加值的 68.0%。其中，工业民营增加值为 2 860.50 亿元，占比 28.7%，比 2023 年增长 8.1%；其他服务业民营增加值为 2 524.81 亿元，占比 25.3%，比 2023 年增长 4.8%；批发和零售业民营增加值为 1 388.28 亿元，占比 13.9%，比 2023 年增长 5.8%。

（二）发展基础更加稳固

从占比看，规上工业、限上住宿餐饮业、规上其他服务业等行业中，民营企业经济总量占比有所提高。2024 年，长沙规模以上工业中，民营企业增加值占比为 61.0%，比 2023 年提高 1.0 个百分点；住宿和餐饮业中，民营企业营业额占比为 95.0%，比 2023 年提高 1.0 个百分点；2024 年规模以上其他服务业中，民营企业营业收入占比为 49.2%，比 2023 年增长 2.3 个百分点。从增速看，工业、建筑业、批发零售业、交通运输业等行业中，规上（限上）民营企业发展增速高于全行业水平。规模以上民营工业企业增加值增速为 9.7%，高于全部规模以上工业增加值增速 0.1 个百分点，比 2024 年前三季度提高 1.8 个百分点；资质以上民营建筑业企业总产值增速为 2.9%，高于全部资质以上建筑业总产值增速 2.6 个百分点；民营批发和零售业销售额增速为 6.8%，高于全部批发和零售业销售额增速 0.8 个百分点，比前三季度提高 0.5 个百分点。从民间投资看，民间投资同比增长 4.6%，比 2023 年提高 12.5 个百分点，高于固定资产投资增速 2.3 个百分点；民间投资额占全部固定资产投资额的比重为 57.7%，比 2023 年提高 1.3 个百分点。

（三）市场主体实力增强

2024 年末，长沙共有市场主体 191.0 万户，比 2023 年增长 7.5%，其中私营企业 69.8 万户，增长 9.9%；营业收入过亿元的“四上”民营企业（不含房地产，下同）2 183 家，占全部“四上”民营企业数的 23.3%。6 家企业入围中国民营企业 500 强，11 家企业入选民营企业发明专利 500 强，6 家企业入选民营研发投入 500 强。57 家企业入围 2024 年三湘民营企业百强榜，入围数量在全省最多，入围企业营业收入总额、资产总额和税后净利润总额均居全省首位，占全省的比重分别为 66.1%、75.4% 和 77.8%。新增“上云”企业

35 058 个、上平台企业 2 600 个、智能制造企业 121 个、制造产线（车间）306 个、智能工位 1 554 个。

（四）创新能力不断提升

以“揭榜挂帅”项目、科技重大专项为抓手，实施 111 个省、市重大攻关项目，60% 项目由民营企业牵头或参与实施，民营企业牵头攻克光热偏转光谱（PDS）设备、“魔塔 1 165”重卡等 16 项全球领跑和自主可控技术（产品）。截至 2024 年底，全市有效高企达 8 600 家（增幅 10%）、科技型中小企业入库 9 600 家（增幅 14%）。专精特新“小巨人”企业新增 35 家，在中部六省省会城市中排第三（仅次于武汉、合肥），占全省新入围总数的 54.69%，专精特新“小巨人”企业已累计达到 213 家。由民营企业牵头组建的工程研究中心 8 家，占比 73%；组建的企业技术中心 51 家，占比 76%。

二、推动民营经济高质量发展的具体举措

（一）营商环境不断优化

深入开展“两重”“两新”送解优专项行动、“万名干部联万企”行动，兑现政策资金 30.4 亿元，惠及经营主体 17.5 万户次。“高效办成一件事”改革经验在全国推介，8 600 项政务服务实现“减证办”“免证办”，186 个高频政务服务事项实现“跨省通办”，12345 政务热线服务质量跃居全国第 3 位，“企业家专线”入选全国热线服务营商环境典型案例。2024 年新增减税降费 135.7 亿元，帮助经营主体降低融资、用电等成本 78 亿元。公共资源交易工程建设领域智能评审率超 80%。知识产权保护工作获评全国优化营商环境十大创新实践案例，入选全国城市营商环境创新城市，再次获评企业家幸福感最强市。

（二）招商引资成果丰硕

聚力招商引资“一号工程”，成功举办中国中部投资贸易博览会、世界计算大会、互联网岳麓峰会、旅游发展大会、迎老乡回故乡建家乡等经贸活动，新引进 2 亿元以上重大项目 197 个，其中 50 亿元以上重大项目 11 个，海

信长沙综合生产基地、玉湖冷链交易中心、坚峰智能电动车等重大项目签约落地。全球湘商总部基地落户海归小镇，湘商回归新注册企业 190 家，到位资金 880 亿元。校友回湘到位资金 463.6 亿元，引进人才 255 人。

（三）护航民企发展壮大

首创实施促进民营经济发展壮大“陪跑护航”七大行动，通过“成长赋能、权益保障、湘商回归、护航上市、协同创新、架桥拓市、强健组织”等举措，全方位服务民营经济高质量发展。深化以“星商之声”平台为主体，以“星商学”访学充电、“星商通”融通对接、“星商说”交流成长、“星商杯”竞技交流等多个活动品牌为支撑的 1+N 星商服务体系。聚焦“两个毫不动摇”，创新拓展“星商通”国企民企对接机制，2024 年两场“星商通”活动，共发布协同项目 247 个，总金额 2 029.55 亿元，促进国企民企优势互补、共同发展。“1+N”星商服务体系获评全国助力优化民营企业发展环境十大优秀实践案例。

（四）政企沟通见行见效

搭建立体化政企沟通平台，推动涉企政策和举措落地见效。创新打造“星商夜话”恳谈模式，2024 年组织中非经贸、跨境电商、浏阳青商 3 次专场活动，助力民企抢抓内外贸一体化发展新机遇。联合市中院、市检察院、市公安局举办法企、检企、警企等座谈会，召开长沙民营经济高质量发展座谈会、民营中小微企业调研座谈会，积极推动市领导、职能部门负责人与民营企业家面对面答疑解惑，心贴心排忧解难。持续深化工商联与公检法司法治护航民企的协作机制。

三、长沙民营经济发展面临的压力

（一）部分行业民营企业发展速度偏低、占比下降

2024 年，长沙民营经济虽整体呈现稳中向好发展态势，但受产业结构及宏观因素影响，部分行业民营企业发展速度偏低，民营经济占比有所下降。民营房地产企业销售面积同比下降 20.1%，低于全部房地产企业销售面积增速 7.3 个百分点，民营房地产销售面积占全部房地产企业销售面积的比重为

62.8%，比 2023 年下降 5.6 个百分点。2024 年规模以上民营其他服务业企业营业收入同比增长 2.3%，低于全部规模以上其他服务业企业营业收入增速 2.6 个百分点。

（二）民营企业成本压力较大

从负债率看，2024 年，长沙“四上”民营企业资产负债率为 61.9%，与上年基本持平，其中负债率超过 80% 的企业数占比为 32.4%，负债率超过 100% 的企业数占比为 11.3%。从营业成本看，“四上”民营企业营业成本同比增长 0.6%。此外，对 589 家规上民营工业企业调查显示，19.9% 的民营工业企业综合生产成本有所上升，主要体现在原材料、用工和物流成本。受国际形势变化影响，长沙市部分民营企业特别是出口型企业订单减少，外贸出口成本显著提高。从盈利情况看，“四上”民营企业利润总额同比下降 0.4%，其中民营工业、民营住宿餐饮业分别下降 2.5%、90.0%。

（三）营商环境有待持续优化

近年来，长沙构建“五个一”营商服务体系，为企业提供全过程全周期立体式服务，连续 4 年居“万家民营企业评营商环境”全国城市前十。但营商环境优无止境，部分企业反映融资难、融资贵问题依然存在，虽然长沙推出了多项缓解企业融资压力的举措，但部分中小微民营企业仍然难以获得低成本、长周期的资金支持，制约了企业的发展壮大。拖欠民营企业账款的问题仍然存在，资金回笼受阻，直接制约了企业的正常生产经营活动以及扩大再生产的计划。治理涉企行政检查中的重复检查、随意检查、过度检查等乱象。

（四）产业能级有待持续提升

相比国内先进城市，千亿产业、百亿企业均有差距。长沙仅工程机械规模超过 2 000 亿元，百亿制造业企业仅 20 家，而合肥电子信息、新能源汽车分别突破 3 000 亿元、2 000 亿元，千亿级企业 2 家。以长沙支柱产业为例，新能源汽车产业方面，链上 190 余家规工企业中，世界 500 强、全国 500 强仅占 2%，且多为子（分）公司。企业创新能力与高端人才不足，与沿海发达地区相比，长沙民营企业在研发投入强度、核心技术突破和高端人才引进等方面仍有差距，部分传统行业企业转型升级动力不足。

四、支持民营企业发展壮大的建议

（一）聚焦投资，靶向发力

破除“不愿投、不敢投、不能投”现象，充分激发民间投资活力。一是扩大重点领域有效投资。针对长沙产业优势与发展趋势，制定重点领域投资指导目录，明确投资方向与扶持重点。引导民营企业在新一代信息技术、人工智能、量子科技、新型储能等新质生产力领域加大投入，因地制宜发展新兴产业与未来产业。二是支持民营企业参与重大项目。推动政府和社会资本合作模式规范发展，加强政府项目推介与对接服务，为民间投资提供更加多样化的优质标的，吸引民营企业参与基础设施和公共服务项目建设。鼓励民营企业发挥配套优势和部分领域先发优势，加强产业链配套协作。三是促进国企民企高效协作。发挥国有企业在资金、资源等方面的优势，鼓励国有企业与民营企业在重点领域开展合作投资，每年发布并实质推进一批国企民企协同发展项目，定期举办投资项目推介会，鼓励民间资本参与重大基础设施、公共服务项目的建设和运营。

（二）保障要素，疏通堵点

坚持要素跟着企业走，积极构建全要素一体化配置创新服务体系。一是支持拓展市场。组织专业团队为企业提供国际贸易政策咨询、市场信息服务以及海外市场开拓指导，助力企业拓展国际市场。鼓励企业开展跨境电商业务，降低贸易成本，拓宽销售渠道。二是强化用工保障。不断提升产业人才供给规模，支持民营企业面向职工开展企业新型学徒制培训、技师培训，按规定落实培训补贴政策。支持民营企业与技工院校开展校企合作，通过“订单班”“定向班”等方式精准培养符合企业岗位需求的技能人才。三是优化要素配置。以建设全国统一大市场为契机，强化金融、土地、用工等要素保障。加快推进电力、天然气、价格体制等重点领域改革，优化水电气网等公用事业服务。严格规范执行国家和省市公布保留的涉企收费目录清单，有效帮助规模以上民营工业企业缓解成本压力。

（三）优化环境，激发活力

持续擦亮营商环境“中西部”第一的金字招牌，围绕落实即将出台的民营经济促进法，在市场准入、要素获取、公平执法、权益保护等方面精准施策。一是便利民企融资。推动金融机构开发适合民营企业的金融产品和服务，鼓励银行推出“应收账款质押贷款”“知识产权质押贷款”等创新型信贷产品，拓宽民营企业融资渠道。发挥政府性融资担保机构、风险补偿基金的作用，为民营企业提供融资担保服务。二是持续破解难题。落实市场准入负面清单、公平竞争审查机制等制度，保障民营企业公平参与市场竞争。开展市场准入壁垒清理行动，实行招标投标“双盲”评审改革，对招标采购领域违反统一大市场建设相关规定和做法进行处置。建立健全账款清理长效机制，搭建民营企业账款投诉平台，及时受理和处理民营企业反映的账款拖欠问题。推行“综合一次查”，整合跨部门、跨区域、跨层级检查事项，实现“一次检查、全面体检”，推行“扫码入企”机制，加强对执法扰企行为的预警、制约和监督。三是推动政策落地。聚焦落实即将出台的民营经济促进法，强化政策的数字化匹配和免申即享。建立协调联动机制，通过跨部门的服务集成与流程再造，提高服务效率和质量。建立惠企政策落实监督检查机制，定期对政策落实情况进行检查和评估，确保政策直达企业、红利惠及企业。

（四）创新引领，升级突围

引导民营企业积极参与全球研发中心城市建设，显著提高全市民营企业科技创新的能力和水平。一是提升产业集群发展水平。政府引导产业链上下游企业加强合作，形成产业协同发展格局。搭建产业集群公共服务平台，为企业提供技术研发、检测认证、物流配送等一站式服务。鼓励核心企业发挥引领作用，带动上下游配套企业共同发展，提升产业集群的整体规模和竞争力。二是梯队式培育创新企业。建立头部企业、独角兽企业、瞪羚企业培育库，培育发展一批“小巨人”企业、单项冠军企业，鼓励大企业通过产业技术创新战略联盟等形式，与中小企业开展合作，实现资源共享、优势互补。充分发挥政府引导基金作用，引导“投早、投小、投硬科技”。三是推动成果落地转化。以省“4+4 科创工程”在长项目带动高能级创新平台建设，推动各实验室开展产业跨学科、大协同攻关，促进成果转化。完善知识产权归属和利益分配机制，加大概念验证中心、中试平台建设力度，服务科技成果就地就近转化。举办大学生创新创业大赛，鼓励众创空间、创业孵化基地等载体为大学生团队提供免费空间、政务服务代理、补贴申请、创业辅导等服务。

衡阳市民营经济发展报告

衡阳市工商业联合会

2024年是实现“十四五”规划目标任务的关键一年。衡阳市锚定“三高四新”美好蓝图，大力实施“制造立市、文旅兴城”发展战略，持续用力打造“三个高地”，全力推进“八大行动”，全市民营经济稳中向好，进中提质，总体呈现稳健的态势，彰显了省域副中心城市的担当作为，为全市经济社会发展不断注入新动力。

一、衡阳民营经济发展现状

（一）做到“三个持续”，经济贡献进一步提升

1. 经济总量持续壮大

2024年，全市民营经济实现正增长，总量持续扩大，增加值达3 177.64亿元，比2023年全市民营经济增加值增长5.5%、增速提升0.7个百分点，比全市GDP增速提升0.1个百分点，占地区生产总值的70.7%，比全省民营经济增加值占全省地区生产总值的比重高1.9个百分点。省域副中心城市地位更加名副其实。

2. 产业结构持续优化

2024年，全市民营经济三次产业结构比为15.2：32.3：52.5，第三产业占比继续提高，其中第一产业占比较2023年降低0.2个百分分，第二产业占比较2023年降低1.5个百分点，第三产业占比较2023年提升1.7个百分点。

3. 民间投资持续向好

随着一系列鼓励民间投资、支持民营企业政策的落地实施，全市民间投资

保持增长势头，持续高于整体投资增速。2024 年 1—12 月，民间投资持续成为引领投资增长的主要力量，全年民间投资比 2023 年增长 8.4%，占固定资产投资比重达 71.2%，民营企业参与热情得到了有效激发。分产业看，第一、二产业投资发展较快，增速分别为 34.7%、19.7%，比固定资产投资（不含农户）增长高 0.3 个百分点，比全省民间投资增长高 4.4 个百分点，比全省民间投资占全部投资的比重高 6.8 个百分点。分经济类型看，国有投资下降 22%，非国有投资增长 15%，比全省全年非国有投资增长高 6.2 个百分点。

（二）利用“三个抓手”，发展后劲进一步增强

1. 民企活力有效迸发

坚持量质并重，打好“育苗、入规、升高、上市”组合拳，2024 年，全市经营主体总量达 64.09 万户，较 2023 年增长 7.56%，总量稳居全省第二位，其中企业 14.95 万户，较 2023 年增长 12.87%，“个转企”1 099 户。湖南省衡阳市涉税民营经营主体总量达 16 万户，较 2023 年增加 2.9 万户，增长 18.1%。新增“四上”单位 527 个，其中工业、批零住餐业、服务业分别新增企业 97 个、240 个、160 个，在库数量占全省比重较去年同期提升 0.05 个、0.3 个、0.3 个百分点。58 家企业进入 2024 年省上市后备企业资源库名单，与 2023 年持平，其中科创板后备企业有 20 家，占比 34.48%，高于全省的 30.73%。

2. 民企效益稳步增长

扎实落实好各项支持民营经济发展壮大的政策措施，民营企业预期正在改善、信心逐步增强。实施稳外贸“六大行动”，全市“破零倍增”企业达 87 家，跨境电商进出口交易额 2.43 亿元。衡阳市税务局为 1 121 户次企业办理研发费用加计扣除逾 29 亿元，减免企业所得税逾 7 亿元。深化“衡质贷”金融服务，累计放贷 40 亿元。坚持把制造业作为立市之本，全年规上制造业增加值增长 9.7%，衡长株潭特高压输变电产业集群入列国家先进制造业产业集群，衡阳连续四年上榜先进制造业百强城市。

3. 营商环境优化提升

通过实施优化营商环境“一把手”工程，坚决贯彻落实《优化营商环境条例》《湖南省优化营商环境条例》，聚焦“夯实一个基础、集成一批政策、构

建一个体系、紧盯一个目标、延续一批品牌”等优化营商环境“五个一”工作，印发《衡阳市推进营商环境创优提质若干举措》，出台促进制造业高质量发展“衡15条”、促进文旅产业高质量发展“衡9条”，推进“两重、两新”送解优行动，帮助企业解决问题1 178个。深入推进法治政府建设，普法助力法治化营商环境优化工作经验在全国推介。深入推进政务服务“高效办成一件事”，企业开办网上可办率达100%。市公共法律服务中心投入使用。12345热线获“为民惠企服务引领典范”“管理创新典范”两项全国奖项。“信用衡阳”成色更足，持续拓展“信用+”守信激励应用场景，在全国城市信用监测中稳居全省第一。湘商回归新增注册企业156家，实际到位资金416.11亿元。

（三）用好“三个推进”，创新能力进一步提升

1. 推进原地倍增

55个原地倍增示范企业（项目）新增产值超百亿。钢管及深加工、智能视听产业集群入选省先进制造业集群。新培育国家级制造业单项冠军、专精特新“小巨人”企业各3家，省级制造业单项冠军12家、专精特新中小企业88家。常宁市有色金属、纺织服装两大产业集聚效应凸显。衡东县泵业智造、祁东县黄花菜精深加工被确定为省级中小企业特色产业集群培育对象。

2. 推进产业数字化

全社会研发经费投入增长19%。深入实施“智赋万企”行动，新增企业上云、上平台11 893家；新建智能制造企业142家、智能制造产线（车间）179条（个）。金杯电工等6个项目入选省“数字新基建”100个标志性项目。输变电产业集群专利池突破2 000项，特高压变压器占据全国市场份额1/3；盐卤化工产业建滔集团电子级环氧树脂产能亚洲第一，带动下游企业形成百亿产业链。

3. 推进数字产业化

依托衡州大道数字经济走廊，沿线布局数字经济领域产业园区45个，通过“群狼战略”和“创业合伙人”专业化运营模式，为软件与信息技术服务、移动互联网、人工智能、区块链、大数据等数字产业化业态提供全新的发展载体。目前，衡州大道数字经济走廊成功引进华为、中兴、腾讯等数字经济引

领型企业30余家，汇聚数字经济成长型企业近900家，拥有国家级孵化器和国家级创新型产业集群4个、省级及以上公共服务平台和研发平台290家。中国电信衡阳智算中心加速建设，中国联通衡阳云数据中心投入运营。全市数字经济产值增长15%，达1 800亿元。特别是智能衡器计量产业全面起势，被列入全省第13条重点产业链，全市智能衡器计量产业产值突破百亿，成为新的经济增长点。

二、面临的主要问题

（一）民营经济发展质效还有差距

"2024三湘民营企业百强榜"中长沙市共有57家企业入围，上榜企业数量居全省第一，其次为同时作为全省两家省域副中心城市之一的岳阳市，有8家，而衡阳市，入榜企业仅5家，最高排名为第28位，排名在前50位的2家。2024年在库衡阳市"四上"民营企业，工业民营企业升规较少，且结构比例不均，大中型民营企业占比较低，大多为小微型民营企业，抵御市场风险能力薄弱，生产经营不稳定，对全市经济高质量发展拉动作用有限。

（二）民营企业科研创新效益还待提升

尽管近年来衡阳民营企业的科技创新能力明显增强，但研发投入略显不足，关键核心技术与高端装备对外依存度较高，创新体系尚不完善，科技成果向现实生产力转化的有效机制尚未真正形成。从研发投入看，衡阳市民营企业研发投入占比较低，科研经费相对较少，大大制约了技术、产品创新能力的提高。主要因为衡阳市民营企业制造业产品仍处于以模仿、跟踪为主的阶段，原始创新能力不足，缺乏自主设计、引领潮流的产品，制造业信息化水平低，科技附加值不高，在产业链上处于较低端位置。

（三）民营企业信心预期还待提振

当前外部环境更趋复杂严峻，尽管经济回升向好势头持续增强，但经济下行压力仍然较大，外需下滑和内需不足碰头，周期性和结构性问题并存，部分行业、部分民营企业生产经营困难，一些领域风险隐患凸显，政策落实不够细化，园区配套措施不够完备，小微民营企业融资难、融资贵，民营企业人才技术引进难，民营企业发展成本偏高等问题长期制约民营企业发展。

三、几点对策和建议

（一）坚持构建现代化产业体系，进一步夯实高质量发展支撑

一是巩固提升优势产业。围绕输变电装备产业，以国家先进制造业集群建设为主线，舞好特变电工衡变公司这一“龙头”，推动衡长株潭协同发展。以雁峰区、衡南县、衡阳高新区为主要依托，重点推进产业链补链强链，力争产业集群产值年增长 20% 以上。围绕盐卤化工产业，把松木经开区樟木新区建设作为“一号工程”，把绿色低碳盐碱产业基地作为“一号项目”，带动建滔烧碱及系列产业链、爱洁科技年产 300 万吨碳酸氢钠等更多产业项目齐头并进。围绕电子信息产业，坚持比亚迪汽车电子、富士康消费电子双轮驱动，以智能网联、医疗电子等为补充，坚持军民融合、市场导向、跨越发展，抓实衡阳高新区智能视听产业园载体，形成“大企业顶天立地、中小企业铺天盖地”的格局。围绕核技术应用产业，聚焦南华大学高纯医用核素提取等重点成果，聚焦核医应用等重点领域，扩大产业规模，提高核心竞争力。

二是培育壮大新兴产业。持续培育智能衡器计量产业，全面加快衡阳智能衡器计量产业园建设，全方位促进产业集聚。以产业升级推动招商引智，对照“头部企业落地”“科技成果转化”“承接产业转移”三张清单，全过程服务企业落地。全面发力资源循环利用产业，加快编制资源循环利用产业规划，汇聚一批产业基金，招引头部落地和扶持民营企业发展并重，在汽车、家电、塑料、电池、矿石等回收循环利用领域打造更多省级头部企业。发展壮大数字经济，持续强化算力支撑，开放更多应用场景，充分发挥数字经济领头雁企业带动作用，巩固电商、数据标注、数据存储等业态基础，扩大人工智能、区块链等业态规模。创新推进数据交互和数据资产开发利用。

三是持续抓好原地倍增和承接产业转移。原地倍增和承接产业转移是衡阳“制造立市”两大关键抓手。强化产业链和属地政府、园区协同抓原地倍增的机制，优化“四上”企业联点，优先保障原地倍增企业用地、用电、用工等

需求。坚持“一企一策”，市级层面扶持培育更多百亿企业，县级层面扶持培育更多十亿企业。用好湘南湘西承接产业转移示范区国家级平台，构筑承接产业转移“拦水坝”。发挥船山时间谷示范带动作用，建强常宁纺织服饰基地、衡阳县界牌陶瓷工业园、衡山智能制造产业园、衡东泵业智造产业园和印章文化产业园，加快珠晖眼镜小镇、耒阳童车产业园、衡南绿色食品产业园、祁东储能新材料产业园建设。

（二）坚持全方位扩大内需，进一步激发高质量发展活力

一是持续扩大有效投资。统筹抓好“十四五”规划收官和“十五五”规划前期谋划，推动更多项目纳入国省“笼子”。推动各县市区花更大力度引进和谋划一批十亿产业项目。

二是持续擦亮文旅品牌。进一步放大“旅发效应”，加快构建“两山一城”文旅发展新格局。持续支持蔡伦故里——蔡伦文化园联合创国家5A级旅游景区。进一步推动文化和旅游深度融合，更大范围弘扬船山文化、名山文化、工业文化、红色文化等。弘扬衡阳抗战文化，推动“衡阳1944”项目投入运营。拓展“旅游+演艺”“旅游+赛事”“旅游+文创”等业态，进一步开拓海内外旅游市场，全方位丰富具有衡阳特色的文创产品。

三是持续扩大消费需求。实施提振消费专项行动，做优“衡阳汽博会”“金秋购物节”等促消费活动品牌，积极发展首发经济，培育智能家居、国货“潮品”等消费热点，提振新能源汽车、电子产品等大宗消费。注重促消费与惠民生相结合，推动中低收入群体增收减负，提升消费能力、意愿和层级，支持养老、育幼、家政等服务消费，引领农村消费市场转型升级。

（三）坚持全面深化改革扩大开放，进一步增强高质量发展动能

一是提升对外开放水平。深度推进中国（衡阳）跨境电子商务综合试验区、衡阳陆港型国家物流枢纽、湖南自贸区协同联动区建设。高效运行中欧（中亚）班列、湘粤非铁海联运通道，持续推进外贸“破零倍增”攻坚行动，抓好重点园区、重点企业外贸稳增长。打好产业链招商、展会招商、基金招商等组合拳，强化“湘商回归”“校友回湘”调度。加强与“一带一路”沿线国家经贸往来，打造对非经贸合作高地。

二是持续优化营商环境。切实做好惠企政策集成、免申即享、奖贷联动，构建民营企业家成长生态体系。常态化开展“送解优”等专项行动，系统施策有效降低企业用地、用电、用气、物流和融资等成本。坚持“两个毫不动摇”，开展规范涉企执法专项行动，依法保护民营企业产权和企业家权益，更充分发挥民营企业机制灵活、敢闯敢拼、成本控制等优势，促进民营企业形成更强支撑。打造赋码保护机制升级版，切实做到“无事不扰、有求必应”。

三是大力建设“五好”园区。持续深化园区体制机制改革，加快社会事务剥离、市场化建设运营，引导园区把主要力量和精力放在招商引资和产业发展上。强化主特产业定位，有效盘活园区闲置土地和厂房，力争园区亩均税收增长 15% 以上。建设一批“智慧园区”。探索创建零碳园区。强化园区调区扩区支撑保障。支持松木经开区、常宁水口山经开区创建国家级经开区，鼓励更多园区创建国家级绿色园区、省级高新区。

株洲市民营经济发展报告

株洲市工商业联合会

2024年，株洲市委、市政府高度重视、支持和鼓励民营经济高质量发展，积极推动中央、省各项政策措施及市“民营经济十条”落地落实，以更加鲜明的导向、更加务实的举措、更加扎实的作风、更加优良的环境，促进株洲民营经济发展壮大。

一、株洲民营经济发展现状

（一）从总体态势来看，发展增速稳步提升

株洲市民营经营主体总量达到50.6万户，占市场经济主体96.63%。其中民营企业14.08万户，比2023年增加1.28万户，同比增长9%，个体户36.51万户。全市实现民营经济增加值2 670.80亿元，增长5.3%，GDP占比69.4%。其中，第一产业实现民营经济增加值291.57亿元，增长3.0%，第二产业实现民营经济增加值1 200.55亿元，增长7.1%，第三产业实现民营经济增加值1 178.68亿元，增长4.1%。第二产业增势强劲。第二产业增加值占民营经济比重达66.4%，第二产业对GDP贡献率达42.2%，拉动全市民营经济增加值增速2.3个百分点。

（二）从“四上”企业来看，数量效益稳步提升

截至2024年12月，株洲市“四上”民营企业共5 375家，占比93.26%，其中规模工业2 047家、规模服务业618家、限上批发零售业1 280家、限上住宿餐饮业610家、房地产业339家、资质建筑业481家。其中2024年1—12月

新增民营“四上”企业227家。2024年，株洲市“四上”民营企业营业收入持续增长，规模以上工业营业收入1 464.2亿元、增速2.9%，限上服务业营业收入287.4亿元、增速0.1%，2024年1—12月限上批发零售业营业收入670.7亿元、增速8.3%，限上住宿餐饮业营业收入43.9亿元、增速11%。6家企业入围“2024三湘民营企业百强榜”。唐人神集团入选“2024中国民营企业500强”，唐人神集团、旗滨集团入围“2024中国民营企业制造业500强”。

（三）从创新实力来看，发展态势更加强劲

2024年，新增省级以上民营企业创新平台62家，省市十大技术攻关项目中民营企业占7个。省级专精特新“小巨人”企业499家、国家专精特新“小巨人”企业84家（其中民营企业60家，占比71.4%），位列中西部非省会城市第二。国家级制造业单项冠军20家（其中民营企业7家，占比35%），总量居中西部非省会城市第一，独角兽企业2家（其中民营企业1家，占比50%）。株洲市共13家上市公司，其中民营企业8家，占比61.5%。科技型中小企业2 045家，其中民营企业1 893家，占比92.6%。

（四）从产业生态来看，发展环境日益优化

以轨道交通、硬质合金为例，国企带民企、大手牵小手，形成了国有企业顶天立地，民营企业铺天盖地的良好生态。在轨道交通产业链上，聚集了上下游配套企业400余家、28家国家级创新平台、34所职业院校，为民营经济发展壮大提供了高度集聚的“产学研”生态。例如，联诚集团从一家劳动服务公司一路成长为国内最大的轨道交通装备部件制造供应商之一，2024年营收创历史新高，达42.65亿元；在硬质合金产业链上，拥有各细分领域企业240余家，孵化出华锐精密、欧科亿两家科创板上市企业，推动硬质合金产业再上台阶；即便是国企“挑大梁”的航空动力产业，也衍生出配套民营企业40余家。

（五）从发展贡献来看，支撑作用日益彰显

截至2024年12月，株洲市94%以上的规模工业企业、80%的高新技术企业是民营企业，为株洲贡献了67.9%的GDP、70%的税收、90%以上的新

增城镇劳动就业。民营企业和民营企业家积极履行社会责任，广泛参与和投身光彩事业、乡村振兴等公益活动。例如，2024 年，全市工商联系统直接采购脱贫地区农副产品 360 余万元，协助销售 1 880 余万元，赴脱贫地区开展旅游消费 50 余万元。株洲市川渝商会向炎陵县捐赠价值 483.3 万元的医疗设备，改善脱贫地区卫生健康条件。联诚集团入选中国民营企业社会责任优秀案例，万樟集团入选全国“万企兴万村”行动优秀案例。

二、主要做法

（一）聚焦服务提效能

注重搭建平台，进一步深化政企交流，推动构建亲清政商关系。一是政企沟通更“畅”。组织开展“制造名城早餐会”民营经济专场，推进省促进民营经济发展“六个一”工作，落实市级党政领导干部联系商会协会制度，解决了一批实际问题，激发了民营企业内生动力。开展“亲清会客厅”沙龙活动，部门负责人与民营企业家面对面谈问题、解难题。二是政策落实更“准”。全面落实中央、省市一揽子惠企政策，常态化开展“三送三解三优”行动，深化“企业家活动日”“政银企对接会”等活动，着力解决企业发展诉求，推动各类惠企政策直达快享。编印《2024 惠企政策实用手册》，加大政策宣传，提高惠企政策知晓度。三是重商氛围更“浓”。持续推出“民营企业大有作为”系列报道，举办“永远跟党走”民营企业家故事汇暨 2024 株洲民营企业 50 强榜单发布会，开办株洲市民营经济大讲堂，弘扬企业家精神，提振民营经济发展信心。

（二）聚焦要素强保障

注重强化要素供给，着力破解企业用地、用工、融资等难题，不断降低企业生产成本，真正让企业得实惠。一是实施人才赋能行动。拓宽民营企业职称申报渠道，开展航空产业中级职称、陶瓷产业（正）高级职称等专场评审。指导在株高校开展专场招聘、就业帮扶进校园系列活动。将专精特新“小巨人”企业负责人和贡献突出企业推荐的经营管理人才纳入高层次人才库，组织民营企业参加“制造名城进名校”系列招才引智活动。二是实施金融助力行动。设立风险补偿基金，支持中小微企业融资，累计放款18.35亿元；创业担保贷款市本级在保余额2.77亿元，新增发放贷款2.36亿元。预算安排金融发展专项资金1 000万元，发展资本市场引导资金2 400万元。实施“一链一策一批”融资专项行动，帮助中小微企业与金融机构签订合作协议，授信总额达2.5亿元。三是实施“一降一升”行动。出台《降低企业用地成本六条措施》《“签约即供地”实施方案》，加快项目审批，压缩审批时间20天以上。实行“开工即配套”和“一站式办电”特色服务，指导企业降低用电成本2 100万元。组建株洲市现代物流集团有限公司，2024年发运湘粤非铁海联运通道班列193列，累计为陶瓷、汽车、化工、机械设备等生产制造企业降低物流成本近亿元。

（三）聚焦环境促规范

注重优化营商环境，提升涉企服务水平，以营商环境“软实力”，构筑促进民营经济高质量发展“硬支撑”。一是营造更加优质的政务环境。持续优化企业开办“一窗通办”“一网通办”，完善“企业办事不求人”机制，出台《株洲市优化营商环境监督测评工作制度》《株洲市“营商环境体验官”工作制度》，积极开展“四走四看”（走进部门看审批、走进政法看法治、走进园区看服务、走进企业看评价）活动，在全市各行业、各领域商（协）会建立营商环境监督测评站32个、设置监督测评点138个，聘请监督测评员（营商环境体验官）141人。二是营造更加有序的市场环境。落实民间投资项目中央预算内资金2.23亿元，超长期特别国债通过项目2.16亿元，大力促进企业开展设备更新，帮助民企获得设备更新贷款共计2 262.72万元。出台“不刁难企业负面清单”，将涉企行政审批、涉企执法和涉企服务过程中可能发生的不规范、不友善、不文明等行为实行负面清单管理。三是营造更加公平的法治环境。实施政法系统“三高四新·法治护航”三年专项行动，在全省率先开发“法治护航”信息化服务平台，组建“涉企疑难复杂问题法律攻坚团”，明确264个重点项目建立“项目警务”服务机制。开展打击侵犯知识产权领域犯罪“昆仑”行动，破获侵犯知识产权案件35起。开展涉企执法突出问题整治，自查案件1 548起，自纠问题803起。

（四）聚焦培优增活力

坚持科技引领，强化企业创新主体地位，加大招商引资力度，培优做强主导产业，激发民营企业创新创造活力。一是引领科技创新。遴选双创精英人才36个，民企18个，占比50%，举荐青年科技之星50名，民企17个；新签约科技型企业投资项目64个，合同投资总额超200亿元；对接100余项高校创新成果在株落地，预计首期投资额超过13亿元；新增14家企业列入省第八批创新型中小企业名单。成立6支产业引导基金，设立仟里马基金，推动市国投集团投资市域内专精特新企业40家。二是引强主导产业。依托规模企业统计库和后备企业培育库，推动企业“小升规”“规入统”。深入推进中小企业数字化转型行动，推动500家中小企业开展转型改造、规上企业数字化转型覆盖率达94%以上。三是引导湘商回归。优化招商机制，策划包装52个重点招商项目，编制2024年投资服务指南，新聘30名商会招商顾问，举办2024年回乡企业家新春交流会，开展湘商交流对接活动300多场次。2024年，新注册湘商企业82家，其中涉税市场主体57家，湘商回归到位资金326.26亿元。

三、主要问题

（一）民营经济综合实力偏弱

民营企业存在研发投入不足、投资意愿不强，整体规模不大的现象。全市实有个体工商户占全部实有市场主体的比重超过了70%；市本级实有科学研究和技术服务业经营主体只有265家。房地产市场占有较大比重，且房地产开发市场持续低迷，民营经济固定资产投资新开工项目环比减少。经营主体结构优化有待加强，经营主体中企业占比仍然偏低。龙头民营企业较少，重点税源企业中，民营企业贡献的税收较低。民营企业家存在观望心理，加大投资的意愿不强烈，部分民企从事低端加工制造，抵御风险能力较低。

（二）落实惠企政策不够精准

在解决民营企业发展面临的实际困难上，存在服务意识不够强、了解企业需求不够深入、惠企政策落实不够高效的现象。市场主体帮扶机制有待进一步健全，精准收集市场主体诉求，精准推送惠企政策，加大重点项目帮扶力度，强化科技人才支撑。“企业办事不求人”机制有待进一步完善，对企业反映的问题进行联合督查，着力提高问题解决率和企业满意度。一些基层单位和部门的政策理论水平不足，对本地区税费政策实施情况和民营企业反映的政策问题研究不够深入。有的县区对于促进民营经济发展壮大相关政策的学习宣传不够系统、不够深入。

（三）营商环境有待持续优化

还存在政务服务不够高效、公平参与市场竞争有待加强、法治环境有待进一步改善等现象。有的县区个别办事窗口效率较低，个别职能部门和服务单位，没有做到一次性告知服务对象，造成企业办理该事项时跑了多次，有些部门由于工作职能和负责人的变动，工作未得到有效衔接。有的县区在扶持企业发展中，统筹力度不够，办法不多，部门工作合力发挥有待进一步加强。促进民营企业参与重大科技项目的机制有待进一步健全，促进科技成果转化的长效机制还需要加强。涉企矛盾纠纷化解力度有待进一步加大，风险防控机制有待进一步完善，强化案件办理听证模式。部分涉企案件裁判尺度不一致，“执行难”问题在一定程度上依然存在。

四、对策建议

（一）提高政策落实精度，增强民营企业获得感

认真贯彻国家、省、市关于支持民营经济发展壮大的各项政策措施，提振民营经济发展信心。持续开展“惠企政策大宣讲”活动，通过官网、微信公众号等平台以及发放惠企政策一本通等方式加强政策宣传，提升民营企业对惠企政策的知晓度，加强株洲市情、良好营商环境等宣传，提振民营企业发展信心。认真落实“国 31 条”、“省 30 条”、市“民营经济十条”、“一降一升”行动等措施，推动惠企政策“免申即享”，做到减税政策“应享尽享、免申即享”，切实打通惠企政策落地“最后一公里”。

（二）提升助企纾困强度，增强民营企业归属感

落实党委、政府与商协会、民营企业联系沟通机制，常态化开展“三送三解三优”“百会千企大走访”行动，帮助企业纾困解难。完善“企业办事不求人”机制，发挥好“一把手走流程”“不刁难企业负面清单”“园区办事不出园”等机制作用，提高服务效率。坚持问题导向，关注民营企业诉求，拓宽反映渠道，以“心甘情愿、心急如焚”的理念，为民营企业送温暖、解难题、优服务，在行动上更加自觉和坚决，落实到每一件事，真正为企业纾困解难。

（三）加大要素保障力度，增强民营企业安全感

着力破解制约民营经济发展的资金难、人才难、用能用地难等瓶颈。完善“政会银企”四方对接机制，持续抓好“金芙蓉”跃升计划，降低民营企业贷款成本，破解融资难题。开展“智汇潇湘、才聚株洲”活动，深化制造名城进名校、进名所、进名企活动，推进“民企高校（职教）携手促就业”行动，加大企业柔性引才用才支持力度，支持和帮助民营企业培养领军人才。推行产业园区“五即”供地模式改革，简化优化供地流程，深入实施“一降一升”行动，降低民营企业物流、用电、用气等要素成本。

（四）提升营商环境温度，增强民营企业幸福感

用好制造名城“早餐会”平台，畅通政企沟通渠道，规范政商交往行为，着力构建亲清统一政商关系。全面落实市场准入负面清单制和公平竞争审查制度，严格落实“全国一张网清单”管理模式，促进公平准入，做到国企民企一视同仁、同等对待。强化对民营企业产权、知识产权的全方位保护，切实维护民营企业和民营企业家的合法权益。推广涉企柔性执法，全面落实涉企执法检查扫码留痕管理，真正做到“有求必应、无事不扰”，持续擦亮“创业株洲、万事无忧”营商环境品牌。

湘潭市民营经济发展报告

湘潭市工商业联合会

民营经济是推动社会主义市场经济发展的重要力量，是推动高质量发展、建设现代化经济体系的重要主体。2024年，湘潭市民营经济在复杂多变的国内外经济形势下，始终坚持“稳中求进”总基调，通过政策赋能、产业升级和创新驱动，实现了规模与质量双提升，为全市经济社会发展作出了重要贡献。

一、湘潭民营经济发展现状

（一）规模持续扩大，增速稳居前列

2024年，湘潭市实现民营经济增加值1 996.8亿元，同比增长6.1%，增速高于全省平均水平0.9个百分点，排名位居全省第二。民营经济增加值较地区生产总值增长率快0.4个百分点，民营经济增加值占地区生产总值比重67.5%，对全市经济增长的贡献率持续保持在较高水平，是推动湘潭市经济发展的重要引擎。

2024年湘潭市市场主体290 301户，其中民营经济市场主体280 410户，占比96.59%，民营经济市场主体中私营企业62 153户，比上年度增长13.67%；个体工商户218 257户，比上年度增长5.81%。新登记民营经济经营主体数量保持稳定增长，显示出民营经济在湘潭市具有较强的活力和吸引力，不断有新的市场主体涌入市场，为民营经济的发展注入新的活力。

（二）结构不断优化，产业协同并进

湘潭市民营经济的产业结构呈现出一定的特点，三次产业协同发展，但第

二产业仍占据主导地位。在第一产业方面：民营经济增加值为192.2亿元，同比增长3.4%，占湘潭市第一产业增加值的99.7%。主要涉及农业种植、养殖、农产品加工等行业。虽然增速相对较为平稳，但其在保障全市农产品供应、促进农村经济发展等方面发挥着基础性作用。在第二产业方面：第二产业是湘潭市民营经济的核心领域，增加值为925.3亿元，同比增长6.9%，占全市民营经济增加值的67.98%，对民营经济整体增长的贡献率较为显著。其中，制造业是民营经济在第二产业中的主要支撑，涵盖了机械制造、汽车零部件、电工电器、新材料、食品加工等多个细分行业。规模以上民营工业企业实现利润总额稳定增长，部分重点行业如黑色金属冶炼和压延加工业、电气机械和器材制造业、汽车制造业等盈利情况良好，显示出较强的盈利能力和市场竞争力。在第三产业方面：第三产业中民营经济增加值为879.3亿元，同比增长5.9%，占全市民营经济增加值的62.65%，在住宿和餐饮业、批发和零售业、交通运输仓储邮政业等行业中表现较为突出，增加值增速高于全省平均水平。同时，随着互联网、信息技术等新兴服务行业的快速发展，民营经济在软件和信息技术服务、互联网及相关服务等领域的参与度和贡献度也在逐步提升，成为推动第三产业发展的重要力量。

（三）创新动能强劲，科技贡献突出

湘潭市的民营企业在科技创新方面表现活跃，是全市技术创新的重要推动者。2024年，民营企业贡献了全市90%以上的科技型中小企业数量，这些企业在高新技术研发、专利申请与授权、新产品推广等方面取得了显著成果，为全市产业升级和经济转型提供了有力支撑。例如，湘潭宏大真空技术股份有限公司面对国内高端真空装备市场长期受国外企业打压的困境，通过自主研发成功突破多项“卡脖子”技术，取得显著成果。湖南裕能新能源电池材料股份有限公司等企业在新能源、新材料等战略性新兴产业领域加大研发投入，不断推出具有自主知识产权的新产品和新技术，不仅提升了企业自身的市场竞争力，也带动了相关产业链的协同发展，促进了湘潭市产业结构的优化升级。

（四）就业支撑有力，责任担当彰显

民营经济在吸纳就业方面继续发挥主力军作用，贡献了全市90%以上的

就业岗位。众多民营企业通过扩大生产规模、拓展业务领域、发展新兴产业等方式，创造了大量的就业机会，为缓解全市就业压力、维护社会稳定作出了积极贡献。同时，民营企业在社会责任履行方面也展现出良好的形象。

湘潭市委统战部和市工商联联合下发了《关于激励商协会助力湘潭高质量发展的行动方案（试行）》，激励引导56个商协会围绕招商引资、助力财源建设、助力“三改一扩”、助力就业富民、助力乡村振兴、助力社会公益6个方面担当作为。2024年，商会协会提供招商信息300条，引进落地项目44个，项目资金103.2亿元；引领会员企业纳税39.3亿元、安置就业人员23.9万人、销售农产品总额6.9亿元，投入社会公益5 679.2万元，在助力湘潭高质量发展的工作中发挥了重要作用。此外民营企业积极参与公益事业，全市工商联系统为2024年全市抗洪救灾捐赠款物540多万元，以实际行动诠释了新时代民营经济人士的责任担当与大爱情怀。

（五）税收贡献减少，财源建设承压

2024年，全市民营经济纳税主体缴纳各项税收109.17亿元，同比下降14.10%，整体税收增速为-13.99%。民营经济税收占全市税收总量的76.70%，较2023年增长-0.1个百分点。

二、主要做法

（一）打造新质生产力核心支撑

结合“两重”“两新”政策和湘潭实际，大力实施主体强身行动。出台《关于加快培育发展新质生产力的实施意见》，支持吉利、裕能等民营企业加快裂变成长。在全省率先开展科技成果就近就地转化立法工作，出台《加快科技成果转化三年行动方案（2024—2026年）》和《加快科技成果转化的若干政策措施》，有力推动宏大真空、华芯医疗等链上创新民营市场主体的自主创新提升与成果转化。推动汇弘实业获评农业产业化国家重点龙头企业，三一重能韶山叶片工厂成为全球首座风电行业灯塔工厂，凯利特泵业等27家企业在湖南股交所成功挂牌，湖南裕能新能源股份有限公司上榜“2024中国民营企业

500强”。

（二）擦亮专业化营商环境品牌

湘潭市深入推进优化营商环境“一号工程”，持续擦亮“湘潭服务　相当专业”的营商环境品牌，为经济发展注入澎湃动能。一是完善“政府承诺＋社会监督＋失信问责”机制。兑现“三不拖欠”，推进信用修复“一件事”工作，完善落实信用分级分类监管机制，健全诚信“红黑榜”发布制度，促进形成“守信受益、失信惩戒”信用环境，城市综合信用指数排名全省第一。二是用心建成“民营企业之家”。整合“亲商热线”“亲商在线”“亲商面对面”三位一体的协调联动机制，集中打造“亲商管家”综合服务品牌，推动服务民营经济发展从各自为政到系统集成。三是不断创新司法服务企业工作机制。联合开展涉企“挂案”专项行动，全市检察机关监督清结“挂案”37件，在全省率先实现清零，趋利性执法司法专项整治相关经验做法获省检察院推介。在省内率先建立起吊销未注销企业的公益清算和强制退出机制，积极试行预重整，成功办理全国首家民营连锁超市上市公司重整案，帮助破产企业“起死回生”。四是大力推行“首违不罚”，实施“柔性执法”。发布第一批安全生产监管执法“白名单”企业，协同推进执法检查“扫码入企”。实施“扫码入企”制度以来，全市共有2 600余条涉企执法扫码备案记录，检查数量有效减少，执法活动更加规范，不断减轻市场主体负担。

（三）筑牢民营经济领域思想根基

一是深化民营经济人士“暑期谈心”活动。邀请200余名民营经济代表人士与市委、市政府领导共聚一堂、交心谈心、共谋发展。民营经济代表人士立足自身行业，在营商环境、清廉民企、企业发展、个人履职等方面提出意见建议20余条，为助力湘潭经济社会高质量发展凝聚了智慧和力量。二是聚焦年轻一代民营企业家培养。提高素质、优化结构、发挥作用为目标，启动“启明星”培养工程。建立116人的“启明星”年轻一代民营企业家数据库，通过专题培训、实地考察、实践锻炼、联谊交友、导师传帮带等多种形式不断提升“启明星”培养工程实效，推动年轻一代民营企业家之间的交流合作更加紧密。

（四）强化高质量发展要素保障

一是创新土地供应机制。在城区范围内全面实施工业用地弹性供应制度，企业可自主选择使用权年限。构建“1+2+N”低效用地再开发试点改革政策体系，实现绿色转型与经济效益的双提升。推行“产业链＋供应链”供地，推进“标准地＋承诺制＋代办制”改革。二是健全绿色能源体系。在全省率先与国网电力公司签订共同打造“绿色电力湘潭”合作协议，推进分布式光伏“应建尽建”和整县屋顶分布式光伏试点。三是强化人才引育保障。出台鼓励企业引进人才暂行办法、培养激励湘潭“工匠人才十条措施”等制度。采取“租赁＋改造”的新型模式，盘活碎片化分布的闲置房屋，打造成人才公寓。四是促进物流降本增效。完善公铁水多式联运体系，助力企业降本增效。2024年7月，“湘潭—东盟”铁海国际联运班列实现首发，物流成本下降20%。湘粤非湖南吉利汽车出口班列、湘乡中欧班列等铁路货运班列开通运行，降低物流成本的同时，拉近了湘潭企业与世界的时空距离。

三、面临的主要问题

（一）产业结构不够优，转型升级有待提速

尽管湘潭市民营经济在第二产业领域具有一定的优势，但总体上产业结构仍相对传统，高端制造业、现代服务业等新兴产业的发展相对不足。部分民营企业仍然依赖于传统的生产方式和低端产品，缺乏核心技术和高附加值产品，导致在市场竞争中处于不利地位。例如，在机械制造行业，一些小型民营企业主要以加工制造中低端零部件为主，缺乏自主研发能力和品牌建设意识，难以适应市场对高端装备、智能制造等产品的需求变化，限制了企业的进一步发展。

（二）融资渠道不通畅，企业负担仍然较重

融资难、融资贵仍然是制约湘潭市民营企业发展的重要瓶颈之一。尽管政府出台了一系列金融支持政策，但在实际操作中，民营企业尤其是中小微企业获取银行贷款等融资渠道的难度仍然较大。一方面，银行等金融机构对民营企业的风险评估较为谨慎，由于部分民营企业财务制度不健全、信用评级不高、

缺乏有效抵押物等原因，导致银行不愿或不敢向其提供足额贷款。另一方面，直接融资渠道对于大多数民营企业来说门槛较高，上市融资、债券发行等需要企业具备较强的综合实力和规范的内部管理，而多数民营企业难以满足相关要求，使企业在面临资金短缺时缺乏多样化的融资选择。

（三）政策落地不够实，执行效能有待提升

虽然湘潭市制定了一系列促进民营经济发展的政策措施，但在政策宣传、解读以及落实执行环节仍存在一些问题。部分民营企业对政策知晓度不高，未能及时了解和享受到相关政策优惠。例如，《湘潭市民营企业支持政策手册（2024 年版）》虽然通过线上线下平台进行了推送，但由于信息传播渠道的局限性，仍有部分企业对其中的具体政策内容了解不够深入，不知道如何申请和操作。此外，在政策执行过程中，由于部门之间协调配合不够紧密，部分地区和部门存在政策执行不到位、落实不及时的情况，影响了政策的整体效果和企业的获得感。

（四）营商环境存短板，市场活力尚需激发

营商环境是影响民营经济发展的重要因素，尽管湘潭市在优化营商环境方面取得了显著成效，但在一些方面仍有提升空间。例如，政务服务效率有待进一步提高，部分行政审批事项的办理流程较为繁琐，办理时间较长，增加了企业的办事成本。此外，市场准入限制在某些领域仍然存在，一些行业和领域对民营企业的开放程度不够，存在隐性壁垒，导致民营企业无法充分参与市场竞争，限制了其发展空间和活力。同时，市场监管的公平性和规范性也需要加强，部分民营企业在市场竞争中可能会遇到不正当竞争、知识产权侵权等问题，影响企业的正常经营和发展。

（五）管理能力有欠缺，内生动力亟须增强

部分民营企业的经营管理模式较为陈旧，缺乏现代化的管理理念和方法。在企业战略规划、市场营销、人力资源管理、财务管理等方面存在不足，影响了企业的运营效率和市场竞争力。例如，一些家族式民营企业在企业治理结构上不够完善，缺乏科学的决策机制和监督机制，容易导致企业决策失误和内部

管理混乱。同时，部分民营企业对人才的引进和培养重视不够，缺乏高素质的专业人才和技术工人，制约了企业的创新发展和转型升级。

四、对策及建议

（一）聚焦产业升级，培育新兴动能

一是培育新兴产业发展动能。制定专项产业扶持政策，引导民营企业向高端制造业、现代服务业、战略性新兴产业等领域转型发展。通过财政补贴、税收优惠、项目支持等方式，鼓励民营企业加大在人工智能、大数据、云计算、生物医药等新兴领域的研发投入和产业布局，培育新的经济增长点。

二是激活民营企业科创基因。建立完善的科技创新服务体系，加强产学研合作，鼓励民营企业与高校、科研机构建立长期稳定的合作关系，共同开展技术研发和成果转化。支持民营企业建设企业技术中心、工程研究中心等创新平台，提高企业的自主创新能力。同时，加强对知识产权的保护力度，激发民营企业的创新积极性。

三是推动传统产业转型升级。鼓励传统产业中的民营企业通过技术改造、设备更新、工艺优化等方式，提高生产效率和产品质量。引导企业采用先进的智能制造技术和绿色制造工艺，实现传统产业的智能化、绿色化改造升级。支持企业开展品牌建设和市场拓展活动，提高产品的市场竞争力和附加值。

（二）畅通融资渠道，破解资金瓶颈

一是完善金融支持政策体系。进一步加大对民营企业融资的支持力度，鼓励银行等金融机构增加对民营企业的信贷投放。建立风险补偿基金，对金融机构为民营企业提供贷款产生的风险损失给予一定补偿，降低金融机构的风险顾虑。完善政策性融资担保体系，提高担保机构的担保能力，为民营企业提供更多的融资担保服务。

二是拓宽民营企业直接融资渠道。加强对民营企业的上市辅导和培育，鼓励符合条件的民营企业在主板、创业板、科创板等资本市场上市融资。支持民营企业通过发行债券、票据等债务融资工具筹集资金，扩大直接融资规模。

同时，积极探索发展私募股权投资、风险投资等多元化融资渠道，为民营企业提供更多的资金支持。

三是优化金融创新与服务。鼓励金融机构创新金融产品和服务模式，针对民营企业的特点和需求，开发适合中小微企业的金融产品和服务。例如，开展供应链金融服务，以核心企业为依托，为上下游民营企业提供融资支持；推广应收账款质押贷款、知识产权质押贷款等新型融资方式，拓宽民营企业的抵押物范围。

（三）抓实政策执行，确保落地见效

一是强化政策宣传与解读。充分利用电视、报纸、网络、新媒体等多种渠道，广泛宣传解读各类促进民营经济发展的政策措施。组织开展政策培训活动，深入企业进行面对面的政策宣讲和辅导，帮助企业准确理解政策内容和申请流程，提高政策知晓度和应用能力。

二是健全政策落实监督机制。加强对政策执行情况的监督检查，建立政策落实台账，定期对各部门、各县市区政策落实情况进行跟踪调度和评估。对于政策落实不力、执行不到位的情况，及时进行督促整改，确保政策能够真正落地生根，惠及民营企业。

三是加强部门协同配合。建立健全部门间协调联动机制，打破部门壁垒，实现信息共享和资源整合。各相关部门应明确职责分工，加强沟通协作，共同推进民营经济政策措施的落实，形成推动民营经济发展的强大合力。

（四）优化营商环境，激发市场活力

一是深化“放管服”改革。进一步简化行政审批事项，优化审批流程，缩短审批时限，提高政务服务效率。推进政务服务标准化建设，规范审批行为，加强事中事后监管，为企业提供更加便捷、高效、公正的政务服务环境。

二是打破市场准入壁垒。全面清理和废除限制民营企业公平竞争的各种规定和做法，放宽市场准入限制，除法律法规明确禁止的行业和领域外，一律向民营企业开放。鼓励民营企业参与基础设施建设、公共服务领域等投资项目，促进各类市场主体公平竞争。

三是加强市场监管与执法力度。建立健全公平竞争审查制度，加强对市场垄断和不正当竞争行为的监管和打击力度，维护公平有序的市场秩序。加强知识产权保护，加大对侵权行为的惩处力度，保障民营企业的合法权益。同时，规范行政执法行为，推行“柔性执法”“首违不罚”，避免多头执法、重复执法，减少对企业正常生产经营活动的干扰。

（五）提升管理水平，赋能企业发展

一是引导企业加强内部管理。组织开展企业管理培训活动，邀请专家学者为企业提供现代管理理念和方法的培训指导，帮助民营企业建立健全现代企业制度，完善公司治理结构，加强内部管理流程优化和风险防控机制建设，提高企业的管理水平和运营效率。

二是加强民企人才队伍建设。鼓励民营企业加大人才引进力度，通过提高薪酬待遇、改善工作环境、提供职业发展空间等方式，吸引高素质的管理人才、专业技术人才和创新人才加入企业。支持企业与高校、职业院校合作，建立人才培养基地和实习实训基地，为企业培养和输送适应企业发展需求的应用型人才。

三是促进企业间交流合作。搭建民营企业交流合作平台，组织开展行业交流活动、企业对接会等，促进民营企业之间在技术、市场、管理等方面的经验交流与资源共享，推动企业间的协同发展和优势互补。鼓励民营企业组建产业联盟，共同应对市场风险和挑战，提升产业整体竞争力。

2024 年，湘潭市民营经济在全市经济发展中发挥了重要作用，取得了显著成效。但同时，也面临着产业结构有待优化、融资难题、政策落实与执行力度不足、营商环境需持续改善、企业经营管理水平有待提升等问题与挑战。湘潭市将继续加大对民营经济的支持力度，充分发挥民营经济在推动经济增长、促进创新、扩大就业、增加税收等方面的重要作用，通过政府、企业和社会各方的共同努力，不断优化民营经济发展环境，激发民营经济活力和创造力，推动湘潭市民营经济实现高质量发展，为全市经济发展作出更大的贡献。

邵阳市民营经济发展报告

邵阳市工商联　邵阳市统计局

民营经济是推动发展的重要支撑、科技创新的重要主体、改善民生的重要力量。2024 年，邵阳市深入贯彻习近平总书记关于民营经济发展的重要论述和指示批示精神，不断优化民营经济发展环境，加快推动各项改善民营企业市场预期、提振民营经济发展信心政策落地见效，民营经济持续向好，发展效益稳步提升。

一、邵阳民营经济发展概况

（一）规模持续扩大

2024 年，全市民营经济实现增加值 2 194.68 亿元，同比增长 6.3%，高出地区生产总值增速 1.2 个百分点。民营经济增加值占地区生产总值的比重达 75.0%，比 2023 年同期提高 1.9 个百分点，民营经济贡献了全市七成以上的税收、七成以上的社会投资、八成以上的新增就业岗位、九成以上的市场主体（见图 1）。

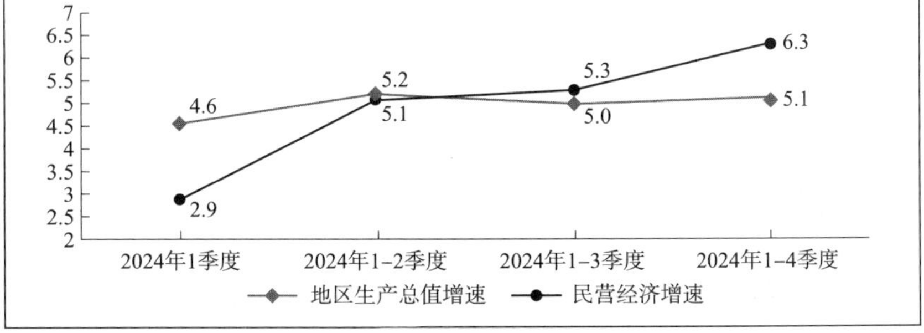

图 1　2024 年邵阳民营经济增长情况

（二）基础更加牢固

2024年，全市实有民营经济市场主体54.24万户，同比增长7.8%，占全部市场主体的97.8%，其中民营企业12.14万户，增长12.2%。全市在库“四上”单位中，民营企业占比持续扩大，民营工业企业1 773家，占全部规模以上工业企业的比重为97.0%；民营建筑业企业306家，占全部有资质的建筑业的93.0%；民营批发零售业企业1 273家，占全部限额以上批发零售业的97.2%；民营住宿餐饮业企业404家，占全部限额以上住宿餐饮业的99.8%；民营房地产企业263家，占全部房地产开发经营业的94.9%；民营服务业企业726家，占全部规模以上服务业的94.2%。主要行业中，民营企业的比重均超过九成，民营企业已成为推动经济社会发展的主力军。

（三）实力稳步提升

2024年，全市规模以上民营工业增加值增长7.4%，占规模以上工业增加值总量的92.2%，拉动全市规模工业增加值增长6.9个百分点，对全市规模工业增加值增长贡献率为81.8 %。全市民营企业数智转型步伐加快，全市2024年新建智能制造民营企业49家、智能制造生产线（车间）121条（个），三一专汽成功获评国家制造业单项冠军企业、实现历史破零。全市装备制造等九大产业链实现总产值3 716.3亿元、增长8.2%。

（四）动能不断积蓄

民营经济向新而行、动力更足，2024年全市新培育国家级专精特新“小巨人”企业1家，新增省级专精特新中小企业82家，累计培育国家级“小巨人”企业14家、省级专精特新中小企业290家。2024年全市新认定邵阳市高层次人才24人，累计认定邵阳市高层次人才1 055人次，现有持卡人员949人，其中民营企业76人，占8.0%，民营企业持卡人员占比较上年提升2.2个百分点。

二、邵阳民营经济发展面临的困难

（一）民营经济规模偏小

民营经济是实现现代化新邵阳的生力军，初步测算，如 2035 年基本达到中等发达国家水平，人均地区生产总值达到 3 万美元，全市地区生产总值应达到 9 750 亿元左右[①]。民营经济按占地区生产总值比重 70% 计算，应达到 6 800 亿元左右。2024 年全市民营经济增加值 2 194.68 亿元，仍有 4 600 亿元左右差距，距实现现代化目标仍有较大差距。

（二）区域发展不平衡

西部与东部县市区发展不平衡问题突出，邵东市 2024 年地区生产总值为 791.54 亿元，总量超绥宁、新宁、城步、武冈 4 个西部县市总和（585.01 亿元）。2024 年，新宁、绥宁、城步三个西部县（市）的民间投资总量 97.89 亿元，仅为邵东市的 46.8%。

（三）民间投资意愿不强

民营企业投资信心和投资意愿下降，2024 年全市民间投资同比增长 0.8%，低于全部投资 5.4 个百分点；占全部投资的比重为 72.0%，比 2023 年全年回落 5.1 个百分点。2024 年全市企业注销 7 860 户，比 2023 年同期企业增加 4 298 户、增长 120.7%。

（四）民营企业融资困难

民营企业普遍面临融资难、融资贵、融资渠道不畅通的难题。一方面银行风控偏好“重国企、轻民企”，民营企业多以中小型企业为主，大多处于发展早期，经营稳定性差，加之自身财务不规范，信用度低，难以评估偿债能力导致被拒贷。另一方面政策落地存在时滞，政府虽然推出了专项资金贷款，2024 年也新设融资协调机制，但政策落地发挥效用尚需时间。

（五）高新人才短缺

民营企业普遍面临“招工难、留才难”的双重压力。一是受经济发展、生活环境、文化氛围等多方位因素影响，邵阳区域吸引力不足，高素质人才会流

① 中央党校（国家行政学院）中国式现代化研究中心与社会科学文献出版社共同发布《中国式现代化蓝皮书：中国式现代化发展报告（2024）》指出，综合考虑国内外通胀因素、人民币汇率变化以及人口结构变动等复杂因素的影响，到 2035 年，我国人均 GDP 有望达到 3 万美元左右。近年来，邵阳市常住人口逐年下降，由 2016 年的 732.15 万人降至 2023 年的 635.88 万人。据此简单推算，2035 年，邵阳市常住人口约为 500 万人。人民币兑美元汇率按 6.5 ∶ 1 计算（目前为 7.1 ∶ 1 左右）。

向长沙等中心城市；二是人才供给与产业需求失衡，尤其是高技术人才储备不足，难以匹配民营企业需求；三是薪酬竞争力弱，邵阳市远低于2024年湖南省制造业平均月薪4 500元，人才短缺直接影响科技创新引领力，制约了全市民营经济的进一步发展壮大。

三、进一步促进民营经济发展壮大的建议

（一）持续优化营商环境，激发民营经济生机活力

一是深入破除市场准入壁垒。深化重点行业自然垄断环节独立运营和竞争性环节市场化改革，推进上下游生产、销售、运输服务、设备制造等竞争性环节向民营经营主体公平开放。二是加快打造公平有序市场环境。进一步清理废除含有地方保护、市场分割、指定交易等妨碍统一市场和公平竞争的政策措施，全面落实市场准入负面清单制度和公平竞争审查制度，进一步规范政府采购市场秩序。三是优化一站式政务服务。全面推行“湘易办”超级服务端惠企便民服务，打造好“湘易办”邵阳旗舰店。持续推进综合窗口改革，分批次推出“高效办成一件事清单”，推进落地见效。四是强化信用激励约束。建立健全政务失信记录和惩戒制度，将机关、事业单位的违约毁约、拖欠账款、拒不履行司法裁判等失信信息，及时报送省信用信息共享平台，推动督查整治。完善民营企业信用修复制度，建立失信企业信用修复提醒机制，引导符合条件的市场主体及时开展信用修复。

（二）持续健全法治环境，护航民营经济健康发展

一是依法加强民营企业产权和企业家权益保护。建立健全畅通涉民企案件“绿色通道”，推动涉民企案件接访、受理、审查、移送快速办理。突出评价结果运用，依托“问卷星”等线上平台，组织开展“民营企业评价营商环境”工作。二是完善监管执法。针对重复检查、多头检查的问题，全面推广“双随机、一公开”监管模式，全面实行“扫码入企”，凡需入企检查必须扫营商码留痕备案管理并且公开。开展涉企行政执法突出问题专项整治行动，重点整治监管执法中不作为、慢作为、乱作为和过度执法、逐利执法、以罚代管等

问题。三是加强拖欠民营经营主体账款治理。对政府或市县两级所属国有企业拖欠中小微企业和个体工商户账款问题，统筹制订化解计划，切实化解存量，严格控制增量。对已经法院判决或债权债务无争议，但地方政府确因财政资金紧张暂无力支付的，与银行探索建立市级“代还基金”，由基金先行垫付，待财政缓解后，由责任主体偿还，并承担一定的费用。四是依法惩治影响民营经济健康发展犯罪行为。重点打击侵犯民营企业合法权益的非法高利放贷、欺行霸市、强买强卖等涉黑恶犯罪，依法惩治金融诈骗、合同诈骗、串通投标等扰乱市场秩序犯罪。加大检察侦查工作力度，依法侦办司法工作人员滥用职权、徇私枉法、枉法裁判等损害民营企业合法权益的职务犯罪案件。

（三）持续强化要素保障，合力助推民营经济发展

一是强化财政金融服务。落实推进“湘信贷”融资惠企行动。积极争取借助技术改造再贷款和超长期国债，加快推动大规模设备更新。鼓励银行业金融机构面向民营中小微企业实施“首贷户”培育拓展行动，积极创新首贷专属产品和推广小微企业无还本续贷产品。二是强化人才和用工需求保障。对精准编制高端急需人才引进需求目录，将“高精尖缺”人才纳入高层次人才引进计划。加强职业技能人才队伍建设，依托邵阳职院等职业院校定制化培养技术工人。三是降低用能成本。支持民营企业投资建设风电、光伏发电、生物质发电、新型储能、充电桩等各类能源项目，在布局规划、指标安排、资源出让、并网运营等方面对各类型企业一视同仁。支持企业设备更新和节能技术改造，降低企业能耗损失。四是强化数据要素资源化利用。积极筹建邵阳市数据集团。加强与湖南数据集团合作，整合政务数据资源，打破“数据孤岛”、消除“数据鸿沟”。在满足保密要求前提下，深化公共数据开放，建立健全数据采集、共享机制，加速政府数据归集及统一的平台建设，加快数据标准化应用和跨区域互认互通。

（四）持续增活创新动能，推动民营主体高效发展

一是培优育强龙头企业。择优培强，支持民营 30 强企业通过并购重组、战略合作等方式，整合产业链上下游优质资源，提升技术、专利、标准、品牌等竞争力，做大做强成为打造现代化新邵阳建设“核心引擎”。二是加快民营企业数字化转型。以九大优势产业链为重点，针对不同行业民营中小企业需求场景，从线上营销、远程协作、智能生产等关键环节入手，提供“一企一档一策”诊断服务，促进中小企业数字化转型。三是提升民营企业科技创新能力。重点支持民营30强企业持续加大研发投入，加强与高等院校、科研院所的合作，共建重点实验室、新型研发基地和中试基地。支持有条件的民营企业牵头承担国家重大技术攻关，参与国家重大项目建设，引领带动全市中小企业高质量发展。四是引导民营企业提升现代化治理水平。引导民营企业完善法人治理结构、规范股东行为、强化内部监督，实现治理规范、有效制衡、合规经营。引导中小企业建立现代企业制度，完善企业治理结构，健全企业决策机制，形成有效内部监督和风险防控机制。

岳阳市民营经济发展报告

岳阳市工商业联合会

2024年，在岳阳市委、市政府的坚强领导下，全市各级各部门坚持以习近平新时代中国特色社会主义思想为指导，坚定不移落实“两个毫不动摇”，锚定“三高四新”美好蓝图，不断创新服务举措，提升服务实效，有力促进了民营经济健康发展、高质量发展。

一、岳阳民营经济主要特点

（一）总体规模不断扩大，综合实力持续提升

2024年，全市民营经济增加值达3 758.93亿元，同比增长4.7%，占地区生产总值比重达73.3%。现有市场主体数62.2万户，同比增长5.67%。民营企业贷款余额976.96亿元，比年初增长31.36亿元，同比增长10.41%。科技型中小企业增至2 249家，排名全省第3；高新技术企业增至990家，同比增长8.2%，排名全省第4。规上工业企业数达2 253家，实现规上工业增加值同比增长6.7%，百亿企业4家。高新技术产业增加值866.63亿元，排名全省第2。“2024三湘民企百强榜”岳阳上榜企业8家，稳居全省第2。

（二）科技创新获得突破，发展动能接连释放

中创空天实现空天构件制造流变技术产业化，2024年贡献产值9.7亿元，被评为全省科技成果转化示范项目。湖南科伦实现抗癌仿药注射用紫杉醇、粉液双袋等科研成果产业化，销售收入突破50亿元。聚仁化工己内酯单体实现进口替代，建成万吨级/年生产线。建设国家农科园1家，省级高新区8家，

排名全省第 1。高新区创新绩效评价居全省前列，岳阳临港、平江分别排名全省第 1、第 5。岳阳跻身城市科技创新竞争力百强。

（三）转型升级加快推进，社会贡献日益突出

牢记“守护好一江碧水”殷殷嘱托，深入实施绿色制造工程。“岳阳市聚焦绿色低碳　助力转型升级”案例入选工信部 2024 年城市制造业高质量发展案例，临港高新区、湘阴高新区、平江高新区 3 家园区获批国家级绿色园区。积极开展保靖县对口帮扶工作，组织开展“百企联百村”行动，安排 100 家民营企业一对一联点帮扶保靖县 100 个村，捐赠各类物资、资金 95 万元，安排在岳就业 60 多人，发展玉米等产业 8 000 亩，建加工厂 5 个。广大民营经济人士和寓外乡友为防汛救灾捐款捐物近 8 000 万元，用实际行动彰显了民营企业的责任与担当。

二、主要工作

（一）提振发展信心

召开高规格的 2024 年岳阳市民营经济高质量发展大会暨市工商联成立 40 周年庆祝大会。发布岳阳市民营企业 50 强榜。岳阳市委、市政府两办印发《岳阳市关于促进新时代“两个健康”的实施意见》（岳办发〔2024〕5 号）。市委统一战线工作领导小组印发《岳阳市“企业家绿卡”实施办法》（岳统领组发〔2024〕2 号）。为 113 家企业 122 名个人颁发岳阳市首批“企业家绿卡”。以市委、市政府名义表扬了一批优秀民营企业、优秀民营企业家和商（协）会组织。出台《岳阳市促进建筑业高质量发展的若干措施（暂行）》（岳政办发〔2025〕4 号）。编印《岳阳市民营企业支持政策手册（2024）》。自 2024 年起，将每年的 11 月 1 日设立为“岳阳企业家日”，隆重举办首个“岳阳企业家日”系列活动启动仪式，市委、市政府发布《致全市企业家的一封信》，举办了市人才日（企业家日）晚会，营造了尊商重企的浓厚氛围，有效提振了民营企业发展信心。

（二）加强金融服务

出台《岳阳市提升民营经济发展金融服务质效工作实施方案》，围绕民营经济金融供给、金融服务、银企对接、供应链融资、融资渠道、跨境融资便利化、政策联动七个方面提出了20条具体措施，提升民营经济金融服务质效。各银行机构建立民营经济金融工作服务机制，明确民营经济金融服务专营部门。制订民营企业年度服务目标和专项信贷计划，单列首贷、信用贷、中长期贷款额度。运用金融科技等手段，结合民营经济经营特点，创新特色化民营经济首贷、信用贷等产品。开展“千名行长万户行”“百地千行进万企”等行动，精准对接民营企业融资需求。截至2025年2月底，民营经济新增贷款占各项新增贷款的比重为23.28%，个体工商户、私营企业贷款户数分别为21.85万户、1.02万户，贷款户数持续增加，民营经济贷款存量占比23.21%，较去年同期上升0.4%。

（三）强化科技支撑

加大科技研发投入力度。2021—2024年，岳阳市研发投入总量由62.63亿元增至106.27亿元。其中企业研发投入100.8亿元，占比94.85%，企业创新的主体地位凸显。围绕现代石化、食品加工、现代农业、工程机械等优势，建设技术创新类平台247个。建成科技成果转化中试基地5个（省级2个）、创新联合体5个（省级1家）。聚焦人才增强产业体系活力。加强与大院大所大校大企对接合作，建成省级院士专家工作站4个，30余名院士与岳阳市开展产学研合作。以项目化方式育才，对接“芙蓉人才计划”“巴陵人才工程”，重点实施一系列科技人才工程项目，51人获省“三尖”创新人才工程项目支持。以赋权改革用才，推动职务科技成果赋权改革，有效激发了科研人员创新动力。

（四）全面深化改革

在全省率先推行企业破产信息核查“一件事”新模式，将分散于10个部门的独立业务进行整合，实现企业破产信息核查“高效一次办成”。全力推动压缩审批时限，提高并联审批率、告知承诺率。全市工程用地规划许可证平均审批时限压缩至 0.5 个工作日，施工许可证平均审批时限压缩至 1.2 个工作日，竣工验收备案压缩至 0.3 个工作日，其他高频审批事项审批用时在标准审批时限上压缩 60% 以上。推进降低水电气、物流、税费及融资成本改革。优化铁山水库管理体制机制，引导供水企业内部挖潜，降低原水费，探索污水处理费市区分担机制，进一步降低工业用水成本。支持园区“转改直”开展直供电改造，开展转供电违规和加价治理。支持园区建设分布式光伏 + 储能，引导企业充分利用峰谷电价政策，降低用电成本。争取省发改委支持，进一步降低市本级配气价格，从严从紧开展县市区天然气配气价格成本监审核定。与怀化合作开通岳阳—怀化—东盟国际铁水联运通道，广铁集团给予运费下降 50% 优惠政策。

（五）优化法治环境

深化“营商清风 101”专项行动。由市纪委监委牵头开展优化营商环境“六促”专项行动，围绕重大项目落地行动、惠企政策兑现、企业成本降低、行政审批优化、执法司法公正、中介机构规范六个方面开展营商环境专项监督。全市发现损害营商环境有关问题线索 182 件，查处 86 件，处理 114 人，其中给予党纪政务处分 79 人。开展涉企案件四超问题整治。共发现涉企执法查扣冻及“四超”问题 10 个，整改问题 10 个。扎实推进涉企刑事挂案清理工作，排查清查出近年来久拖不决的涉企挂案 62 件，根据个案情况制订了监督撤销案件、引导完善证据和会商审慎处理等分类施策处理方案。妥善审理买卖合同、股权转让等案件 21 337 件，金融纠纷案件 2 639 件，尽可能降低市场主体交易和维权成本。推动“新官理旧账”问题线索清仓见底。“新官理旧账”问题已办结 54 件，涉及拖欠企业账款已兑现 1 733 万余元，有效为企业解压。

（六）助企纾困解难

坚持开展企业家沙龙活动，搭建领导干部与企业家交流平台。市级层面开展企业家沙龙 21 期，收集问题 283 个、办结 250 个。各县市区开展沙龙活动 130 期，收集问题 1 438 个，解决问题 1 327 个。建立市领导联系岳阳商会协会和重点民营企业工作制度。开展“两重”“两新”“送解优”专项行动，全市共组建 86 个工作组、组织 795 名干部，走访 4 235 家企业，协调解决问题 328 个，推动政策红利直达一线、惠及企业。组建岳阳市民营企业服务中心，持续完善问题诉求转办、交办、督办、反馈机制，推动涉企问题高效闭环解决。市人民政府 12345 热线服务中心对各类涉企问题线索认真甄别核实，逐一建立台账清单，实行分类管理、分级处置。

三、困难问题

（一）环境优化有待进一步加力

市场准入仍不够畅通。受制于省市联动、部门联动不够、主动赋权不足，一些事项办理在省厅部门、省市之间难以直通，导致准入即准营方面的证照分离、证照联办、“一照通”改革跨行业实现的领域较少，除食品经营生产领域外，其他领域证照联办无法实现“一网通办”，“一照通”改革推进相比沿海地区滞后。市场竞争仍不够公平。市场隐性壁垒的“玻璃门”“旋转门”一定程度还存在，一些业主单位（甲方）普遍偏好国企和大企业，特别是在工程建设领域，通过设置不合理的条件、不必要的资质要求等，将国企、民企，大企业、中小微企业、外地企业区别对待，以备案、注册、年检、认定等形式设定准入障碍。国企、大企业中标后转包给中小企业，收取高额管理费的情况依然存在。

（二）法治保障有待进一步加力

监管执法不够规范。各类检查繁杂，同一部门多层检查、不同部门多头检查，让企业疲于应对。有些行业双随机抽查事项清单、抽查计划、联合监管等形同虚设，部门反映的各类监管检查数据与企业感知严重不匹配。有的存在以罚代管、只罚不管等重惩罚轻监管的问题，特别是涉及安全、环保等底线工作，有通过以罚代管预防出事追责的情况，个别领域甚至存在逐利执法。执法质效不够突出，市委、政法委开展案件评查工作，随机抽取了 2020 年来法院系统、检察院系统和公安系统办理的 106 件涉及民营企业经济犯罪和民商事诉讼案件进行评查，发现存在 4 件不合格案件和 8 件瑕疵案件。

（三）要素支撑有待进一步加力

运营成本较高。2024年，岳阳市园区工业用水、工业用气终端销售价格为5.2元/吨、4.52元/立方米。用电方面，部分园区用电配置有待优化、电力供应不够稳定，频繁停电、电压波动等问题严重影响了企业正常运营。一些部门服务意识欠缺，部分机构或个人存在故意编造基本电费收费标准以获取不当利益的行为。人才招引较难。在住房支持、教育资源、医疗及其他关键生活服务方面提供的支撑还不足，特别是武汉和长沙两个强省会城市的虹吸效应，加剧了用工引才的难题。虽然市里搭建了线上用工对接平台，开展各类线下招聘活动，但企业还是感觉招工难，特别是高技能人才和高层次人才招引更难，流失也快。融资门槛较高。融资难、融资贵问题仍然存在，只有小部分的中小微企业能够直接从银行贷到款，有的企业只能通过民间借贷。

四、对策建议

（一）持续优化"公平＋透明"的发展环境

打造包容开放的市场环境。严格落实市场准入负面清单制度，在政府采购、招标投标等领域，持续清理和废除限制民间资本公平参与、妨碍建设全国统一大市场的各类"潜规则"，持续破除隐性投资壁垒。打造高效便捷的政务环境。持续开展"放管服"改革和"最多跑一次"改革，减少行政审批事项，提升政务服务便利度，降低制度性交易成本。全面推行企业开办"一网通办"、全程电子化网办。打造情理相融的执法环境。推行"首违不罚"，完善扩大免予减轻处罚事项清单和"柔性执法清单"。深入推进"双随机、一公开"监管、跨部门综合监管和涉企执法检查扫码留痕管理，加强行政执法与监督管理能力建设，推动行政执法全过程网上流转。

（二）持续强化"高效＋配套"的要素支撑

加大园区承载及要素保障力度，尽快制定水电气基础设施发展和改进的长期规划，增加相应生产要素设施建设的投入。加快完善价格形成机制，严肃查处各类违法违规收费行为。简化建设用地人防、绿化、规划、施工许可手续，进一步压缩审批时间。持续推进园区集中供热、燃气管道项目建设，适度引入市场竞争，严格价格监管。搭建银企服务平台，开展金融政策推介，组织投资机构、金融人士、政府平台公司等提供“一企一策”融资解决方案，切实解决企业融资贵、融资难的问题。持续落实“人才新政45条”等政策，开辟落户、住房、子女就学、金融服务等“绿色通道”。加大人才及用工支持力度，大力开展产业领军人才、巴陵工匠等涉企本土人才激励项目评选，探索企业高层次人才自主评价认定。

（三）持续促进“开放+合作”的民间投资

引导民间资本参与产业项目建设。围绕“1+3+X”现代化产业体系，结合大规模设备更新和消费品以旧换新政策，聚焦重大工程、重大产业项目、特许经营项目，梳理谋划一批具备一定收益水平、条件相对成熟的项目，形成拟向民间资本推介项目清单，常态化向民间资本推介。支持民间资本公平参与项目竞争。建立岳阳市重点民间投资项目库，积极向省报送民间投资重大项目，争取纳入全国重点民间投资项目库。对具有稳定收益、可获得较好预期投资回报的交通及相关站场服务设施、城市基础设施、节能降碳等领域重点项目，原则上推行市场化运作。涉及政府配置资源的能源类开发计划，原则上提前向社会公开，支持民营企业公平参与能源项目开发建设。

常德市民营经济发展报告

常德市工商业联合会

2024年，常德市民营经济人士在市委、市政府的坚强领导下，以习近平新时代中国特色社会主义思想为指导，深入学习贯彻习近平总书记考察湖南重要讲话和指示精神，锚定“三个高地”、推进“二次创业”，全面实施“六大攻坚”，全市民营经济在挑战与机遇并存中坚毅前行，持续发挥民营经济是常德市经济发展重要力量的应有作用。

一、常德民营经济发展基本情况

民营经济在推动常德市经济社会发展中发挥着不可替代的作用，是推动常德高质量发展的重要力量。2024年，常德市民营经济呈现“65999”发展格局，即对全市贡献了60%以上的GDP、50%以上的税收、90%以上的新增城镇劳动力就业、90%以上的高新技术企业、90%以上的新增企业数量。

（一）民营经济运行质量明显提高

常德民营经济在全市经济中占据重要地位，是推动经济增长的核心力量之一。从经济总量看，据统计部门统计，常德市2024年民营经济增加值为2 897.1亿元，增速1.2%，占地区生产总值比重为63.9%。从投资情况看，据统计部门统计，常德市2024年民间投资占固定资产比重为64.8%。从市场主体数量看，据市场监管部门统计，截至2024年底，常德市累计实有各类市场主体53.7万户，其中企业13.19万户。从实缴税金看，据税务部门统计，2024年常德市实缴税金182.56亿元，其中民营经济实缴税金106.84亿元，占比58.5%。

（二）民营企业创新动能显著增强

经营主体结构提优，梯度培育精准扶持，科技创新能力提升，常德获批省科技金融服务分中心、岳麓山种业创新分中心，常德排名2024中国城市科技创新竞争力百强榜第86位。据科技部门统计，截至2024年底，常德市现有728家有效高新技术企业，其中民营企业占比超过95%；常德市已有省级工程（技术）研究中心35个，其中27个依托民营企业；拥有湖南省省级企业技术中心96家，92家设在民营企业；新获批国家级专精特新“小巨人”企业13家、省级专精特新中小企业91家。湖南湘投金天钛业科技股份有限公司成功上市，成为全市首家科创板、全省2024年唯一A股上市企业。

（三）民营企业开放合作坚挺有力

开放合作持续深化，深入开展“德企德品出海”专项行动，湖南华乐食品有限公司在全国率先恢复向新加坡出口生肉冻品，湖南湘佳牧业股份有限公司成为全省首家冰鲜禽肉供港资质企业，津市新合新生物有限公司印尼项目、湖南安德丰新能源科技有限公司新加坡项目被认定为省级对外投资合作重点项目。据海关部门统计，2024年常德市进出口总额149.4亿元，比2023年下降18%，其中民营企业进出口总额86.42亿元，比2023年下降30.3%，占进出口总额的58%，民营企业进出口总额占全市进出口比重同比下降10%，全市外贸实绩企业（有进出口业务的企业）276家，其中民营企业246家，占比近90%，民营企业进出口总额占全市进出口总额比重下滑较严重，但仍是常德对外开放的重要力量。

（四）民营企业保障民生持续稳定

民营企业体制机制灵活，是最具市场活力的经济细胞，直接或间接创造了大量的就业岗位，吸纳了大量城乡劳动力，是稳定就业、改善民生的重要保障。据统计，2024年，常德市城镇新增就业5.5万人，新增农村劳动力转移就业3.8万人，其中民营企业提供了90%以上的就业岗位。据不完全统计，2021年启动“万企兴万村”行动以来，全市557家民营企业与493个村建立结对关系，实施乡村振兴项目752个，累计投资总额33.6亿余元，公益捐赠5 887万余元；2024 年度，常德市工商联倡议商协会、异地常德商会、爱心企业等积极投身到防汛救灾行动中，累计为桃源 8 个镇区和桃花源捐款捐物超过 200 万元；商协会和民营企业参与 2024 年“沅澧新春促消费帮扶行动”，采购农副产品 8 000 多万元。

二、常德民营经济发展主要特点

近年来，常德市民营经济发展整体趋势表现为稳中有降，民营领军企业规模不够大，实力不够强。

（一）从发展数量来看

近两年来，常德市民营经济增加值占全市地区生产总值总量的比重连续下降，分别下降 1.9%、2.8%，且下降速度有扩大趋势。

（二）从发展速度来看

近年来，常德市民营经济增加值增速整体呈下降趋势，由 2022 年的 4% 下降为 2024 年的 1.2%。

（三）从发展活力来看

表现为民间投资活力严重萎缩，常德市 2022 年民间投资增速为 17.3%，占比 66.8%，增速超过全市水平，高于全省平均水平 8.8 个百分点，排全省第四，2024 年全市民间投资增速为 −28.4%。

（四）从领军企业来看

据工信部门统计，国家级单项冠军中，常德市有 3 家企业的产品上榜，其中民营企业的产品 2 个，常德市民营企业中的国家单项冠军产品占湖南省的比重为 2.7%，国家级专精特新“小巨人”企业中，常德市有 27 家，其中民营企业 22 家，常德市民营企业中的国家级专精特新“小巨人”企业占湖南省的比重为 4.4%。2024 三湘民营企业百强榜单中，常德 4 家企业上榜，营业收入总额占比不足 3%，百强企业数量少，规模不够大，实力不够强。

三、存在的主要问题

（一）创新能力不足

从体现创新硬实力的高新技术产业增加值和授权专利来看，据统计部门统计，湖南省高新技术企业1.75万家，常德市民营企业中的高新技术企业占全省的比重为4%；湖南省高新技术产业增加值增长6.3%，占湖南省地区生产总值的比重为16.2%，常德市高新技术产业增加值增长1.5%，占常德市地区生产总值比重为10.8%；截至2024年底，湖南省有效发明专利拥有量121 297件，常德市有效发明专利4 397件，占湖南省有效发明专利比重为3.6%，专利密度（件/万人）为8.48，无论是有效发明专利数量还是专利密度均与排名前三的长沙、株洲、湘潭差距较大。

（二）市场环境严峻

全球经济复苏乏力，经济增速放缓，国际需求疲软，国内购买力下降，给民营企业出口和稳定内需带来压力。贸易保护主义抬头，一些国家采取贸易保护主义措施，设置贸易壁垒，增加了民营企业开拓国际市场的难度。国际局势复杂多变，地缘政治风险上升，给民营企业海外投资和经营带来不确定性。行业“内卷”，终端产品价格跳水，市场竞争大，民营企业营业收入、利润面临巨大冲击。

（三）政策环境制约

政策的不稳定性、缺乏连续性以及政策落实不到位，损害了政策的权威和公信力，导致已经出台的引导和促进民营经济发展的政策，在落实过程中效果打折扣，使得民营企业难以获得实质性的政策支持。在操作性的配套政策和办理流程上，存在诸多不协调之处，进一步加剧了民营企业家对政策的困惑。涉民营企业诉求问题办理机制不够完善，且现有机制运行“花多果少”，问题交办和问题解决的力度欠缺。

（四）融资问题难解

民营企业融资渠道有限、额度低、融资难甚至融不到资，融资成本高的问题，制约了企业发展。融资渠道有限，民营企业，特别是中小微企业，仍以自有资金投入为主，获得银行贷款等传统融资渠道支持的难度相对较大；融资门槛较高，很多民营企业难以获得足够的抵质押物来获得银行的贷款，民营企业即使获得融资，也面临较高融资成本，加重了企业负担；金融机构对民营企业政策支持不到位，缺乏支持民营企业融资创新机制，针对民营企业的相关政策实施效果不佳；信用体系不完善，民营企业获得金融机构的信任与支持难度相对大些。

（五）人才缺口较大

民营企业对高素质人才的需求日益迫切，但人才引进和培养机制仍需完善。民营企业难以留住人才，人才流失问题比较突出，人才培养机制不健全，民营企业与高校、科研院所等的合作机制不够完善、精准，难以培养出符合民营企业需求的应用型人才，且培养成本高。

四、对策及建议

（一）推动科技创新，提升民营经济高质量发展效能

在企业梯度培育、科技成果转化、科技创新机制完善上持续发力，提升企业整体能级，优化科技创新生态。一是集群培育攻坚。围绕“4+3”现代化产业体系，推动产业育新培强攻坚，推进重点产业链建设，完善产业链上下游图谱，按照“有链强链、上下延链、缺链补链”的思路，加快产业上下游延伸、本地化配套、集群式发展，构建多点支撑、多轮驱动的产业格局。二是科技型企业培育攻坚。构建完善“微成长、小升高、高上市”的梯次培育库，持续壮大创新主体规模。三是科技领军企业壮大攻坚。探索科技型领军企业培育机制，“一企一策”支持龙头企业承担重大科研任务，组建转化中心、中试平台、研发飞地，培养科技创新“尖子生”。四是中小微企业扶持攻坚。不断优化营商环境，全面落实加计扣除、高企税收优惠等惠企政策，确保中小微企业“应享尽享”。五是科技成果转化攻坚。深化“政产学研”融合发展，促进校企深度合作、成果高效转化；认真落实科技成果转化攻坚三年行动目标任务，完善技术需求、

成果供给、要素服务“三张清单”，深化科技成果与技术需求精准匹配。六是科技项目管理攻坚。建立健全重大科技攻关“经费跟着人才走、人才跟着项目走、项目跟着计划走、计划跟着规划走”机制。

（二）加强政策支持，提振民营经济高质量发展信心

建议出台更多支持民营企业发展的政策措施和专项行动方案，成立工作领导小组，市委、市政府主要领导亲自挂帅。完善涉企政策“免申即享”机制，全面落实结构性减税降费等政策。建立健全政企沟通交流和诉求问题交办机制，及时精准解决企业投融资、用工用能、产销对接、拖欠账款等问题，做到企有所呼、政必有为，政企一心、合力打拼，让企业在常德稳得住、能赚钱、有奔头。

（三）促进区域协调发展，拓宽民营经济高质量发展空间

通过政策引导，支持中西部地区民营经济发展，缩小区域差距。推进区域协作融合，深入对接长株潭一体化发展，深化产业、交通、科创等领域合作，打造先进制造业配套协作示范区。主动融入长江经济带、洞庭湖生态经济区等区域发展战略，深化洞庭湖生态旅游联盟、粮食产业协作联盟合作。主动对接粤港澳、长三角等重点区域，加强经贸合作、产业对接，有序承接产业梯度转移。充分发挥异地常德商会优势作用，继续在“德品出湘”等工作上进一步发力。

（四）优化融资环境，完善民营经济高质量发展保障

改革和完善金融机构监管考核和内部激励机制，把银行业绩考核同支持民营经济发展挂钩，解决不敢贷、不愿贷的问题。完善多层次资本市场，支持民营企业通过股权、债券等方式融资，扩大金融市场准入，拓宽民营企业融资渠道，发挥民营银行、小额贷款公司、风险投资、股权和债券等融资渠道作用。鼓励金融机构创新金融产品，开展商标权、专利权、知识产权评估定价和抵质押融资服务，为工业企业量身定制动产融资服务等。高度重视三角债问题，纠正政府部门、大企业利用优势地位以大欺小、拖欠民营企业款项的行为。

（五）加大人才引育，提升民营经济高质量发展竞争力

促进人才支撑发展，引进符合民营经济需求的高素质人才。大力推进“智汇潇湘·才聚沅澧”行动，支持人才集团做强主责主业，积极引进高层次人才、领军团队、产业急需紧缺人才，培育一批高素质技能人才和“常德工匠”。完善人才激励机制，探索科技成果转化赋权改革，通过成果奖励、人才入股等方式，提高人才对民营企业的归属感。落实“人才绿卡”制度，出台住房、就医、就学、高收入人才个税减免等优惠政策，想方设法留住人才，让广大人才在常德舒心生活、安心创业、顺心发展。民营企业要提炼独具特色的企业价值观，创立最具激励机制的企业精神，形成共同理念，不断增强企业对员工的吸引力和凝聚力。

推动校企合作，培养符合民营企业需求的高素质人才。深入推进职普融通、产教融合、科教融汇，贯通“专业—就业—产业”通道。统筹优化大中专院校学科专业布局，加强支撑主导产业学科、产业急需紧缺学科建设，每校重点办好 2~3 个品牌特色专业群。实施职业教育产教融合赋能提升行动，推动校企共建实习实训基地、培育培训基地和产业学院、企业学院，在重点行业打造一批产教融合共同体。激活本地企业高校创新资源，举办创新创业大赛，完善本地创新人才发现、选拔、培养机制，发挥科技特派员服务效能，将产业发展与人才培养有机结合，支撑创新人才队伍建设。

张家界市民营经济发展报告

张家界市工商业联合会

2024年，张家界市坚持以习近平新时代中国特色社会主义思想为指导，深入贯彻党的二十大和二十届二中、三中全会精神，全面落实习近平总书记关于湖南工作的重要讲话和重要指示批示精神，锚定“三高四新”美好蓝图，做好“十个统筹”，推进“八大行动”，落实“12345”高质量发展思路，全市民营经济稳中有进，保持健康发展态势。

一、张家界民营经济发展现状

（一）民营经济总量稳中有升

2024年，全年实现地区生产总值654.4亿元，比上年增长3.9%。其中，民营经济增加值427亿元，增长4.0%。全年规模以上工业增加值比上年增长6.5%。其中工业民营经济增加值增长6.9%，工业民营经济增加值占工业增加值比重80.1%，增长1.4%。

（二）民营企业总量减少质量提升

截至2024年底，实有经营主体167 944户，增幅1.34%。企业33 307户，增幅–4.58%，其中私营企业29 664户，增幅–5.97%；外商投资企业268户，增幅1.52%。个体工商户130 775户，增幅3.06%，农民专业合作社3 862户，增幅–1.76%。全市在库规上企业830家，其中民营企业766家，较2023年新增115家。中国民营企业500强企业农夫山泉公司在桑植县一期项目顺利投产，年产值预计可达20亿元，工业企业新瑞生物饲料有限公司连续两年产值突破

5亿元，湖南理意、齐汇新材料等重点企业来势良好。

（三）产业结构逐步调整

全市三次产业占地区生产总值比重为14.4：12.7：72.8，第二产业增加值比重较上年增长1.1个百分点，第三产业增加值比重较上年下降1.2个百分点。第一、二、三产业对经济增长的贡献率分别为14.7%、7.8%、77.5%。其中，工业对地区生产总值增长的贡献率为13.6%，比上年增长11.2个百分点。

（四）旅游产业支柱作用稳固

2024年，全市接待游客4 600万人次，旅游总收入770亿元，同比分别增长9.5%、10%，旅游业占全市地区生产总值的76%左右，综合贡献达78%。其中接待入境游客超过183万人次，同比增长166.3%，实现入境创汇10.08亿美元，增长504.3%，稳居中西部非省会城市第一。民营企业发挥作用明显，张家界天门山旅游股份有限公司2024年接待游客突破550万人次，公司营业收入超过11亿元，连续两年位居张家界市民营企业10强榜首，一批文旅企业发展带动力强，七十二奇楼入选国家级夜间文化和旅游消费集聚区，七星山滑雪场等13个场景入选省文旅消费“新生代·新场景”。

（五）科技创新能力不断增强

2024年张家界市新认定省级专精特新中小企业16家，新增3家省级技术转移示范机构，1家省级众创空间、1家省级科技成果转化中试基地，神舟医药（集团）被认定为省级消费品“三品”标杆企业，张家界康华实业股份有限公司认定为省级单项冠军企业（产品）。

二、主要工作做法

（一）顶层推动稳健有力

一是市委、市政府高度重视。市委、市政府坚持“12345”高质量发展总体思路，系统谋划民营经济发展工作，坚定不移支持民营企业做大做优做强。每季度召开市委财经委会议，研判推进经济工作，扎实推进“八大行动”等7项重点工作，明确市领导牵头负责五大产业建设，召开全市促进民营经济高质量发展暨优化营商环境大会，积极打造“三化一流”营商环境。二是科学布局产业发展。市委、市政府坚持实施“旅游强市，工业强基”发展思路，加快建设“122”现代化产业体系。支柱产业提质升级。推动旅游业由观光型向康养度假复合型转变，实施旅游产业转型升级行动、入境旅游发展提升行动、旅游服务质量提升行动，出台一系列入境旅游奖励优惠措施。深化“铁腕治旅”，全市涉旅投诉在全省占比同比下降12.22个百分点，世界一流旅游目的地建设进程加快。工业企业培新育强。坚持生态绿色发展定位，加速推进“六个一”特色产品工作，大力建设“五好”园区，绘制生物医药、旅游装备等五大重点产业链图谱，提升建链延链补链精准性。生物医药、莓茶精深加工产业入选省级中小企业特色产业集群培育对象。积极把握政策机遇。全市紧盯国家一揽子存量、增量政策，抢抓“两重”“两新”政策机遇，策划包装重点项目409个，争取中央预算内投资、特别国债、专项债资金134.07亿元。三是营造尊商重商浓厚氛围。坚持抓好民营经济发展“六个一”工作品牌，发布民营企业十强榜。市领导深入商会、企业调研，现场为企业把脉问诊，解决急难愁盼问题。围绕湘商回归及“迎老乡、回故乡、建家乡”，市非公经济领导小组出台《张家界市2024年联系服务异地商会及在外张家界籍企业家工作方案》，强化常态化沟通联系。市委、市政府召开张家界市2024年异地商会及企业家迎新春座谈会、清明节恳谈会。组织开展“情暖张商三个一”活动，全市共走访湘商546人，开展对接活动61场，其中市级领导走访慰问在外返张知名企业家46位。

（二）营商环境改善有为

一是增进政企沟通，及时纾困解难。张家界市委、市政府印发了《2024年张家界市市级领导联系民营企业家和市工商联所属商协会方案》及《张家界市2024年政企面对面暨企业家接待日实施方案》，市级领导全年开展政企面对面暨企业家接待日活动6期，现场及交办解决问题39个，吸纳建议4个，政企面对面活动向区县及部门全面延伸。加强营商环境制度建设，推动出台《张家界市2024年优化营商环境重点工作实施方案》《张家界市市场主体诉求“接诉即办”实施细则（试行）》《张家界市2024年行政执法攻坚行动实施方案》。

二是强化融资、税费服务保障。全面推进“免、减、缓、返、补”政策落地，政策资金“直达快享”。全年工伤保险阶段性降费政策惠及5 312家单位，降费1 068.57万元；失业保险阶段性降费惠及4 499家单位，降费11 064.7万元。大力开展“金融暖春”、工业企业贴息行动，持续深化“放管服”“一件事一次办”改革。深入推进办税缴费便利化改革，税费业务办理提速50%，“非接触式”办税率达90%以上。落实支持科技创新和制造业发展主要政策减税降费退税超1.6亿元。三是持续优化政务服务。分批推进24项“高效办成一件事”，充分利用“湘易办”“我的张家界”等平台，整合数据信息，完成土地、项目、金融、中介、用工“五个超市”和“张家界市招商引资和产业发展智慧平台”第一期建设，推动金融超市入驻企业94 287家，上线金融产品106款，放款总金额110.10亿元；用工超市提供岗位数15 832个；项目超市上架展示项目87个；土地超市上架67宗地，4 355亩；中介超市发布采购公告401个，其中选取结束146个，签约项目90个，履约结束67个。上线政策文件208份，发布惠企政策事项403条，政务服务统一受理办结率提升至90%，推动“一次办、网上、马上办”等商事改革，设立“商事登记便民服务点”，全年网办率达95.55%，较2024年同期提升11.71%，商事和税务登记1日办结率在99%以上，企业开办实现“零成本”；实施“四上”企业培育行动，推动“个转企”323户，新增“四上”企业68户。四是强化涉企执法检查督导。深入推进包容审慎监管执法改革，积极推行“首违不罚、轻微免罚”等柔性执法手段，全市行政执法部门制定行政处罚免罚轻罚“三张清单”共计2 387项内容，全市累计适用“三张清单”办理各类免罚轻罚案76 905件，免罚轻罚金额2 053.67万元。开展不作为、乱作为、执法不公等问题专项整治活动。用好“双随机、一公开”平台，全面推广应用“湖南营商码”，规范涉企检查等访企行为，推动实现扫码入企、备案登记、执法留痕、码上评价、回溯管理等目标，目前营商码平台共登记320条明细信息。梳理涉企检查事项清单，坚持定期调度，解决多头执法、频繁检查的问题。加大事关群众切身利益的重点领域执法监督力度，大力整治放纵违法、趋利执法、过度执法等不作为乱作为问题。

（三）维护民企权益有效

开展“三高四新·法治护航”专项行动，坚持善意文明司法，规范涉企财产保全，对企业财产尽量适用“活封”“活扣”措施，常态化开展“法官进企业”“企业家进法院”活动，两级法院联动走访企业、商会协会 139 次，为 28 家民营企业集中发放案款 1 576 万元。严厉打击破坏市场竞争秩序、破坏金融秩序等犯罪，协助有关部门追赃挽损 600 万元。推动质量基础设施“一站式”服务平台建成使用，10 个质量服务小站正式运行，开展“质量专家进企业”活动，助力 230 家企业获得质量管理体系认证。健全知识产权纠纷多元化调节机制和协同保护机制，办理案件 24 起。围绕公平竞争抓整规，强化反垄断、反不正当竞争执法，全年核查案件 29 起。

三、存在的主要问题

（一）产业结构亟待调整优化

全市三次产业占地区生产总值比重为 14.4 ∶ 12.7 ∶ 72.8，第三产业占比相对较高，第一、二产业占比较低，尤其是第二产业工业占比最低，工业基础还相对薄弱。由于受政策、区位等因素的影响，工业项目落地还不多，产业链条还不完善，工业企业经营成本较高，产业结构调整相对较困难。

（二）市场主体培育力度不够

全市市场主体 167 944 户，其中企业 33 307 户，占比 19.83%，企业数量增幅呈现负增长，个体工商户体量大。全市市场主体进入三湘民营企业百强榜还未实现零的突破，“张家界十强”榜首企业与“三湘民营企业百强”榜末位企业的差距在拉大，全市民营后备上市企业还未实现零的突破。市场主体培育做强工作力度还需加力，还需进一步激发“个转企、小升规”的积极性。

（三）要素成本居高不下

全市用电、用气、用能、物流等要素成本相对长沙等地比较高，企业融资渠道少、条件多、成本高，园区基础配套不到位，基础保障能力有待进一步提升。

（四）营商环境有待进一步优化

张家界市 2024 年营商环境主观评价综合得分不高，在全省各市州中排名靠后，市场主体对市场准入的公平性规范性和政府采购及招投标工作的满意率较低，在政务服务便利化等方面的短板还较突出。

四、下一步工作打算

（一）加强企业家思想政治引领，不断增强发展信心

组织民营经济人士深入学习贯彻党的二十大、二十届二中、三中全会精神、全国“两会”精神和习近平总书记在民营企业座谈会上的重要讲话精神，不断夯实思想根基。举办民营企业家培训班暨“同心大讲堂”非公经济人士专场和民营经济代表人士暑期谈心谈话活动，及时掌握民营经济人士思想动态，广泛宣传并系统学习《中华人民共和国民营经济促进法》，引导民营经济人士完整准确理解“两个毫不动摇”、促进“两个健康”的大政方针，坚定高质量发展的必胜信心。

（二）加快产业育新培强工作步伐，引导企业做大做强

坚持“旅游强市、工业强基”，加快构建“122”现代化产业体系，着力推动“大张家界国际旅游区、文旅融合示范城市、入境旅游标杆城市、国际康养度假城市”建设。加大企业梯度培育力度，落实工业奖补激励政策，完善出台“个转企、小升规”支持政策，继续实施新增规模以上工业企业行动，开展先进质量管理体系贯标，推动“工业＋旅游”融合发展，继续推进企业上市“金芙蓉”跃升行动，加强上市后备企业培育。深入实施“智赋万企”行动，积极推动企业“上云”“上平台”，支持企业“智改数转”，培育一批数字化转型标杆和典型应用场景。

（三）增强服务企业工作质效，持续打造一流营商环境

持续推进严格规范公正文明执法，开展规范涉企执法专项行动，坚决整治逐利罚款、以罚代管等问题。完善促进民营经济发展制度机制，抓实促进民营经济发展“六个一”工作，常态化开展“走找想促”活动、“送解优”

行动、市级领导联系商协会、政企面对面暨企业家接待日活动，用好市政府12345热线、省优化营商环境平台，实现营商无感监测、经营主体主观感知、数据洞察分析等功能，依托平台推动涉企检查扫码留痕全覆盖、营商诉求办理高质效，形成企业诉求闭环办理机制。持续推进“高效办成一件事”“一网通办”，探索更多张家界特色事项，全面用好用活“湘易办”，推行“一证通办”“一照通办”“一码通办”“免证办”，推动电子证照跨地区跨部门互通互认。全面推行“帮代办”制度，探索开设远程虚拟窗口，运用新技术提供远程帮代办服务。持续推动政策直达快享，依托政务服务平台建立惠企政策集中统一发布机制，智能比对政策要求与经营主体类型，实现点对点精准推送。

（四）着力优化要素保障，帮助企业降本增效

不断完善“五个超市”功能，保障重大产业、基础设施和民生项目用地需求，继续开展文旅项目“点状用地”改革试点，有序推进农村集体经营性建设用地入市改革，解决企业用地难、用地贵等问题。积极开展水、电等大数据分析，及时发现困难企业，实施精准帮扶。健全金融服务体系，构建金融服务实体经济的激励约束机制，建立经营主体档案数据库，依法依规归集整合经营主体信息，强化“政银企”信息共享，引导金融机构加大对重点领域和薄弱环节的信贷投放力度，持续落实好降息降准政策，推动实体经济融资成本稳中有降。探索建立中小企业应急转贷机制，对符合条件的中小企业按照市场化原则直接展期、续贷。支持企业合理利用屋顶发展分布式光伏，鼓励企业利用峰谷差错峰生产，综合降低企业用电成本，启动永定—桑植、石门—慈利天然气管道项目前期建设，尽早实现与省内管网“同网同价”。加快铁路物流园建设，持续推进“公转铁”，推动客货邮融合发展，推动物流降本增效。高效落实结构性减税降费政策，持续开展“便民办税春风行动”“中小企业服务月”等活动。持续加强中介服务监管，梳理发布行政审批中介服务事项，全面规范中介服务，严厉打击非法中介，加快完善行政审批中介服务监管规则。深入开展新官不理旧账、政策不兑现、拖欠民营企业账款专项治理，形成解决拖欠账款问题长效机制，帮助企业解决资金回笼问题，帮助企业持续健康发展。

益阳市民营经济发展报告

益阳市工商业联合会

2024年，益阳市坚持以习近平新时代中国特色社会主义思想、党的二十届三中全会精神为指导，锚定高质量发展，持续落实中央“民营经济31条”、省“民营经济30条”，民营经济活力进一步增强，成为推进益阳市高质量发展的主力军。

一、基本情况

（一）发展态势回升向好

2024年，益阳市全年实现地区生产总值2 268.18亿元，比2023年增长4.7%。其中：第一产业增加值374.30亿元，增长2.5%；第二产业增加值978.31亿元，增长5.3%；第三产业增加值915.56亿元，增长5.0%。益阳市民营经济增加值1 709.16亿元，同比增长4.8%，占益阳市地区生产总值比重的75.4%。民营经济农林牧渔业增加值399.56亿元，增长2.8%，占比99.0%。益阳市固定资产投资增长8.6%。其中亿元项目投资增长8.0%，民间投资增长20.2%。制造业投资增长23.1%，较上年提升了15.5个百分点，拉动全市投资增长6.7个百分点。在2024年438个市重点建设项目中，民间投资项目254个，全年完成投资418.90亿元，为年度计划投资的121.3%。益阳市市场主体数达45.04万户，企业占市场主体比重达21.0%，其中，民营企业占企业总数比重高达92.5%。新增市场主体4.90万户，其中新增民营企业1.22万户。民营经济税收71.24亿元，占比55.62%。

（二）产业发展提质增效

坚持产业立市，出台建设“334”现代化产业体系实施意见，因地制宜发展新质生产力。

1. 产业集群提档

五大战略性产业集群产值增长10%，安化黑茶制造入选国家级中小企业特色产业集群，先进碳基材料获评省先进制造业集群，艾华集团获批省新型电子元器件科技成果转化中试基地，奥士康获评省“智赋万企”十大典型应用场景，电容器、先进碳基材料、PCB三张金名片更加响亮。

2. 项目投资提速

工业投资、工业技改投资分别增长12%、10%。307个市重点产业项目完成投资286亿元，为年度计划的110%。

3. 企业主体提质

持续推进“主体强身”“智赋万企”等行动，新增规模以上工业企业100家、服务业企业120家；新增国家级专精特新“小巨人”企业3家、省级专精特新中小企业80家、省级制造业单项冠军企业9家；新增上云上平台企业超7 000家、智能制造企业207家。

（三）发展动能持续增强

1. 以创新增动能

推进科技强市建设，加大研发投入、技术攻关力度，加快培育和发展新质生产力，全社会研发投入增速居全省第1位。新增省级科技成果转化中试基地2个、新材料中试平台2个，省级众创空间1家，突破燃料电池材料、高比容电子铝箔、碳化硅涂层零部件等核心技术。益阳市获得省级以上科技项目立项85个，其中省重点研发计划立项6项（排名全省第4位），省示范性科技成果转化项目1个（全省共15个）。益阳市获批省“三尖”创新人才工程8项、芙蓉计划省企业科技创新创业团队支持项目1个、省级专家工作站10家，新增外国专家9人、现有持证人员37人。

2. 以改革增动能

益阳高新区规范人员管理试点成效明显，社会管理和公共服务职能全面剥离，人员精简超七成。

（四）营商环境持续优化

1. 政务环境更加高效便捷

持续巩固和深化“无证明城市”建设，市一级网办深度事项压减 70% 以上，政务服务统一受理办结率 87%。健全完善“办不成事”反映窗口运行机制，全年累积受理各类问题 122 个，协助解决 112 个，群众好评率达 98% 以上。推进惠企政策直达共享，依托市企业政策服务平台为全市 1 373 家企业推送惠企政策信息 4.2 万次，通过“湘易办”办理惠企政策兑现事项 4 359 件，惠及企业 9 276 家，兑付金额 2.17 亿元。

2. 法治环境更加公正透明

制定《规范行政执法检查十条措施》，25 家行政执法部门完成执法事项清单梳理，“湖南营商码”赋码检查工作推广位列全省第二。积极推行“柔性执法”，探索执法“观察期”制度，全市行政执法单位通过柔性执法方式办理案件 5 302 件，累计减轻、免罚金额近 2 200 万元。

3. 人文环境更加重商亲商

3 次组织开展“银城会客厅”“企业家日”系列活动，收集 39 家企业 113 个诉求和建议，推动限期办结反馈。结合常态化助企纾困行动、“两重”“两新”“送解优”行动开展“一起益企”响应服务活动，先后共收集交办 366 家企业反映的问题 878 个，解决率达 88.7%。大力开展科技成果转化供需对接活动，累计组织成果转化活动和银企对接活动 9 次，引进高校科研成果 263 项，落地成果共 50 个。

（五）要素保障支撑有力

1. 金融支持进一步加大

全市民营企业贷款余额 702.38 亿元，占各项贷款余额的 26.98%，同比增长 18.06%，增速居全省第 1 位，高于各项贷款平均增速 6.54 个百分点。持续推动辖内银行机构落实无还本续贷政策，加大对民营中小微企业的信贷支持，辖内银行机构无还本续贷余额 37.58 亿元，当年累计办理无还本续贷 31.59 亿元。

2. 企业综合运营成本进一步降低

实行水电气网管沟“随路先建”，开展“园网共建”活动，为园区企业红线外投资节约办电成本 1 487 万元，为高、低压用户节省办电成本 8 224 万元。水路运输量占公路水路运输量比重由 2020 年的 11.4% 提升至 17.7%。推行积极的供地政策，降低企业用地成本 1.02 亿元以上。

3. 人力资源保障进一步加强

坚持以产业发展和企业需求为导向，鼓励民营企业建设职业技能培训基地，认定艾华集团等 8 家企业培训中心。以“一产一策”着力激发活力，为企业需要选拔专技人才。在中心城区开设民营企业工程系列初中级职称专场评审，设置电力系统及其自动化、水利水电工程、道路与桥梁隧道工程等 10 个专业。

二、主要问题

（一）政策供需匹配度不够高

1. 部分惠企政策覆盖面不够广

目前执行较多的均为国家、省级层面惠企政策，部分行业相关的惠企政策多达数条，但适用到具体企业的很少甚至没有，缺乏针对性，许多有需求的民营企业享受不到适用的惠企政策。比如益阳市下辖的沅江市是全国船舶等制造生产基地，针对船舶企业制定的惠企政策较少，企业的重大设备更新周期较长，无法适用“两重”“两新”相关政策。

2. 部分惠企政策门槛较高

小微民营企业为市场主体中的“绝大多数”，税收少、抗风险能力薄弱、市场地位不高，由于资金实力不足、技术水平有限等原因，难以达到政府出台的政策要求，如环保标准、技术创新等，且市场竞争激烈，部分小微民营企业面临生存压力，难以投入更多资源用于技术创新和环保改造，这导致部分企业无法享受相关政策优惠，如税收减免、资金扶持等。

3. 政策宣传解读还不到位

针对企业关心的留抵退税、延期还本付息、欠费不停供、阶段性缓缴社保费用等方面的惠企政策宣传力度不够大。有些惠企政策过于原则化，职能部门理解存在偏差，对相关政策解读不到位、不及时，造成政策操作性不强，难以落地。

（二）要素供给面临瓶颈

1. 人力负担大、风险高

农村劳动力老龄化突出，用工存在一定风险。而目前针对60岁以上、临时工的保险灵活性差、种类少，存在村民隐瞒疾病甚至“强买强卖”的情况。企业负担员工养老保险费用过重，如金航船舶制造支付员工参保费用为人均1 123元/月，其中养老保险1 033元/月。

2. “批地慢、用地难”现象仍需改善

从用地来看，职能部门对政策变动掌握还不够及时，尤其是在涉及设施用地等政策模糊不清的问题上个别工作人员不敢担当作为。

3. 融资难的问题仍旧存在

从资金流来看，金融机构更多地关注企业固定资产、厂房建设、设备、场地等硬实力，容易忽视企业的研发力量、知识产权、专利技术、核心竞争力等软实力。如从事农业的民营企业，集体土地没有产证，难以进行抵押融资，无法实现土地资产货币化。同时部分中小企业没有建立现代企业制度，银行很难了解其经营和财务状况，即使有政策支持但落地较为困难，进一步增加了融资难度。如高新技术产品制造不同于传统制造业制造，高新技术产品能源消耗较低，而融资机构看重能源消耗、用电量、用煤量等数据，最终导致企业融资和预想形成一定偏差。此外，部分金融产品难以符合企业的融资需求。益阳市南县以稻虾全产业链获评全国农业全产业链典型县，拥有顺祥食品和贝贝昇生物两大龙头企业，两家企业在小龙虾上市季节，高峰期每天均需要大量的收购资金，但因资金量不够，无法采购足量的小龙虾。

（三）高层次人才育留困难

1. 人才优惠政策缺乏吸引力

益阳市对高层次人才在减免个人所得税、购房优惠、子女上学优先等激励政策方面缺乏优势，如一些企业技术骨干、中层领导等小孩就学困难，难以吸引优秀人才，企业发展和人才匹配失衡。

2. 技术人才职称申报评定存在障碍

不同行业、不同地区的评审标准千差万别，甚至同一行业内部的标准也存在诸多差异，同时流程烦琐，不仅增加了申报的难度，也容易导致评审结果的不公平性。如某企业某高管反映在申报副高职称时，评定要求不尽合理，专业没有细分，导致方向选择、材料准备等方面存在困难。

（四）服务能力和办事效率有待提升

2023年以来，市、县两级领导对民企服务工作形成了高度的统一，通过开展“营商环境提升年”专项行动，营商环境也不断优化。但长期与企业打交道的业务部门仍然存在门易进、脸好看、事难办的情况。有的是县级部门或市直单位科长就能解决的问题，要找到单位主要领导才能得到解决。有的反映个别部门对民企的执法检查和处罚频繁，措施方式不够柔性，没有为企业预留必要的流动资金和往来账户，影响了企业正常生产经营。有的反映项目报建因要经多个部门把关签字，导致审批时间长，为规避时限要求，往往进行退窗处理，重新排队。

三、对策建议

（一）聚焦发展新质生产力，着力激发民营企业创新活力

1. 狠抓技术创新

以“334”现代化产业体系为依托，鼓励民营企业聚焦MLCC、碳基材料、PCB等领域“卡脖子”技术攻关，填补更多国内技术空白。围绕优势企业创建一批企业技术中心、工程技术研究中心等创新平台，全力建成电容器国检中心。持续加大专精特新中小企业的培育力度，大力培育高新技术企业、科技型中小企业，加强企业主导的产学研深度融合。加强政银企沟通交流，推动信贷资源向科技型民营企业倾斜。

2. 加快转型升级

鼓励民营企业因地制宜、聚焦主业，依托自身的多重优势，加快转型升级，特别是加大食品加工、纺织服装、建筑建材等传统产业技术改造、设备更新

力度。

3. 做好人才增量文章

出台更具比较优势的人才政策，落实“人才新政 25 条”升级版、“支持产业人才 20 条”，支持企业创新发展。

（二）聚焦降成本，着力助推民营企业降本增效

1. 出台并落实各项优惠政策

综合运用政策、金融、服务等手段，落实在财税、科技服务、人才引进等方面的优惠政策，降低企业制度性交易、物流、融资、用能、用工等成本，打造低成本“洼地”。精准帮扶中小微企业，全面贯彻中央、省关于支持民营经济发展壮大若干政策措施，不折不扣落实结构性减税降费政策。常态长效开展“三送三解三优”行动，推动惠企政策应享尽享、直达快享。

2. 促进资源要素顺畅流动

优化要素配置，加快建设高标准市场体系，充分发挥市场机制配置资源、优胜劣汰作用，着力探索土地、劳动力、资本、技术、数据等要素市场化配置机制，促进要素自主有序流动。

（三）聚焦优环境，着力营造民企发展良好生态

1. 持续优化政务服务

聚焦企业全生命周期关键环节、重点事项，推进政务服务协同办公，构建数据共享“一盘棋”机制，真正打通政务数据跨层级、跨部门、跨业务、跨地区共享渠道，拓展“一件事”、提质“一次办”、升级“一网通办”，提升政务服务效率。推进政务服务简环节、减材料、优流程、压时限，提升政务服务效率。加强政务服务人员队伍建设，选配工作经验丰富、业务素质高、沟通能力强的人员到办事大厅（窗口）工作，加强日常量化考评，及时开展政策业务培训及服务能力提升培训，提升服务水平。

2. 进一步强化政策服务

加大涉企政策实时更新和推送力度，扩大政策的知晓面，让企业家不出门就知晓相关文件、政策和依据。完善知识产权保护体系，整治涉企行政执法突出问题，加强民营企业权益保护。完善政府诚信履约机制，加大清理拖欠中小

企业账款力度。

3. 强化民企法治保障

持续开展涉企乱罚款、乱收费专项整治，落实国务院关于进一步规范和监督罚款设定与实施的指导意见，深化“双随机一公开”，实施“首违不罚”、免罚减罚清单，落实赋码检查、执法观察期制度，做到无事不扰。对利用职权吃拿卡要、索贿受贿、乱收费乱摊派乱罚款、违规占用企业财物等违纪违法行为，予以严肃查处问责。

4. 维护公平有序的市场环境

加快破除市场准入，推动各类经营主体公平竞争，在工程建设、招标投标、政府采购等领域开展破除准入壁垒行动；推进建设全国统一大市场，全面落实市场准入负面清单制度；建立统一规范的行业公共资源交易规则，将适合市场化方式配置的公共资源纳入统一的公共资源交易平台体系。

郴州市民营经济发展报告

郴州市工商业联合会

一、郴州民营经济发展现状

2024年，郴州市坚持以习近平新时代中国特色社会主义思想为指导，深入学习贯彻党的二十大及二十届二中、三中全会精神和习近平总书记考察湖南重要讲话和指示精神，全面落实习近平总书记在中央经济工作会上的重要讲话精神，聚焦加快建设“四大定位”、深入推进“六大新行动”、全面彰显“七个新担当”，不断加强思想政治引领，促进“两个健康”，进一步提信心、聚人心，推动民营经济高质量发展，郴州市经济运行呈现“总体平稳、稳中有进、稳中向好”良好态势，郴州民营经济发展呈现出“77789”的发展格局（为全市贡献了75%以上的GDP、75%以上的税收、70%以上的技术创新成果、85%以上的城镇劳动就业、90%以上的企业数量）。

（一）强化政治引领，民营经济发展活力持续增强

加强学习教育。深入商会企业开展精神宣讲活动20余场，开展民营经济代表人士思政课，讲授纪律党课10场次，推进机关和22家直属商协会党组织的党纪学习教育，打造“郴商永远跟党走”的金色名片。深化理想信念。依托郴州“半条被子”、湘南起义等红色文化基地，举办“同心大讲堂”“学思想、明方向、强信心、建新功”理想信念教育活动7场次，组织265名民营企业家开展警示教育“五个一”活动。典型引领带动。推荐参评“2024三湘民企百强榜”，开展“郴州民营企业30强榜”评选，推进“新时代郴商”主题宣传，先后在中省市主流媒体发稿70余篇。其中，健全政企沟通机制和助推

招商引资做法分别被中央和省委统战部推介。2024年，郴州市实有市场主体40.7万户，其中，民营经济市场主体（私营企业和个体工商户）达38.74万户，比2023年增长7.8%，占各类市场主体总量的95.18%。其中“四上”民营企业达3 942个，比2023年增长5.9%。湖南百德金金属冶炼有限公司、湖南长信建设集团有限公司、湖南金煌实业集团、湖南省郴州建设集团有限公司、湖南正和通银业有限公司5家民营企业入围“2024三湘民企百强榜”。

（二）强化服务大局，民营经济发展贡献愈加突出

招商引资成效斐然。聚焦“1221”现代化产业体系，推进以商招商、以会招商。建立异地郴州商会、异地县市区商会53家，成立招商引资联络服务站22个。召开2024年郴商大会暨校友回郴大会，现场签约项目18个，签约金额382.58亿元。加强郴佛对接，联合举办全国郴州商会代表座谈会、2024年南部片区招商引资大会。组织民营企业参与“吐鲁番边疆行”活动。推进郴州长卷街区建设，开展大湾区招商活动。2024年，郴州市新引进“三类500强”项目21个、湘商回郴项目150个、2亿元以上重大招商项目326个。其中，工商联系统招商引资项目44个，总投资超149亿元。参政议政效果显著。聚焦民营经济发展的重点、热点和难点问题，组织市民营经济人士“两代表一委员”认真履职，提出高质量议案、提案和建议30余篇。精准聚焦政务增值服务、惠企政策落实、县域经济法治营商环境等重点课题调研。推动市政协出台《关于“更好发挥商协会作用　服务郴州高质量发展”向中共郴州市委、郴州市人民政府的建议案》，助推商协会健康发展。加强参政队伍建设，郴州市工商联会员中有504名民营经济代表人士担任各级“两代表一委员”，30余名民营企业家担任纪检作风监督员、市场监管行风监督员、税务特约监督员等。经济社会贡献凸显。2024年，郴州市地区生产总值33 278 000万元，比2023年增长5.6%，比全国、全省分别高0.6个、0.8个百分点，居全省第2。其中，民营经济实现增加值25 065 900万元，比2023年增长5.7%，占地区生产总值比重75.3%。地方财政收入达1 933 700万元，比2023年增长2.8%，比全国、全省分别高1.1个、0.2个百分点。其中，地方税收完成1 299 400万元，非税收入完成634 400万元。民营经济纳税1 661 300万元，比2023年增长10.29%。民营企业全面参与“万企兴万村”行动，郴州市818家企业、84家商协会与391个村结对共建，落实帮扶资金15.97亿元。引导商协会和民营企业支援资兴抗洪救灾捐款捐物4 000余万元。

（三）强化服务发展，民营经济发展环境更加优化

政企沟通机制更顺畅。健全市级领导联系服务商协会制度，协调落实市级领导交办事项。设立“同心服务日”，开展同心服务活动，接待企业18家，走访商协会和企业32家，解决诉求问题39个。推进“企业家日”“林邑茶话”“政企早餐会”等联企活动，推动“两员”服务升级，实行问题闭环管理制度，全年走访商协会和企业230余家，协调解决问题诉求458件。发挥市民企服务中心作用，受理涉企投诉案件2 683件，办结率99.92%。做好国、省营商环境主观评价工作，推动以评促改、以评促优。惠企政策落实更有效。出台以降成本为核心的优化营商环境“39条”、《规范涉企行政执法检查若干规定》等重磅政策。开展“两重”“两新”专项行动，编发《民企政策手册》2万余册，开展惠企政策宣传50余场。推行惠企政策“一网查询、一窗受理、一站兑付”，发布政策1 500余项，智能推送惠企政策150万次，覆盖企业35万户，兑现惠企资金43亿元。推行“工程项目审批制度改革3.0版”，民间投资备案项目压缩到1个工作日以内。推行“企业无扰日”、企业赋码保护、联合执法、“721工作法”等制度，涉企执法事项和重点企业检查减少70%。15个领域335项首违和轻微违法行为免罚案件10.94万件，免罚金额3 195.7万元。部门协作服务更有力。举办数智化全域运营、专精特新“小巨人”、高新技术、“携手郴企 益起行动”等培训和政策宣讲活动40余场次。举行政银企对接会，促成银行为148家民营企业和20家商协会授信近30亿元。建立营商环境“体验官”制度，拓宽社会监督渠道。开展招聘会2场，解决企业用工难题。构建“法院＋工商联”商事纠纷多元调解新模式，成立法律顾问团，指导8家商协会建立人民调解委员会。

（四）强化培优做强，民营经济发展形势稳中向好

经济指标增速快。2024年，郴州市规模以上工业增加值比2023年增长9.5%，提高2.4个百分点，比全国、全省分别高3.7个、2.2个百分点。郴州市进出口总额 4 717 000 万元，比 2023 年增长 6.2%，比全国、全省分别高 1.2 个、14.9 个百分点，总量和增速均居全省第 3 位。其中，民营经济进出口总额 4 032 000 万元，占郴州市外贸总值的 85.5%，比 2023 年增长 3.3%。产业投资表现好。2024 年，郴州市固定资产投资比 2023 年提高 8.1%，比全国、全省分别高 4.9 个、5.3 个百分点，居全省第 3 位。其中，民间投资比 2023 年增长 32%，占固定资产投资总额的 80.7%。民营企业共参与省市重点建设项目 209 个，总投资 21 170 800 万元，年度计划投资 5 033 700 万元，累计完成投资 6 764 900 万元，完成比例 134.39%。新质生产力培育实。2024 年，郴州市省级以上专精特新企业 218 家，其中民营企业 217 家，占 99.5%。国家级专精特新"小巨人"企业 16 家，其中民营企业 15 家，占 93.75%。其中，国家制造业单项冠军企业 2 家，省级单项冠军企业 18 家。民营企业牵头组建省级工程研究中心 17 家、省级新型研发机构 4 家、市级研发中心 158 家、市级新型研发机构 9 家。高新技术企业达 693 家，新增省级创新平台 29 家，获省科技进步奖 2 项、省自然科学奖 1 项。湖南百德金金属冶炼有限公司、永兴贵研资源有限公司 2 家企业营收突破百亿，湖南正和通银业有限公司跻身 50 亿元行列。

二、主要问题

（一）企业发展信心不够足

经济增长的压力仍然较大，体量大、带动强的大项目偏少，投资的后劲、消费的活力和外贸的稳定性有待增强。同时，受国内外经济形势趋紧，出口贸易受限，三年疫情冲击，以及消费不足、市场不振等影响，全行业还在恢复元气，民企仍不敢"放心投资"，发展信心还未恢复。

（二）产业科技发展不够强

产业层次总体不高，主导产业链条还不长，现代化产业体系建设、新质生产力培育任重道远。全市高新技术企业总数只有 693 家，仅排在全省第 8，国省级科技创新平台总量不多，科技型领军龙头企业和科研机构缺失，科技创新经费支持力度不足，科技创新总体实力偏弱。

（三）高层次人才引育较难

不少中小企业只注重招聘一线员工，对科研人才、管理人才引进不够重视，本地高等院校毕业生留用占比不高，外地返乡人才不多、返乡意愿不强。企业技术人才培育不够，新引进人才流失率高。尤其是“高精尖缺”高层次人才难引进、难留住。

（四）融资难贵问题仍存在

中小民营企业多处于产业和价值链中低端，融资渠道单一，基本采取抵押或担保方式进行融资，手续复杂、程序烦琐、成本偏高。一些金融机构“锦上添花”多，“雪中送炭”少，小微民营企业不仅与优惠利率无缘，甚至要承担更高融资成本。

（五）总体环境还不够优

部分业务办理系统为省部级统建或部署在专网，未完全与政务服务综合平台无感对接，导致办件流转不顺畅、办件数据推送不及时。部分审批窗口授权不充分，还存在多跑路现象。民营企业在市场准入、招投标等方面仍存在不平等现象，大多政府项目主体更倾向于交给央企、国企来做，与民营企业打交道只怕说不“清”，不怕说不“亲”。

三、工作建议

（一）持续强化思想引领

把深入开展习近平新时代中国特色社会主义思想学习教育作为首要政治任务，全面落实习近平总书记在民营企业座谈会上的重要讲话精神，开展民营经济人士理想信念教育思政课和诚信清廉主题培训，抓好常态化形势政策教育，进一步提振发展信心，打造“郴商永远跟党走”的金色名片。深化民营企业主题宣传，讲好奋斗故事，弘扬企业家精神。落实与民营经济人士交友和暑期谈心制度，加强民营经济人士尤其是年轻一代民营经济人士的培育。持续推进“万企兴万村”行动，培育助力乡村振兴和县域经济发展的民企典型。持续推进“民企高校携手促就业”专项活动，促进高校毕业生等重点群体就业。引导民营企业踊跃投身光彩事业，履行社会责任。

（二）持续加强民企服务

强化市县两级联动，将以“四项机制”“四个平台”“四个目标”为重点的提振民企信心政企沟通机制向县一级延伸拓展，扩大工作覆盖面，推进“同心服务日”活动。加强民营企业诉求办理，实行问题闭环管理制度，着力提高服务质效，切实为企业纾困解难。深化“1+N”部门协作机制，联合涉企职能部门，加强调研走访，常态化推进“学精神、解难题、促发展”活动，举办《中华人民共和国民营经济促进法》政策解读和“同心大讲堂”“携手郴企 益起行动”等线上线下各项培训活动，实现稳预期、强信心、促发展。拓展“法院＋工商联”工作机制，发挥商事纠纷多元调解中心和法律顾问团作用，指导商协会建立调解委员会，开展司企、法企、检企同堂培训和“法企直通车”对话活动。加大党建引领和廉洁警示教育，打造更多民营经济党建示范企业和清廉民企（商协会）示范点，构建亲清政商关系。

（三）持续助力培优做强

对接各大商业银行，建立绿色通道，加大信贷支持，合理提高贷款额度比例，探索新型贷款业务，加大对中小微企业和个体工商户担保力度，降低企业融资成本。加强民间投资项目储备，争取中央、省级专项资金支持民间投资项目建设，加大民间资本项目推介工作，促进中小微企业与商协会、投资机构、行业龙头企业、专业建设运营机构之间对接交流合作。推动民营企业科技创新与标准创新工作，建立培育壮大科技领军企业机制，支持龙头企业牵头组建创新联合体。健全“双高”产学研长效对接机制，深化校企合作“双进双转”活动，促进产教融合、科教融汇。建好用好“科技服务超市”。纵深开展“智赋万企”行动，加快制造业“智改数转网联”步伐。评选发布“2025 新郴州贡献奖”，树立民营企业做优做强标杆。聚焦“1221”现代化产业体系，抓好“迎老乡、回故乡、建家乡”“情暖郴商”行动，完善湘商数据库，加强异地商会联系服务，发挥商协会桥梁纽带作用，推进以商招商、以会招商，助推更多更优湘商郴商回归。

（四）持续优化营商环境

聚焦优化营商环境“一号工程”，推进亲清联企、政策惠企、服务亲企、金融助企、法治护企、清廉安企、人才强企、文化润企行动，营造可及可感的发展环境。强化惠企政策指导，编制民营企业政策支持手册，推动“中央31条”和“省30条”“市39条”等政策措施落实落地。聚焦要素供给赋能增效，在政务服务、公平竞争以及用工、用地、用能、物流等要素保障方面提供更优服务。抓好全国工商联“万家民营企业评营商环境”和全省营商环境主观评价工作，发挥以评促改、以评促优作用，助力营商环境持续优化，助推郴州民营经济高质量发展。

永州市民营经济发展报告

永州市工商业联合会

2024年，永州市委、市政府坚持以习近平新时代中国特色社会主义思想为指导，深入贯彻党的二十大和二十届二中、三中全会精神，贯彻落实习近平总书记考察湖南重要讲话和指示精神，锚定“三高四新”美好蓝图，大力实施“八大行动”，紧紧围绕“七个聚焦发力”，牢牢把握“六大战略支点”，扎实推进民营经济实现高质量发展。

一、永州民营经济发展现状

（一）民营经济运行持续向好

2024年全市民营经济增加值1 964.99亿元，同比增长5.6%，高于全市地区生产总值增速0.3个百分点，占全市地区生产总值比重为73%。截至2024年底，全市实有民营经济市场主体45.72万户，同比增长7.5%，占全部市场主体比重98.3%，其中民营企业9.62万户，同比增长11.7%。民营经济市场主体在第一、二、三产业占比分别是12.31%、9.6%、78.9%，除房地产业外，其余行业实有民营经营主体户数均保持正增长，其中3个行业经营主体同比增幅超10%，分别是文化、体育和娱乐业（16.21%），电力、热力、燃气及水生产和供应业（16.13%），建筑业（10.27%）。全市民营规模工业增加值同比增长6.7%，民营规模制造业增加值占全市地区生产总值比重23.28%。全市民营企业税收收入71.23亿元，同比下降18.5%，占全部税收比重44.12%。民间固定资产投资同比增长0.2%，占全部固定资产投资比重68%（见图1）。

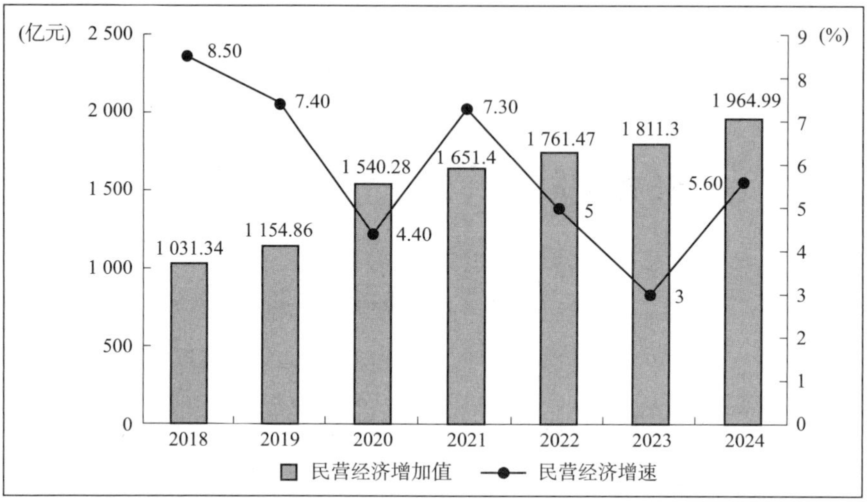

图 1　2018—2024 年永州民营经济增加值、民营经济增速

（二）现代化产业体系加快构建

新增省级产业集群及培育对象 5 个，总数达 9 个、排全省第二。新增民营规模以上工业企业 126 家，全市民营规模以上工业企业新产品销售收入占比 52.4%，增幅 14.3 个百分点，排全省第一。新增国家专精特新“小巨人”企业 2 家、省级专精特新中小企业 85 家，新培育省级单项冠军企业 9 家、省级工业设计中心 6 家、省级企业技术中心 9 个，4 家企业上榜中国农业企业 500 强。国家级制造业单项冠军企业、国家级绿色工业园区实现零突破。十大产业项目完成投资 77.5 亿元，实施亿元以上制造业项目 120 个。风光储装机规模、在建风光项目数、新能源发电量均居全省第一。科力尔电机集团“微特电机创新中心”获批省制造业创新中心创建单位，金箭新材料“新能源汽车用抗冲击高阻燃纳米碳酸钙聚苯硫醚增韧复合材料”项目入选省级制造业关键产品“揭榜挂帅”项目，均实现零突破。

（三）“智赋万企”行动成果颇丰

新推进企业“上云”8 398 家、“上平台”649 家；新打造智能制造企业 121 家、智能制造生产线 162 条、智能工位 1 059 个。加快培育试点示范项目标杆，新培育省级“智赋万企”制造业数字化转型标杆项目 7 个、“数字新基建”

100 个标志性项目 3 个、省人工智能赋能新型工业化典型应用场景项目 3 个、“智能制造标杆车间”2 家、“5G+ 工业互联网”标杆工厂 1 家。新增两化融合贯标获证企业 15 家、数字化转型贯标企业 4 家。各县市区累计投入各类引导资金 2 200 万元，全市 20% 以上民营规上工业企业已完成或正开展“智改数转”；全市电子信息产业累计产值同比增长 10.22%，软件和信息技术服务业营收增速 58.2%。汇盛鞋业、江华绿宝石等重点企业通过智能化升级，产能提升达 20% 以上。

（四）科技创新能力持续提升

获批省级科技创新项目 116 项，其中，省重点研发立项 3 项，果秀食品获全省首批省市联动科技攻关项目，和广生物、新金浩列入省十大技术攻关项目。11 家县市区工作站、32 家创新创业孵化载体、知识信用价值贷款风险补偿覆盖全市 11 个县市区，发放科技型企业知识信用价值贷款 8.58 亿元。引进“湘智”科技人才 30 人，外国专家 48 人，新建 2 家院士创新团队工作室，获批省“三尖”创新人才 8 个。组建全省首家市州科创金融协同服务联盟，科技创新再贷款列入全省首批破零的 3 个市州。研发经费 43.49 亿元同比增长 14.3%，增幅高于全省 5.1 个百分点，万人研发人数 32.29，同比增长 36.24%。中钽电子的钽电容负极技术、和广生物的萃取技术、秉康新材料的基材和覆盖膜、灰鲸智能的“万向助力”洗地机四项新技术产品填补国内空白。

（五）开放型经济量质齐升

全市民营外贸实体增长 8%，外商直接投资完成 2 149 万美元，全年新增制造业破零企业 79 家，外贸实绩企业 351 家，引进“三类 500 强”企业投资项目 10 个。全市新注册湘商项目 149 个，全省排名第五，湘商项目到位资金 675 亿元，全省排名第三。在全国率先实施“果蔬拼装直供香港”试点，新田菜心、江永香芋、道县沃柑成功入选全国两会保供产品，永州蔬菜首次出口澳门，全年出口果蔬 87.2 万吨，同比增长 14.2%。永州陆港直播（跨境）电商平台成功上线运营，祁阳跨境电商实现零的突破。深入推进对非合作，新增对非贸易主体 30 余家，完成对非贸易额 9.3 亿元。

二、主要做法

（一）大力优化市场环境

一是推进全国统一大市场建设。落实市场准入及外商投资准入负面清单，取消涉企经营许可事项，强化公平竞争审查，专项清理园区惠企政策文件。全市及时清理涉及经营主体经济活动的规章、规范性文件和其他政策措施1 246件，查办8起垄断和不正当竞争案件。开展招投标领域突出问题整治，共排查项目540个。二是严格规范执法监管。在全市推行“赋码访企”、分级分类监管、包容审慎执法等制度。全市以规范性文件形式向社会公布免予处罚、从轻处罚和减轻处罚“三张清单”共2 700余项，对3.7万余户市场主体给予宽展期或免予行政处罚。全面推行“双随机，一公开”监管，监管抽查任务2 099项，其中联合抽查任务1 494项，联合抽查占比71.18%。在全市开展“赋码访企”扫码留痕监管1 620次，各类行政执法数量同比减少40%以上。持续推进信用分级分类监管，在金融、税务、环保等20个重点领域建立了行业信用评价分级分类监管应用制度。完善市场信用体系。推进“信用永州”建设，“信用永州”平台已累计归集和共享各类信用信息4亿条次，归集行政许可、行政处罚、行政确认、行政奖励等各类公共信用信息430万余条，“双公示”信息报送评估排全省第二。深入挖掘信用信息价值，推动“信易+应用”，完善15个部门的信用分级分类监管制度。

（二）大力优化政务环境

一是加强数据资源管理。建设全市大数据枢纽和“一网通办”平台，编制政务数据目录4.2万条，数据资源存储量超30亿条。“湘易办”永州旗舰店上线便企惠民示范应用场景和高频服务事项309项，“一网通办”事项772项，集成99类可应用电子证照。二是推进“高效办成一件事”。落地实施19个“高效办成一件事”，平均减时间80%、减材料55%、减跑动60%。推行涉企审批服务“一照通”改革，将10个部门25个事项整合为“一件事”，全市共核发“一照通”营业执照1.5万余张。“线上+线下”深度融合推进重点项目帮代办服务，服务重点项目（企业）331个，平均提速超过68%。三是推进项目联动审批。深化工程建设项目审批“全覆盖创新、全流程优化、全平台赋能、全要素管控”的“四全”改革，并联审批率80.4%、告知承诺率41.2%，均位全省第一，审批用时再压缩40%。推行工程建设项目“用地清单制+告知承诺制”，核发建设工程规划许可证时限压缩30%。持续深化“多测合一”改革，市本级完成“多测合一”成果质检复核498宗。推广水电气网联动报装，全年共办理市政公用服务项目273个，受理工程建设项目审批事项数8 486件。

（三）大力优化法治环境

一是维护司法公正。开展“三高四新·法治护航”三年专项行动，起诉破坏市场经济秩序犯罪案件136件，对502家企业采取柔性司法措施，解冻涉民营企业银行账户34个，涉及资金约2 700万元。探索预重整案件8件，其中江华爱塞丽雅公司通过预重整程序完成“保交楼”项目，系全省唯一典型案例。强化知识产权保护，市监局、永州海关、公检法等部门联合印发《永州市知识产权协同保护合作备忘录》，全年办结知识产权行政处罚案件70件。二是畅通涉民企案件“绿色通道”。在12309检察服务中心开通服务民营企业绿色通道，对涉及民营企业的举报、控告、申诉等案件，实行依法办理、优先办理、快速分流，一次性告知和“零等待”服务。积极开展涉企刑事案件“挂案”清理、立案撤案监督以及扣押、冻结企业资产等专项监督，对于涉企刑事案件依法审慎采取强制措施和处理方式，不让一个案子拖垮一个企业。三是强化法律服务。深入推进“万所联万会”工作机制，20家市直属商协会、11个县级工商联全部与律所建立关系，实现全覆盖，县级工商联所属商协会中有71家与律所建立关系，全市20家商会调解组织入驻全联商会调解平台，入驻比率达100%。优化“商事调解”服务，市总商会商事调解委员会成功办结建设工程合同、金融借款合同等10件纠纷案件，人民调解委员会调解案件50件。

（四）多措并举降本增效

一是降低融资成本。加强利率市场化改革，利率较降息前整体降低51个基点，每年节约利息3.5亿元。建好永州市综合金融信用服务平台，累计为企业发放贷款638亿元。成立全省首家市州科技融资担保公司、首家市州科创金融协同服务联盟，为全市300多家科技型企业累计担保贷款超10亿元，节约融资成本 3 600 万元。二是降低用地成本。大力推广产业用地弹性年期出让、先租后让、租让结合等灵活供地模式，全市供应工业用地 50 宗 1 938.47 亩，弹性供地率 92%，为企业节约初始投资成本 1.15 亿元。推进“土地超市”平台建设运营，全市已入库地块 476 宗，总面积 1.27 万亩。三是降低用工成本。加快“15 分钟就业服务圈”社区就业服务站点建设，已建设零工市场 13 个。打通“永就业”平台与“湘就业”平台对接，在全省率先归集零工信息，推出岗位 1.33 万个，累计为企业招工 2.7 万人。四是降低水电气成本。推进提供“三零”服务，解决企业用电问题 1.7 万个，为企业节省办电成本 2 000 余万元。新增城区管道天然气用户 2 万户、解决企业供水问题 157 起，回访满意率 100%。五是降低物流成本。相继开通永州—长沙中欧班列、永州—湘粤非铁海联运班列和永州—北部湾班列，成为全省第一个以铁路内支线与五大国际物流通道对接的范例。投入 1.1 亿元用于城乡公交一体化改造，方便企业员工和居民出行，降低企业交通成本。

三、面临的困难和问题

（一）市场预期整体偏弱，投资信心不足

受全球经济增速放缓、国内经济结构调整影响，民营企业对未来市场预期较为悲观，投资意愿持续低迷。在民营企业季度运行调查中显示，超过 60% 的企业表示对市场前景信心不足，投资预算较上一年度有所减少。工业投资增速呈现放缓，受交通物流枢纽功能不完善、高端技术人才引进难度较大等因素制约，重大产业项目特别是战略性新兴产业项目招引难度较大。

（二）优质项目吸引力欠佳

永州民营经济缺乏具有强大行业影响力和带动力的“龙头”企业，难以吸引上下游配套企业集聚发展。在电子信息产业方面，虽然有一些相关企业，但大多规模较小，缺乏核心技术和品牌优势，无法形成完整产业链，难以吸引大型优质项目落户。同时，永州虽与广东交界，但地理位置相对偏远，远离粤港澳大湾区核心区域，在交通、信息、人才等方面的优势不明显，在与周边发达城市竞争优质项目时处于劣势。

（三）中小企业依然面临较大融资难题

在调研中发现，90% 以上的中小企业都存在融资难题。一方面，金融机构在办理中小企业贷款时，手续复杂、费用偏高，且贷款时必须有房产抵押，通常可抵资金仅是房产市场估值的 60%。有的企业在房产抵押后，银行仍要求由担保公司提供担保；有的企业在取得担保公司担保后，银行还要求企业互保。特别是现在企业在银行的贷款到期后，不及时归还，就会上银行“黑名单”，企业抽调资金还贷后，续贷时间太长，往往会拖上三四个月。另一方面，永州中小企业大多经营管理水平较低，生产技术落后、盈利能力不强，受管理水平和员工素质的限制，企业财务制度不健全，资金管理缺乏规范性，财务报表缺乏可靠性，银行无法有效地通过财务报表分析掌握企业的资金运用状况；不少中小企业信用等级偏低，不能列入银行信贷支持的行列等，都加大了中小企业的融资困难。

（四）区域发展不平衡，产业布局不合理

永州各县区民间投资增速和民营经济发展水平差异较大，从民营经济规模和产业结构来看，江华、冷水滩、祁阳等县区民营经济较为发达，产业结构相对优化，拥有较多规模以上民营企业和特色产业；而一些偏远县区民营经济发展相对滞后，产业结构单一，主要以传统农业和简单加工业为主，缺乏高附加值产业和创新型企业。部分县区产业同质化严重，在农产品加工产业方面，多个县区都以大米加工、水果加工等传统农产品加工为主，产品种类相似，技术水平相近，市场竞争激烈，导致资源分散，难以形成规模效应和品牌优势。同时，各县区之间产业协同发展不足，缺乏有效的产业分工与协作机制，产业链上下游企业之间联系不紧密，无法充分发挥产业集聚效应，限制了民营经济在这些县区的健康发展。

四、高质量发展的对策建议

（一）聚力育新培强攻坚，构建现代化产业体系

加快推进食品加工、智能家居等传统产业提质增效，推动产业链价值链由

低端向中高端迈进。稳步推进现代农业、文化旅游等优势产业，大力推进蔬菜出口产业发展。培育壮大新能源、数字产业等特色新兴产业，深入开展“智赋万企”“人工智能+”“数据要素×”行动，持续推进“两业”融合发展。大力推动园区产业集群成链，培育壮大9个省级产业集群及培育对象。持续开展“三类用地”清理，持续开展“三类用地”清理，着力打造一批特色园区、绿色园区、零碳园区。

（二）开展招商产业赋能行动，筑牢千亿产业根基

聚焦永州市“3×2”现代化产业体系精准招商，围绕细分领域产业链针对性延链、补链、强链，重点招引节点型企业、链主型企业；发挥龙头企业带动作用，吸引上下游企业落地，形成产业配套紧密协作的产业链和产业集群。支持应用场景招商，运用场景思维促进科技创新，提升招引水平。实施产业生态招商，用好“永商荟”平台，加快构建产业互联，融合促进的产业生态，以产业生态链建设拉动招商引资。强化数字化招商，用好“投资永州”“永投资”数字化招商云平台，以数字赋能助力重点项目招引。巩固扩大招商乱象整治成果，破解“内卷式”竞争。

（三）靶向培育重点企业，助力企业转型升级

常态化开展“送解优”行动，加大对重点企业的要素保障力度，切实帮助存量企业壮大规模、提质增效。大力支持创新研发活动，深入实施“智赋万企”行动，进一步加大制造业单项冠军企业、“小巨人”企业、专精特新中小企业、制造业创新中心、企业技术中心等培育和创建力度，推动产业和企业高端化、智能化、绿色化发展。用好用活政策红利，培育一批50亿元、20亿元、10亿元以上的重点制造业企业，推动100家以上规工企业扩能。

（四）深化国家政策落地，激活“两重两新”动能

围绕“两重”“两新”政策支持方向，推动石化、化工、冶金、轻工、机械、食品、医药等行业更新设备、扩能升级。建立动态项目储备库，推动100家以上工业企业实施技术改造。通过政策宣讲会、企业座谈会等形式，广泛宣传“两重”“两新”政策，确保政策红利直达企业。加强对企业的申报指导，提高项目成熟度和申报精准度，联合金融机构开展“政银企”对接活动，加快资金落地。

（五）优化中小企业融资环境，着力破解融资难题

按照“政府主导、独立运营、有偿服务”的原则，由政府部门牵头收集、汇总有关企业生产经营、财务、纳税、信用、社保等方面的数据并实时更新，由第三方机构按照有关法律法规进行市场化运营。引导中小企业加快推进现代企业制度建设，完善法人治理结构，建立会计师事务服务中小企业的顾问机制，帮助企业及时纠正财务、管理等方面存在的不规范问题。参照上市公司的做法，从法律、政策层面要求、引导中小企业按时、如实向市场监督管理局披露生产经营情况、年度财务报表，企业负责人和财务人员要确保有关数据信息的科学真实、准确有效，杜绝财务造假、数据篡改等违规操作行为。加强中小企业融资服务平台建设，完善中小企业融资超市服务功能。

（六）开展开放效能提升行动，塑造对外开放新格局

全力推进果蔬出口，招引一批果蔬出口龙头企业，打造一批优势出口单品，推动首衡城、中农批项目建成湘南农产品集散中心，积极开拓中东、欧美等新兴市场，力争全年果蔬出口突破 160 亿元。推动零陵稀土新材料产业园、宁远京东贸易等投产见效，力争 1 亿元以上外贸实体项目突破 20 个。加快永州陆港供应链平台建设，加大与省国贸集团合作力度，拓展大宗商品进出口。开展基地和产业集群成效考核，引导发展“跨境电商 + 产业带”模式，力争增长 10% 以上。持续实施外贸“破零倍增”工程，着力引进一批 100 万美元以上外贸实体项目。加强对外贸企业的服务保障，在帮助稳订单、拓市场的同时，支持开拓内销市场，加快推动内外贸一体化发展。

怀化市民营经济发展报告

怀化市工商业联合会

2024年，怀化市委、市政府高度重视民营经济发展工作，全市各级各部门深入学习贯彻习近平总书记关于民营经济发展的重要论述，认真贯彻落实中共中央、国务院和省委、省政府出台的促进民营经济发展壮大一系列政策措施，怀化市民营经济发展取得了明显成效。

一、民营经济发展现状

（一）民营经济整体实力增强

2024年，怀化市民营经济呈现“三个新突破”：民营经济增加值突破1 400亿元，达到1 418.43亿元，增长6.0%，占全市GDP的67.7%。其中：第一产业民营经济增加值299.46亿元，增长3.4%，占第一产业增加值的99.8%；第二产业民营经济增加值460.40亿元，增长9.5%，占第二产业增加值的69.9%；第三产业民营经济增加值658.57亿元，增长4.9%，占第三产业增加值的58.0%。2024年全市实有民营经营主体突破40万户，达到40.75万户，同比增长7.41%，其中企业7.97万户，个体工商户31.83万户，活跃度持续提升；民营经济税收突破67亿元，全市固定资产投资完成额增长11.2%。按经济类型分，国有投资下降5.5%，非国有投资增长16.3%，民间投资增长14.7%。

（二）民营经济持续高质量发展

出台了《怀化市湘商回归和返乡创业工作实施方案》。全市召开“春暖怀商”“校友回怀”暨返乡创业恳谈会，共邀请各类湘商、校友与返乡创业人员 70 余人参会，共签约项目 15 个、总投资额 56.35 亿元。共梳理全市重点在外怀籍企业家 920 名、回怀投资湘商企业家 155 名，异地商会会员共 1 717 名、湘籍企业家 1 668 名，怀籍“校友录”企业家 324 名、正处级以上干部 207 名、知名专家学者 231 名。开发包装重点产业招商引资项目 158 个，总投资额 1 151 亿元。新引进湘商回归项目 232 个，总投资 730.377 亿元。2024 年 9 月第十一届全球湘商大会在怀化召开，共签约省级重大招商引资项目 108 个，投资总额 817.4 亿元；市级项目 191 个，投资总额 743.2 亿元。

二、主要做法

（一）强化思想政治引领

坚持以习近平新时代中国特色社会主义思想为指导，全面贯彻落实党的二十大、二十届二中、三中全会精神，深刻领会习近平总书记关于民营经济发展的重要论述，全面落实党中央、国务院及省委、省政府关于促进民营经济发展壮大的部署要求。一是加强民营经济人士思想政治引领。2024 年 5 月，举办怀化市非公有制经济人士理想信念培训班，省工商联党组成员、副主席漆平波、谢商文分别以“致敬企业家精神”“支持和促进民营经济发展壮大的政策解读”为题进行专题授课，邀请怀化市监察委员会委员詹学农就《构建亲清政商关系　在推动怀化高质量发展中展现更大作为》进行专题讲座，进一步凝聚全市非公经济人士冲刺民营经济高质量发展目标的磅礴力量。二是大力弘扬优秀企业家精神。深入落实省委办公厅、省人民政府办公厅促进民营经济发展“六个一”工作要求，湖南佳惠百货有限责任公司入选 2024 年度三湘民营企业百强榜第 32 位。三是创新举办首届“怀化企业家日”系列活动。今年 5 月，首届“怀化企业家日”系列活动启动会举行。会议宣读了《关于发挥市民营企业服务中心职能作用进一步优化营商环境的意见》《首届“怀化企业家日”系列活动工作方案》，通报了助企纾困工作有关情况。四是举办 2025 迎春年会，推出“海关进商会　关企面对面”“金融进商会　银企面对面”环节以加强思想政治引领为根本、以支持企业创新发展为驱动、以弘扬企业家精神为重点，积极引领怀化民营经济人士携手共进。

（二）完善一站式政务服务

印发《进一步做好“湘易办”超级服务端推广应用工作实施方案》，建立考核工作机制，并将“放管服”改革、“湘易办”工作纳入市纪律监督检查内容。梳理上线各类服务事项840项，完成率120%；完成集成可应用电子证照88类，完成率110%。加强行政审批中介服务事项清单动态管理，在市政府门户网站发布《怀化市本级行政审批中介服务事项清单》，将66项行政审批中介服务事项全部纳入清单管理，涉及17个部门21种服务类型。

（三）推动政策直达快享

及时更新了《怀化市民营企业支持政策手册》，并在怀化市发改委门户网站发布。全市惠企政策梳理发布数达164条、政策兑现办事指南发布数达201个、兑现办理数达149件，实现惠企政策一站式“即申即享”“免申即享”。怀化市税务局为帮助外贸企业发展，助力加快怀化国际陆港建设，推出了“优化出口退（免）税办理3+3+N措施”，2024年全市出口退（免）税平均时长压缩至0.77天，同比下降46.52%。

（四）加大金融支持

截至目前，潇湘财银贷产品客户合计21户，累计贷款余额为9 015万元，平均年化利率3.4%左右。进一步深化银企合作，做好融资后的持续跟踪服务。2023—2024年，组织了30个企业33个项目进行了三轮制造业中长期贷款申报，其中两个项目获得国家发改委审查通过，为企业获得贷款贴息优惠支持。截至目前平台注册的企业数23.7万（含个体工商户、新型农业经营主体），银行保险机构63家（银行机构26家，保险机构32家，担保机构3家，典当1家，小贷1家），累计上架265个金融产品（银行产品122个，保险产品138个），开设金融机构账号80余个，2024年以来累计授信28亿元，放款33亿元。

（五）支持科技创新

一是支持民营企业实施重点攻关“揭榜挂帅”项目。2024年实施“揭榜挂帅”项目7个，项目经费共计1 045万元，财政资助资金130万元。二是实施湖南省自然科学基金区域（怀化市）联合基金项目。2024年立项省自然科学基金区域（怀化市）联合基金项目72个，资助金额405万元；组织申报2025年湖南省自然科学基金区域（怀化市）联合基金项目181个。三是鼓励民营企业联合高校、院所组建研发平台。积极组织正清制药集团牵头组建“湖南省现代中药制药过程技术创新中心”。到2024年12月为止，新增市级以上科技创新平台29个；新申报市级工程技术研究中心27个，待组织专家评审后立项。同时，对新获批的专家工作站，以及市级以上重点实验室、技术创新中心、工程技术研究中心、工程研究中心、新型研发机构等给予后补助资金支持，市财政兑现奖补资金58.4万元。

（六）推动绿色低碳转型

积极做好绿色工厂、绿色设计产品、绿色园区、绿色供应链管理示范企业的创建工作，鼓励企业进行绿色技术的研发与创新，提升产业的绿色竞争力，推动企业按照绿色工厂标准进行建设和改造，提升企业的绿色发展水平，通过绿色工厂的示范效应，带动行业和区域的绿色转型。2024年获批省级绿色工厂一家（湖南利农五倍子产业发展有限公司），推荐洪江区高新区和双阳高科分别申报国家级绿色园区和绿色工厂。

（七）降低企业运营成本

清理取消供水供电供气行业不合理收费方面，怀化市自来水公司取消了勘察费、挂表费、水损费、开口费等八个收费项目，为企业减负金额达3 726万元，国网怀化供电分公司实现经营区域城区160千瓦及以下、农村地区100千瓦及以下的小微企业用电报装“零投资”。为1.86万户客户节约办电成本6 725万元。燃气企业取消开口费、开户费、过户费、接口费、接入费、入网费、清管费、通气费、点火费等收费，全市共减负300余万元。优化水电气网等公用事业服务，明确接入标准，简化接入审批流程，加快实现全程网上办理，在线并联办理等方面。怀化新奥燃气已经实现在工改办平台一网申报、一网受理、一网办结。

（八）健全定期沟通协商机制

一是常态化开展非公经济人士谈心谈话活动。2024 年开展暑期谈心谈话活动以市工商联领导班子成员中非公经济人士为主体，从市工商联非公经济人士副主席、副会长、常执委代表，以及市级商会、年轻一代和其他有影响力的代表人士中安排 17 人谈心对象，经梳理汇总谈话对象所提意见建议，形成了暑期谈心意见建议汇总表。二是扎实推进“万企兴万村”工作。全省“万企兴万村”行动现场会暨民营企业助力县域经济发展溆浦行活动在怀化市举行，省委常委、省委统战部部长隋忠诚出席活动。三是强化民企服务中心服务能力。强力推“智慧怀商”平台。出台《怀化市民营企业服务热线运行管理办法（试行）》，制定了“怀化市民营企业热线诉求受理流程图”。全市两级民企服务中心共办理企业诉求 453 件。竭尽全力帮助企业解决实际困难和问题，助力企业高质量发展。

三、主要问题

（一）政策缺乏精准适配性

部分惠企政策在制定与实施过程中呈现出“一刀切”的弊端。以研发补贴政策为例，现行标准往往对中小微企业设置了过高的门槛。许多中小微企业受限于自身规模和资金实力，在研发投入的绝对量上难以达到补贴要求，即便它们在创新活力和发展潜力上并不逊色，却因统一标准而被排除在政策惠及范围之外。这不仅抑制了中小微企业开展研发活动的积极性，也不利于营造公平的创新环境，阻碍了整体产业生态的多元化发展。

（二）民营企业投资信心与创新意愿不足

受宏观经济形势波动的影响，民营企业，尤其是传统制造业面临着前所未有的挑战，投资信心严重不足。市场需求的不确定性、原材料价格的大幅波动以及行业竞争的加剧，使企业在扩大生产规模、购置新设备等投资决策上变得谨慎。同时，科技创新投入需要大量的资金与人力支持，且回报周期长、风险高，在当前不稳定的经济环境下，民营企业的科技创新投入意愿显著减弱，这对于产业升级和经济高质量发展形成了较大制约。

（三）要素保障还需加强

金融机构出于风险考量，对中小企业贷款设置存在许多限制，如贷款额度低、利率高、审批流程烦琐，使中小企业难以获得足够的资金支持生产经营与业务拓展。由于中小企业缺乏对新兴技术、市场趋势的深度洞察，以及在技术改造、人才储备方面的能力不足，难以顺利实现产业转型。企业在设备更新、工艺改进、管理优化等方面面临资金、技术和人才的多重瓶颈，导致产品附加值难以提升，市场竞争力受限。

四、对策及建议

（一）构建差异化政策体系

针对不同地区经济发展水平和产业结构的差异，构建更具针对性的政策体系。建议对经济欠发达地区实施5%~10%的所得税优惠，通过降低企业税负，增强其资金积累能力和市场竞争力。同时根据市州产业特点制定配套措施。例如，对于以农产品加工为主导产业的地区，可出台相关补贴政策鼓励企业进行技术研发，提升农产品附加值，让政策能够精准匹配地方发展需求，更具“怀化温度”。

（二）健全政策直达机制

建立惠企政策“一本账”，将各类分散的惠企政策进行系统梳理，形成全面、清晰的政策清单，方便企业查询和了解。实行30日限时兑现制度，明确政策兑现的时间节点和责任主体，杜绝政策落实过程中的拖延现象。同时，组建专业的政策解读专班，通过线上线下相结合的方式，开展政策宣讲会、专题培训等活动，深入企业进行一对一解读，确保企业对政策应知尽知、应享尽享，打通政策落实的“最后一公里”。

（三）强化全周期服务保障

深化银企对接，鼓励金融机构创新开发“绿色贷”“科技贷”等金融产品。

“绿色贷”可针对环保型企业，为其在节能减排设备购置、绿色生产技术研发等方面提供低息贷款；“科技贷”则聚焦科技型中小企业，以知识产权、科研成果等作为质押物，解决其因缺乏固定资产抵押而导致的融资难题。同时可以搭建政企恳谈平台，定期组织政府部门与企业家面对面交流，倾听企业诉求。建立企业诉求“接诉即办”机制，对企业提出的问题进行分类处理，明确办理时限和反馈渠道，让企业家能够心无旁骛地抓发展。

娄底市民营经济发展报告

娄底市工商业联合会

2024年，全市上下深入学习贯彻习近平总书记关于民营经济发展的重要论述精神，聚力打造中部地区“材料谷”，大力实施“八大行动”，以更大力度、更实举措、更优服务促进民营经济发展壮大，为助力实现“三高四新”美好蓝图、建设现代化新娄底提供有力支撑。民营经济在全市经济发展中占据重要地位，展现出强大的发展韧劲。

一、娄底民营经济发展现状

（一）主体规模持续扩大，经济贡献稳步上扬

2024年，全市实有经营主体408 485户，净增经营主体32 691户；其中实有企业主体95 104户，净增企业11 615户。民营经济增加值1 414.7亿元，同比增长6.0%，占地区生产总值比重为66.4%。规上民营工业企业增加值同比增长11.2%，比上年提高7.9个百分点，拉动规上工业增长6个百分点。民营企业税收规模达57.77亿元，占全市税收比重达52.29%；民营企业参与的市重点项目98个，总投资641.72亿元，其中10亿元以上项目12个。全市民营经济基本形成了“57899”的发展格局，即贡献了50%左右的税收、70%左右的地区生产总值、80%左右的专利数量、90%以上的新增城镇劳动就业、90%以上的经营主体数量。

（二）研发投入持续增加，高新技术成果频出

2024年，全市高技术制造业、装备制造业增加值分别增长7.4%、19.2%，

高新技术产业投资增长 10.6%，其中高技术制造业投资增长 10.9%。新增省级以上创新平台 16 个，新培育国家和省级专精特新中小企业 57 户，新推进企业上云 7 844 家，新打造智能制造企业 86 家、智能制造生产线（车间）125 个，3 家企业获评省级“数字新基建”标志性项目，4 家企业获评省级人工智能赋能新型工业化典型应用场景，9 家企业评为省级制造业数字化转型标杆项目。美程科技获评国家制造业单项冠军，初源新材感光干膜解决“卡脖子”难题，爱派尔首台数控五轴加工中心下线，安地亚斯“X 射线管用耐高电压陶瓷的研制项目”列入首批省、市联动科技攻关项目。

（三）市场拓展表现亮眼，社会公益润泽民生

广大民营企业家主动走出去、闯世界、拓市场，积极建设海外仓、海外园、海外厂、海外店，积极投身乡村振兴、捐资助学、困难帮扶等公益活动和慈善事业。2024 年，有进出口实绩的民营企业 250 家，实现进出口总值 42.4 亿元。目前境外投资已辐射 30 多个国家和地区，更好带动三一路机、双峰农机、新化文印、电子陶瓷等娄底产品、技术、服务走出国门、走向世界。全市新注册“湘商回归”企业 92 家，到位资金 428.9 亿元。418 家民营企业通过深入开展“万企兴万村”行动，投资 39.1 亿元，实施“兴村”项目 465 个。

二、主要工作

（一）锚定战略布局，夯实统筹架构

锚定打造中部地区“投资优选地”，把优化营商环境作为“一把手”工程来抓，成立市委书记任组长、市长任第一副组长、常务副市长兼办公室主任的市委优化营商环境领导小组，建成“高位推动、推动高位”的统筹协调体系；市、县一体成立政府工作部门营商环境办公室，建立“一朝落子，满盘皆活”的牵头抓总体系；市委优化营商环境领导小组整合 9 个议事协调机构，建立指标长制度、工作专班制度，形成“一体多面、服务优享”的企业全生命周期指导服务体系；出台《娄底市优化营商环境“十个严禁”》《关于进一步优化营商环境推行柔性执法的实施意见》《娄底市加强和规范事中事后监管实施办法》

《娄底市全面规范涉企检查推行柔性执法若干规定》《娄底市人大常委会关于加强涉企行政执法监督优化营商环境的决定》等文件，将优化营商环境工作情况纳入纪检监督和干部使用重要内容。

（二）聚合资源赋能，精筑成本优势

出台降成本“十九条”，上线全省首个企业一站式服务平台，整合“四个超市”“娄底营商码”入口，推动涉企服务从“多头分散”转变为“一站集成”，有效降低“四个成本”；“跨省通办”拓展至11省18市（区）351个事项，128类电子证照实时调用、36个证明线上开具、112项政务服务事项“减证办”“免证办”，“政策超市”上架惠企政策1.4万余条，兑现1.7亿余元；落实中小工商业企业据实收取生活用水费用，全力推进“宁电入湘”“民南三回”等入湘高压保供线路建设，通过成本监审下调非居民气价0.25元/立方米；成立“材料谷”等5支产业基金，“金融超市”放款418.12亿元。“土地超市”成交地块88宗，总面积307.43公顷，总成交价50.511 988亿元；聚焦“材料谷”10条工业新兴优势产业链，组建人才链专家团，实行“一链一组团、一链一链长”，推动产才融合创新发展，“人才超市”成功匹配入职980余人。

（三）着力纾困解难，深耕精准扶持

运行“营商环境直通车”，“热线直接、信息直报、上门直访、沟通直面、诉求直办、服务直达、问责直处”七条直通渠道协同推进，有力解决民营企业发展中的现实困难；深入开展“四上”企业纾困扩能招商行动，在全市选择200户龙头骨干企业和行业重点企业，由市级领导和市直部门挂点帮扶，其他2 000余户企业由辖区县市区制订工作方案、组建专班联企帮扶，在全市范围内选优配强选拔了5 200余名干部深入企业帮扶，实现了对全市2 261户规上工业企业、服务业企业、建筑企业和批零餐饮业企业的全覆盖；建立“三员一站”机制，遴选部分商协会作为营商环境监督站，聘请321家企业负责人担任营商环境监督员、测评员，在市直相关单位选派81名业务精通、服务意识强的首席服务专员，为市场主体提供政策咨询服务，协调处理企业诉求。

（四）广纳优质资源，驱动产业进阶

市县主要负责同志高密度、多频次带头外出招商，积极参加第十三届“中博会”、2024 湖南—长三角经贸交流活动，成功举办湖南省硅钢产业对接会、第二届湖南省先进制造新材料博览会、“娄商日”等活动；积极延伸产业链条，大力发展电机、电力变压器、家电“三电”产业，出台《娄底市支持“三电”产业发展若干政策》，成立由市委、市政府主要领导挂帅的“三电”产业专班，在全国范围精心选定 152 家电机和 126 家变压器相关企业开展精准招商；对接长沙中欧班列和怀化东盟班列，推动特色优势产品“走出去”；持续实施创新平台与研发投入“双倍增”行动，建立以先进材料企业为主体、市场为导向、产学研相结合的科技成果转化体系，全市研发经费投入 44.09 亿元，同比增长 5.38%。其中，基础研究投入 9 172.8 万元，同比增长 253.89%，增速居全省第一位。

三、存在的问题

（一）创新发展能力仍需提升

民营企业在钢铁、化工、水泥等传统产业领域占比仍然较重，电子陶瓷、农机、生物医药等存在产品趋同、结构单一的问题，现有规模工业企业中大体量的科技头部企业和高科技企业不多，难以发挥规模经济效应和辐射带动效应，产业结构调整、技术革新、绿色低碳发展的压力还比较大；部分企业依然习惯于拼资源或依靠传统工艺谋求发展，不重视科技投入，转型发展动能不足；园区企业关联度低、各自为政，产业结构层次和技术水平参差不齐，未达到专业化、高端化发展水平；随着经济换挡升级速度加快，传统生产方式已逐渐跟不上经济发展的阶段性变化，思想、观念、体制的束缚有待进一步突破，与加速发展新质生产力相配套的政策机制转变相对滞后。

（二）要素保障能力仍有瓶颈

娄底是劳动力输出大市，域内企业招工难已成了较为普遍的问题，高精尖人才特别是从事关键共性技术研发攻关的创新人才短缺，大部分企业面临人才

瓶颈；民营企业抵抗风险能力较弱，难以获得金融机构的青睐，加上宏观经济下行，金融机构为防控自身风险紧缩信贷政策，“惜贷”倾向显现；全市园区大多医疗、教育、商业等公共资源匮乏，住宿、购物、餐饮、娱乐、公交等生活设施滞后，金融、物流等生产性服务业发展缓慢，劳务、法律、广告、设计、管理咨询等中介服务机构缺乏，部分园区路段的水电气等基础设施建设存在到位不及时的情况；各大园区土地资源已难以支撑新企业入驻的需求，可开发利用空间不足的问题凸显。

（三）政府服务水平仍待优化

政策落实精准性还有不足，执行效果不够理想，执行过程中缺乏可考核、可操作的具体实施细则，更没有刚性的保障措施，存在政策悬空现象；行政审批（备案）流程、要件标准化有差距，容缺受理服务机制不完善，“高效办成一件事”平台还需完善和提速，线上线下没有同步推进。个别政务服务事项“明进暗不进”，审批“体外循环”。部门之间“信息孤岛”问题长期存在，国、省、市系统对接不到位，国、省、市垂直管理的办事平台各自为政，难以打破；政策兑现特别是奖补兑现还存在短板。

（四）执法普法工作仍需加强

影响营商环境的多头执法、过度执法、随意执法行为还没有完全杜绝，一些部门执法人员对“柔性执法”理解不够，“只罚不管”“重处罚轻教育”情况仍然存在，“赋码入企”机制对涉企检查的规范作用有限；公共法律服务的精准性还有待提升，法治宣传的针对性和创新性不够，不能有的放矢，系统性不足，中小微民营企业受财力、人力和物力等方面的限制，无力单独组建自己的法务部门。

四、相关建议

（一）优服务，厚植创业兴业发展沃土

始终把促进民营经济高质量发展作为一项重要任务，纳入重要议事日程，主动抓谋划、抓统筹、抓调度；深化“放管服”改革，进一步推进“互联网+

政务服务”，加快完善政务数据资源体系，打破信息孤岛实现数据共享，加快政府数字化转型；完善政务服务事项清单和办事指南，全面实行政务服务事项标准化、程序化、清单化、动态化管理，实现市、县、乡镇、村四级同事项、同标准、同流程整体服务模式；建立健全“三员一站”监督机制，强力推广“赋码入企、一码护商”机制，升级“企业吹哨、部门报到”机制，做到有求必应、无事不扰；开展优化营商环境专项巡察，加大对损害营商环境人和事的查处力度，进一步规范涉企执法行为，增强企业活力，促进企业发展。

（二）强要素，靶向破解企业发展难题

探索“政府＋银行＋保险＋担保”等多方风险共担机制，引导金融机构降低融资成本、放宽信贷条件、加大投放力度，实现全链条、全场景、全产品的供应链金融服务；统筹优化园区功能配套规划与设计，合理确定教育、医疗、商务、休闲等各类设施布局和规模。促进园区周边城镇（社区）生活配套设施向园区延伸，增强城镇（社区）生活配套设施对工业园区的辐射保障能力；积极探索产业链供地，实现“批、征、储、供、用、管、登”土地全周期全流程管理；尽最大努力降低企业用水用电用气成本。要扎实做好能源保供工作，加大微电网、近气源等建设力度。

（三）重创新，抢抓机遇赋能产业扩能

深度融入共建“一带一路”，用好用活中非经贸深度合作先行区、全国加工贸易梯度转移重点承接地等政策，持续加强与长株潭、粤港澳、长江经济带等区域的产业对接、科技协作、经贸合作；围绕“材料谷”建设，聚焦主导产业、新兴产业和未来产业，绘制生产链关键环节和空白环节的招商地图，明确“强链”、“补充链”、“延伸链”的方向，增强定向招商的精准度；布局一批链上国家科技重大项目，推动新能源、新材料、生物医药等重点产业融合集群发展和未来产业培育发展。将知识产权强企与专精特新企业、高新技术企业、制造业单项冠军企业培育等联动，鼓励创新创业和成果转化，培育一批具有竞争优势的知识产权领军企业。

（四）激活力，多管齐下提振消费内需

深入挖掘餐饮住宿、养老托育等传统消费潜力，大力发展服务消费、扩大绿色消费、提升健康消费等新型消费业态，不断激发内需市场的活力；因地制宜扩展多元化消费场景，打造具有地方特色的消费地标和网红打卡地，鼓励企业创新消费场景，为市场提供多元化、个性化、高品质消费产品；培育首发经济生态圈，打造涉及首发、首秀、首展、首店的“企业服务包”，出台扶持首发经济的专项激励政策，强化首发产品的知识产权保护，激发原创活力和提高原创成果转化效率，激励更多企业和个人参与首发经济活动。

（五）营氛围，凝聚民营经济发展信心

加强对优秀民营企业和优秀民营企业家先进事迹的宣传报道，全面展现民营经济发展的良好态势，切实讲好民营经济发展的“娄底故事”，在全社会形成尊重创业者、尊重企业家的浓厚氛围；深入构建亲清政商关系，鼓励领导干部坦荡真诚同民营企业家接触交往，主动作为，靠前服务，依法依规为民营企业和民营企业家解难题、办实事；建立健全市场主体容错纠错机制体系，扩大“免罚”“轻罚”范围，大力营造鼓励创新、宽容失败的舆论环境和鲜明导向，对民营经济人士合法经营中出现的失误失败给予理解、宽容与帮助。

湘西自治州民营经济发展报告

湘西自治州工商业联合会

2024年，湘西自治州坚持以习近平新时代中国特色社会主义思想为指导，全面贯彻落实党的二十大和二十届二中、三中全会精神，锚定“三高四新”美好蓝图，落实“八个再深化再提升”“八大行动”工作要求，围绕打造“三区两地”、建设“五个湘西”，深入开展“三年”工作，有效应对严峻复杂经济形势，统筹做好稳增长、促改革、惠民生、防风险等各项工作，全州经济运行总体平稳，民营经济发展呈现稳中提质、动能增强的良好态势。

一、湘西自治州民营经济发展现状

（一）经济运行稳中向好，发展韧性持续增强

1. 经济总量稳步增长

2024年，全州实现地区生产总值855.95亿元，增长0.5%。其中，第一产业增加值129.56亿元，增长3.5%；第二产业增加值167.03亿元，下降14.2%；第三产业增加值559.36亿元，增长4.7%。实际利用内资278.73亿元，同比增长16%。金融机构存贷款余额1 799.90亿元、1 641.71亿元，分别增长5.9%、5.6%，贷存比92%。金融服务实体经济能力显著提升。民营经济增加值占地区生产总值比重持续保持在60%以上，成为拉动经济增长的重要引擎。

2. 市场主体活力迸发

全州新增“四上”企业89家、省重点上市后备企业8家，经营主体达23.34万户，净增经营主体1.66万户，同比增长7.41%，实有企业4.32万户，同比增长9.64%。

3. 消费复苏态势明显

举办“乐享消费·惠购湘西”系列促销活动，兑现各类消费补贴 7 869 万元，推动大宗商品销售、家电家居厨卫以旧换新，带动消费 30 亿元。社会消费品零售总额 290.57 亿元，同比增长 0.8%。其中，限额以上批发零售业、住宿餐饮业单位实现零售额 83.4 亿元，同比增长 5.3%。21 类限额以上批发和零售业商品中，11 类商品同比增长。其中金银珠宝类、通信器材类、烟酒类等增长较快，同比分别增长 24.7%、19.7%、6.8%。

（二）产业培育成效显著，发展动能加速转换

1. 文旅产业蓬勃发展

众多民营企业加大对旅游景区的开发和建设力度，推动文化 + 旅游、文化 + 科技深度融合发展，文旅产业规上企业达 161 家，生态文化旅游业规模企业营收增长 20.3%。2024 年，凤凰古城成功创建 5A 级旅游景区，凤凰古城、芙蓉镇、矮寨大桥等核心景区带动效应显著。全州共接待国内外游客 6 204.2 万人次，实现旅游总收入 691.3 亿元，同比分别增长 7.23%、7.21%，其中入境游客 27 万人次，增长 360%。

2. 特色农业成效显著

民营企业积极参与特色农业发展，推动农业产业化进程。茶叶、柑橘、猕猴桃等特色农产品种植规模不断扩大，品牌影响力逐步提升。茶叶、油茶、柑橘、猕猴桃、中药材、烟叶、蔬菜、特色养殖八大特色产业总面积突破 400 万亩，吉首“订单农业”蔬菜直销粤港澳大湾区。“永顺凤头鸭”“武雪山羊”通过国家畜禽新资源认定，“五彩养殖”加快发展。龙头企业带动作用明显，发展培育州级以上农业龙头企业 227 家，其中规上农产品加工企业 129 家，加工贸易销售额增长 55.8%。全州规模以上企业农产品加工产值达 98.35 亿元，农产品加工业营收达 258 亿元，带动从业人员 5.53 万人。

3. 支柱产业稳步提升

蓝天高科工艺优化扩能、汉瑞钒利用、木星时代新能源、FPC 产业集群等项目投产达效。深化“智赋万企”行动，推动企业上云、上平台和新增智能制造产能，高新技术企业达 212 家。建成绿色矿山 26 家，采矿业同比增长 95.2%，较 2023 年同期增长 160.1 个百分点。传统增长动能和新兴增长动能接续转换加速演进，新型工业化进程发展加快，建设投资和产业技改持续实现稳定增长。全州工业投资和工业技改分别增长 15.7% 和 6.6%，均高于全省平均水平。其中采矿业、制造业、电力热力燃气和水的生产投资分别增长 108.8 倍、2.4%、4.3%。中医药和生物医药产业链实施重点项目 13 个、完成投资 13.2 亿元，新落户企业 21 家。

（三）科技创新赋能发展，新旧动能加快转换

1. 创新赋能不断增强

全社会研发投入增长 31.2%，居全省第 3 位。新增国家级专精特新重点“小巨人”企业 1 家、省级专精特新中小企业 20 家。全州有研发费用制造业企业达到 217 家，覆盖面为 58.3%，较 2023 年同期增加 14 家企业，覆盖面增加 2.2 个百分点。企业研发费用同比增长 0.8%，研发费用占营业收入的比重突破 3.0%，较 2023 年同期提高 0.3 个百分点。全州高技术制造业增加值较 2023 年同期增长 5.0 个百分点，增加值合计占全部规模工业增加值总量比重达 12.3%，较 2023 年同期增长 1.4 个百分点。

2. 创新平台加速搭建

新获批省技术转移示范机构 2 家，新增省级众创空间 3 家，新认定 25 家州级工程技术研究中心、6 家重点实验室。

3. 成果转化成效初显

5 项科技成果获省科技进步奖，重大科技攻关“揭榜挂帅”8 个项目取得 20 个方面技术突破，完成科技成果登记 60 项，实现技术合同成交额 56.1 亿元，省州联合自然科学基金项目立项 47 项。

（四）营商环境持续优化，市场活力有效激发

1. 改革举措纵深推进

深入推进“高效办成一件事”，实现线上线下同步受理，受理办结 13.2 万余件。持续强化“互联网 + 政务服务”，“湘易办”超级服务端总办件量 2.6 万余件，“一网通办”统一受理办结率为 91.7%。开展规范行政执法专项治理，在全省率先建立“赋码保护、赋能发展、赋网服务”监管服务机制，全

州访企执法检查次数、公务访企次数较2023年下降40%以上，罚没收入同比下降27%。深入推进“双随机，一公开”监管、重点监管、信用监管、包容审慎监管等监管方式融合，进一步优化涉企服务。为湖南众鑫新材料科技股份有限公司专利侵权维权挽回直接经济损失560余万元，关联挽损止损超亿元。组织开展妨碍统一市场和公平竞争的政策措施清理，全面开展招投标、政府采购等重点领域地方保护和市场分割突出问题专项整治，积极融入全国统一大市场。

2. 开放合作成果丰硕

组织开展“湘商回归”“校友回湘”“返乡创业”行动，引进“三类500强”企业新投资项目7个，引进省外境内资金、湘商回湘投资分别增长15.7%、10.9%。积极拓展外贸合作空间和机会，开展中国（湘西州）—非洲（尼日利亚、肯尼亚）经贸合作对接交流活动，组织40余家企业参加中非经贸博览会、进博会等展会。与67个国家和地区建立经贸往来，16家企业实现外贸破零倍增，锰系列产品、农产品出口均增长16%以上。龙山来凤经济协作示范区等省际边界地区合作持续深化，“聚侨兴湘、情系湘西”经贸活动有效开展。吉首东站新开通至香港西九龙、上海的高铁班列，助力湘西自治州更好融入粤港澳大湾区和长三角地区，直接带动境内外游快速增长。

3. 要素保障不断强化

深入开展“两重”“两新”“送解优”专项行动，推动减退缓税费6.6亿元，金融让利2.4亿元，新增融资担保13.6亿元，缓解了企业困难，提振了发展信心。25家企业完成知识产权质押融资1.3亿元。享受高新技术企业所得税优惠的9户企业，减免金额113.86万元。

二、存在的主要问题

（一）经济下行压力较大

骨干矿企大幅减产或部分停产，酒业产业链企业生产销售收缩明显，建筑行业持续低迷，新兴产业尚在培育蓄势阶段，规模工业增加值持续下降；地方政府项目资金紧缺，政府性投资收缩，社会投资信心偏弱，重点项目开工不足、进展较慢，固定资产投资增速下降；房地产销售持续下行探底，零售业大宗商品销售拉力减弱，限上住宿餐饮业单位经营较为困难，文旅市场消费质量不高，新型消费需求激发不足，社会消费零售总额增长空间有限；外部环境不确定性增加，骨干出口企业业绩量增额降低，部分外贸企业业绩外流明显，直接进出口渠道尚未打通，进出口总额下降明显。

（二）产业支撑仍然不足

产业体系不健全、园区质效不高、产业结构不优等问题比较突出。酒、矿等传统产业占比较高，并处于转型期。新兴产业规模偏小，尚在培育蓄势阶段，经济增长缺乏基础支撑。支柱行业增长乏力，受当前市场有效需求不足和生产成本增多影响，规模工业增加值同比下降 15.3%，支柱行业中酒、饮料和精制茶制造业，非金属矿物制品业，有色金属冶炼和压延加工业，黑色金属冶炼和压延加工业增加值分别同比下降 33.3%，30.4%，23.6%，23.4%。

（三）要素制约依然明显

部分民营企业尤其是中小微企业仍然面临融资难、融资贵的问题，银行贷款门槛较高、资本市场融资渠道有限、信用担保体系不健全等因素制约了民营企业的发展。专业人才吸引和留存困难，本地职业院校专业设置与产业需求匹配度不足，企业自主培养成本高，人才短缺成为制约民营经济发展的重要因素。物流成本高、用电用气价格偏高。本地能源产出少，主要依靠省外调入，新能源产业处于起步阶段，企业用能成本占总成本比重较高。部分园区配套设施滞后，影响项目落地效率。

（四）营商环境仍有短板

行政执法不够规范，服务效能存在短板。尽管推行“三赋”机制提升企业服务效率，但跨部门联合执法协同不足，柔性执法覆盖面有限，基层监管力量薄弱，部分领域存在重复检查、标准不一现象。服务企业和群众的主动性仍需强化，一些干部不敢担当，不善作为，抓经济工作办法不多、底气不足，惠企政策宣传存在盲区，部分企业对政策知晓度低，政策兑现效率有待提高。政务服务效能尚未完全释放，审批流程仍存在冗余环节，“一站式”服务机制落实不均衡，部门间数据共享壁垒未彻底打破，企业和群众办事多头跑、反复跑的情况依然存在。

三、主要工作及对策建议

（一）聚焦产业转型升级，培育发展新动能

1. 推动文旅融合发展

深入实施“景区提质、文化赋能、主体培育、要素提升、品牌宣推、优化服务”行动，围绕打造国内外享有盛名的旅游目的地、加快建设旅游强州的目标，深入推进文化和科技、文化和旅游融合发展，构建四季皆游格局。

2. 培育壮大新型产业

推进锰锌钒铝矿产资源有序整合、集约开发和精深加工，促进矿业绿色、低碳、循环发展。加快锂电池、动力电池、铝基复合材料等新能源新材料产业发展。持续推进数字产业化和产业数字化，新增上云、上平台企业 1 000 家以上，数字经济增长 12% 以上。

3. 做强特色优势产业

加快中国酒谷产区建设，打造湘酒第一核心产区。加快中医药和生物医药产业头部企业、链上企业招引，突出抓好中药材基地建设、药品医疗器械化妆品生产加工和民族医药研发推广。加快形成优质茶叶产业带，做强做优茶叶品牌。加大柑橘、猕猴桃、油茶低改品改力度。积极培育引进农业龙头企业，特色农业规上企业产值增长 8% 以上。

（二）深化改革开放创新，增强发展内生动力

1. 扩大对外开放

开展“湘商回归”“校友回湘”“返乡创业”等招商行动，创新产业链招商、基金招商新模式，引进“三类 500 强”企业新投资项目，省外境内资金持续增长。积极参与中非经贸博览会等重大经贸活动，加强对重点外贸企业指导服务，协调解决好企业报关、出口退税、外汇问题，推动更多企业实现外贸破零倍增。

2. 优化营商环境

坚持和落实“两个毫不动摇”，依法平等保护各类经营主体合法权益，支持民营经济和民营企业发展壮大。全面落实优化营商环境条例，持续推进“高效办成一件事”，聚力抓好规范涉企执法、“游客满意在湘西”营商环境提升攻坚行动。

3. 强化科技创新

强化企业科技创新主体地位，因地制宜发展新质生产力，力争全社会研发投入增长 12% 以上。加快吉首大学科技园建设，打造湘西高新区、泸溪高新区科技创新主阵地。加大重大技术攻关力度，在优势领域继续实施一批“揭榜挂帅”项目，在锰锌钒铝、白酒、中医药、特色农产品加工等领域取得新突破。

（三）强化要素保障支撑，激发市场主体活力

1. 加强产业园区建设

抓好主特产业发展、企业培育、招商引资、环境优化等重点工作，全州园区亩均技工贸、亩均税收均增长 6% 以上。加大市场经营主体培育力度，出台培育发展“四上”企业激励政策，新增“四上”企业 100 家以上，经营主体总量增长 6%。

2. 加大金融支持力度

做好金融“五篇大文章”，持续优化金融生态，促进金融更好地服务实体经济高质量发展。围绕用电、用气、物流、融资等困难，常态化开展“送解优”行动，落实好减税降费政策，为企业纾困解难、降本增效。

3. 优化招商引资服务

提升招商项目策划包装水平，突出产业链群精准招商，创新招商引资方式，统筹构建大招商格局，推动精准招大引强、招新引优、招才引智、招群引链，促进更多资本、项目、技术集聚湘西，形成“投资湘西”品牌效应，以大招商、招大商赋能“1+5+X”现代化产业体系建设。